Künstlerinnen

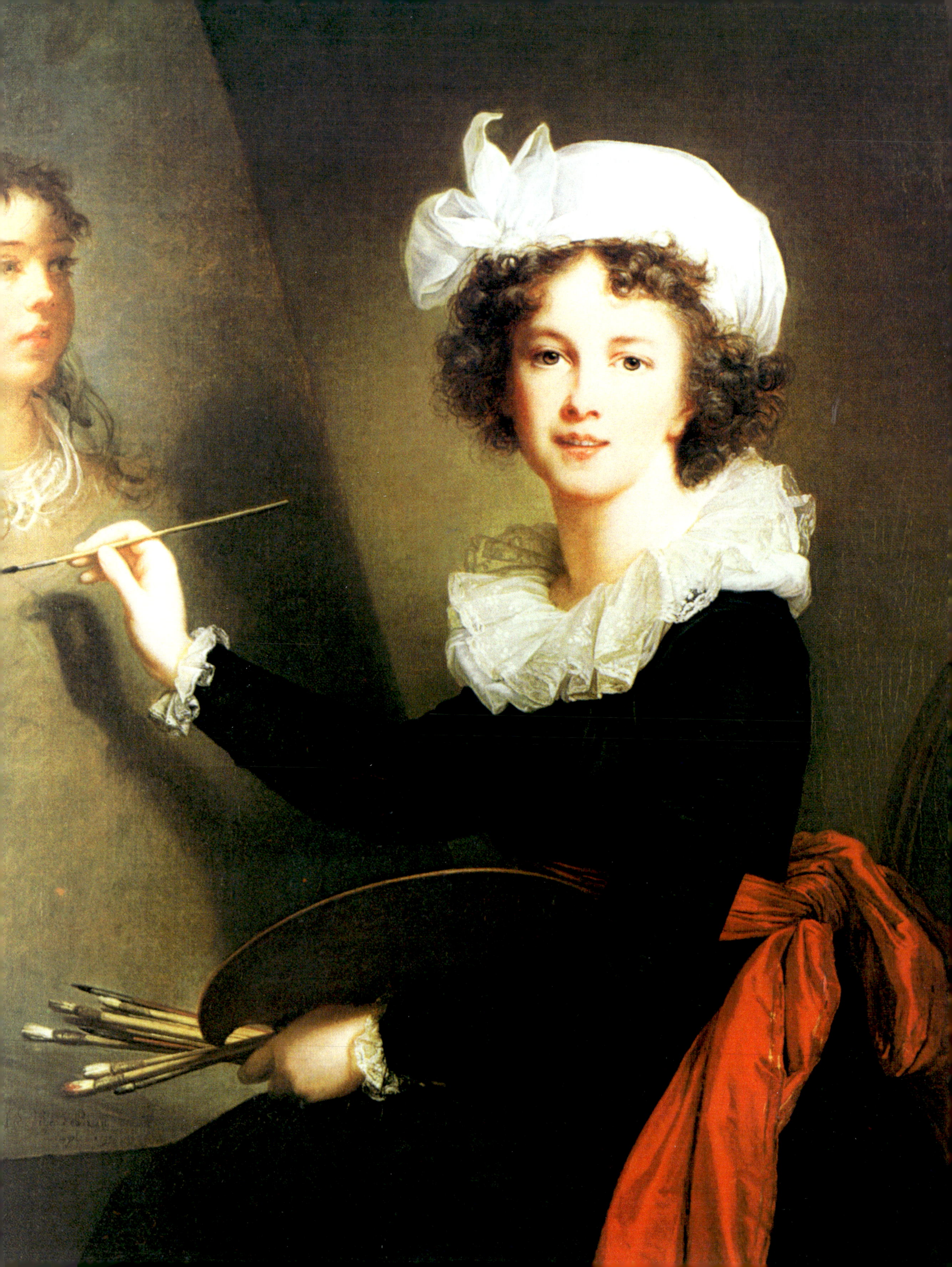

Elke Linda Buchholz

Künstlerinnen

Von der Renaissance bis heute

Prestel

München • Berlin • London • New York

Inhalt

Das 16. Jahrhundert

Das 17. Jahrhundert

Das 18. Jahrhundert

Das 19. Jahrhundert

Das 20. Jahrhundert: vor 1945

Das 20. Jahrhundert: nach 1945

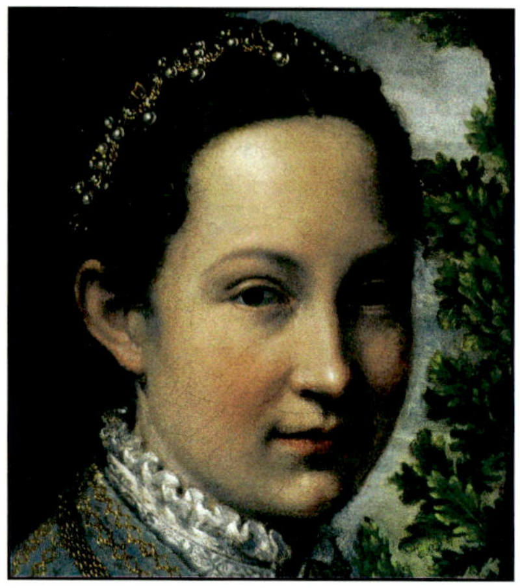

Das 16. Jahrhundert

Catharina van Hemessen

Sofonisba Anguissola

Barbara Longhi

Lavinia Fontana

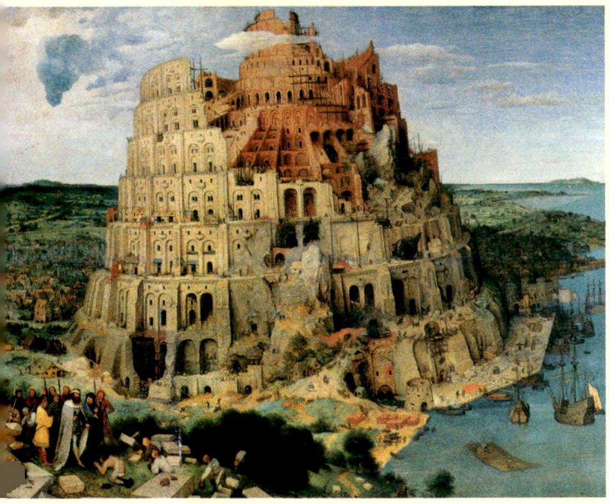

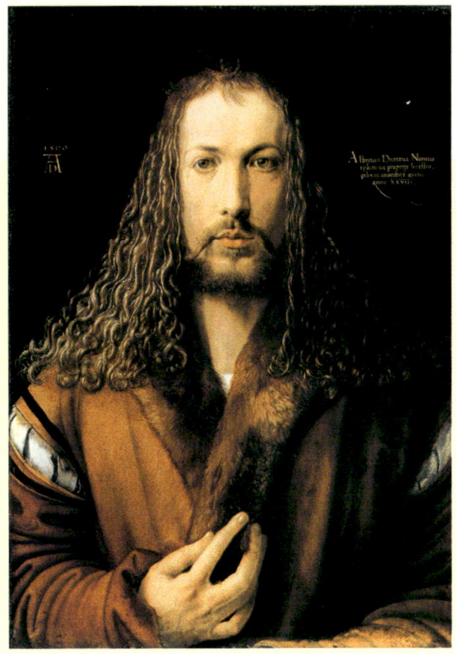

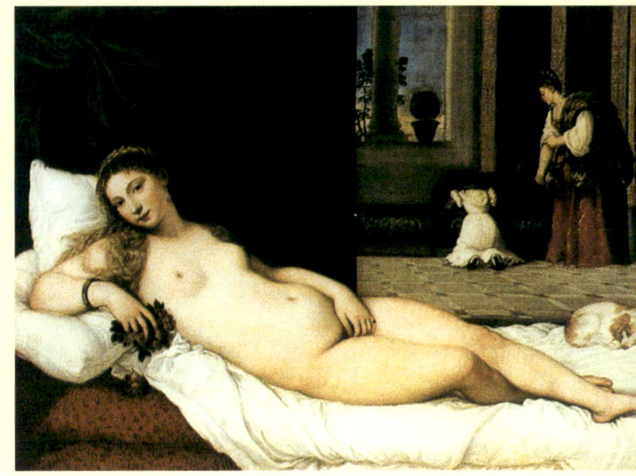

Seit es Kunst gibt, sind auch Frauen künstlerisch tätig gewesen. Aber bis ins 16. Jahrhundert hinein bleibt der weibliche Anteil an der Kunstgeschichte weitgehend unsichtbar. Das liegt nicht zuletzt daran, dass die Künstler des Mittelalters – Männer wie Frauen – selten namentlich in Erscheinung traten. Sie verstanden sich als Handwerker, signierten ihre Arbeiten nur in Ausnahmefällen und arbeiteten, beispielsweise an den Dombauhütten, oft in größeren Werkstattgemeinschaften zusammen. Doch überall dort, wo im Mittelalter Namen überliefert sind, etwa in den Zunftlisten, finden sich unter den Künstlern auch Miniaturmalerinnen, Buchillustratorinnen und Stickerinnen. In den damals hoch angesehenen textilen Künsten war der Anteil der Frauen am größten. Allerdings blieben sie in einem von Männern dominierten Bereich immer in der Minderheit. So waren unter den rund 2000 namentlich bekannten Miniaturmalern des Mittelalters etwa 20 Frauen.

Im Lauf des 15. Jahrhunderts setzte sich ausgehend von Italien überall in Europa ein neues Selbstverständnis der Künstler durch. Die Maler und Bildhauer der Renaissance begriffen ihre Tätigkeit nun auch als geistige, schöpferische Arbeit und signierten stolz ihre Werke. Künstler wie Albrecht Dürer legten in ihren Selbstporträts Zeugnis von diesem neu gewonnenen Selbstbewusstsein ab. War die mittelalterliche Kunst noch weitgehend auf das Jenseits bezogen, so traten in der Renaissance der Mensch und seine Umwelt in den Mittelpunkt. Realistisch gemalte Landschaften und perspektivische Innenräume lösten den monochromen goldenen Hintergrund ab. Selbst die Madonna erscheint nun nicht mehr als ferne Himmelskönigin, sondern als eine schöne junge Frau aus Fleisch und Blut. Die Harmonie und Ausgewogenheit der klassischen antiken Kunst galt als Ideal, an dem sich die Künstler orientierten.

An der Wende zum 16. Jahrhundert hatte die Renaissance in Italien ihren Höhepunkt: Leonardo da Vinci, Raffael und Michelangelo arbeiteten in Florenz und Rom; Stadtkommunen und Adelsfamilien wie die Medici, Gonzaga oder d'Este wetteiferten um die berühmtesten Künstler, Denker und Schriftsteller. Die Grundlage des produktiven künstlerischen Klimas dieser Zeit war der Aufschwung des Fernhandels und Handwerks, der den Städten und Bürgern neuen Wohlstand und Selbstbewusstsein gebracht hatte. Viele Künstler und Gelehrte wie der Chronist Giorgio Vasari, der die Lebensgeschichten der berühmtesten Künst-

oben links
Pieter Bruegel
Der Turm von Babel, 1563
Öl auf Holz, 114 x 155 cm
Kunsthistorisches Museum, Wien

oben Mitte
Albrecht Dürer
Selbstbildnis, 1500
Öl auf Holz, 67 x 49 cm
Bayerische Staatsgemäldesammlung, Alte Pinakothek, München

oben rechts
Tizian
Venus von Urbino, 1538
Öl auf Leinwand
119,5 x 165 cm
Galleria degli Uffizi, Florenz

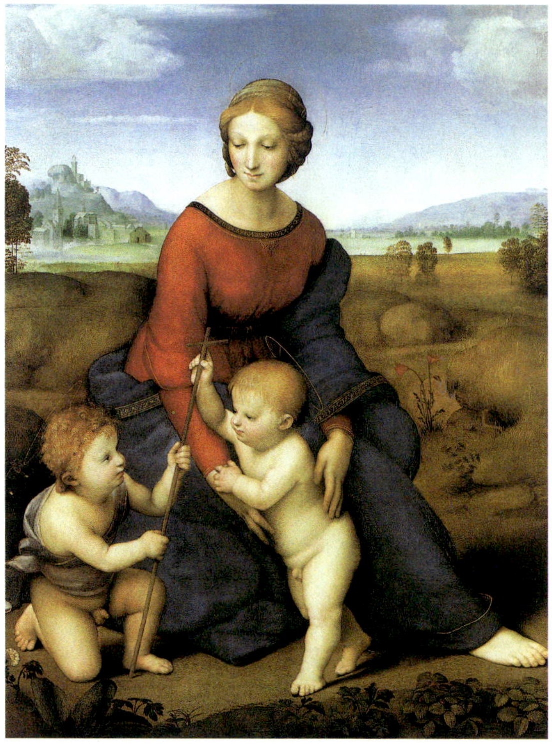

Raffael
Madonna mit Kind und dem Johannesknaben in einer Landschaft (Madonna del Belvedere), 1505/06
Öl auf Holz, 113 x 88,5 cm
Kunsthistorisches Museum, Wien

ler seiner Zeit zusammentrug, waren davon überzeugt, in einer kulturellen Blütezeit zu leben, wie es sie seit der Antike nicht mehr gegeben hatte. Doch bereits Michelangelo ließ im Laufe seines Schaffens das ausgewogene Stilideal der Renaissance hinter sich.

Als Manierismus bezeichnet man die nun folgende Epoche – eine Phase der stilistischen Vielfalt und des künstlerischen Experiments, der gewagten Kompositionen, der Gegensätze und Übertreibungen. Neue Richtlinien für die religiöse Kunst, die nach wie vor den größten Anteil am Kunstschaffen hatte, etablierte im 16. Jahrhundert die katholische Kirche mit dem Konzil von Trient. Das Konzil war eine Reaktion auf die Umwälzungen der Reformation, mit der Martin Luther im Norden Europas die Grundfesten des Glaubens und der Kirche erschüttert hatte. Die katholische Gegenreformation stärkte die Stellung des Papstes und ließ die Marien- und Heiligenverehrung wieder aufleben. Christliche Kunst sollte eingängig und lehrreich sein, damit die Gläubigen »... ihr Leben und ihre Sitten auf die Nachahmung der Heiligen ausrichten und dazu angespornt werden, Gott anzubeten und zu lieben ...«. Für die Frauen bedeutete die Gegenreformation einen Rückschritt. Sie wurden wieder stärker auf ihre Rolle innerhalb der christlichen Familie verwiesen – als tugendhafte Jungfrau, treue Ehegattin und sorgende Mutter. Dabei hatte die Renaissance zumindest die Bildungschancen der Frauen aus den oberen Schichten verbessert: Die Dichterin Vittoria Colonna oder die Mäzenin Isabella d'Este waren über die Grenzen ihres Landes hinaus bekannt und geachtet. Aber das Ausüben eines Berufes, eine professionelle Ausbildung und eigenständige Tätigkeit als Geschäftsfrau oder Handwerkerin waren einer Frau nur selten möglich. Die Malerei bildete da keine Ausnahme.

Dennoch traten nun vereinzelt Künstlerinnen aus der Anonymität heraus – und werden mit ihrem Werk und als Persönlichkeit für uns greifbar. So sind aus dem Italien des 16. Jahrhunderts insgesamt rund 40 künstlerisch tätige Frauen bekannt. Nur eine Handvoll von ihnen erlangte überregionale Anerkennung. Fast ausnahmslos wuchsen sie als Töchter von Malern in die Kunst hinein. Oft ist der Anteil einer Frau an der Produktion der väterlichen Familienwerkstatt kaum auszumachen, da nichtsignierte Arbeiten nur schwer bestimmten Mitarbeitern zugeordnet werden können.

Einzelne Renaissancekünstlerinnen wie Sofonisba Anguissola oder Lavinia Fontana waren dennoch zu Lebzeiten erfolgreich und berühmt – auch wenn sie später in Vergessenheit gerieten. Von ihren Zeitgenossen wurden sie als ›Wunder der Natur‹ bestaunt und als außergewöhnliche Einzelfälle gerühmt, widersprach ihr Schaffen doch der vorherrschenden Überzeugung, dass eine Frau kein schöpferisches Talent besitze. Jede einzelne berühmte Malerin war jedoch für spätere Frauen ein ermutigendes Vorbild. So entstand im 16. Jahrhundert erstmals eine weibliche Traditionslinie in der Kunst.

Künstlerinnen im Kloster

Im Mittelalter waren die Klöster wichtige Zentren des kulturellen und geistigen Lebens in Europa. Hier wurde gebetet und meditiert, gelesen und geschrieben, gemalt und komponiert, Latein und Griechisch gelehrt. Für Frauen bot der Eintritt ins Kloster bis zum 16. Jahrhundert oft die einzige Möglichkeit, sich intellektuell oder künstlerisch zu betätigen. Der Preis dafür waren ein Leben in völliger Abgeschiedenheit und nach strengen Ordensregeln sowie das Gelübde der Jungfräulichkeit. Nicht immer wählten Frauen das Nonnengewand freiwillig. Oft gaben Adlige und Bürger ihrer Töchter in die Obhut eines Klosters, anstatt die hohe Mitgift für ihre Heirat aufzubringen.

Frauen mit künstlerischem Talent waren im Kloster durchaus willkommen. Manche Nonnen verbrachten ihr ganzes Leben damit, im Skriptorium die Heilige Schrift Wort für Wort abzuschreiben und zu illustrieren. Mit ihren kostbaren Randverzierungen, goldilluminierten Lettern und farbenprächtigen Bildern preisen sie das Wort Gottes. Manchmal ist in ein reich verziertes Initial die Gestalt einer Nonne hineingemalt, die sich als die Schreiberin des Buches zu erkennen gibt: etwa Guda, die im 12. Jahrhundert lebte, oder Maria Ormani, die drei Jahrhunderte später eine Florentiner Handschrift illustrierte. Berühmtheit erlangte die Nonne Caterina Vigri aus dem Klarissenkloster Corpus Domini in

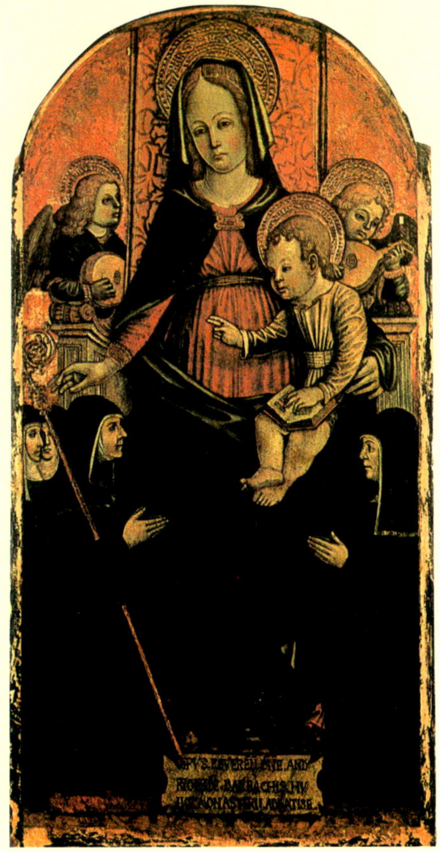

Andriola de Barrachis
Thronende Madonna mit Kind, 1485
Öl auf Holz, 100 x 50 cm. Pinacoteca Malaspina, Pavia

Bologna – allerdings nicht aufgrund ihrer Illustrationen, Fresken und Tafelbilder, sondern weil sie als Heilige verehrt wurde. Für die tief religiöse Ordensfrau war die Versenkung in das Wort Gottes weit wichtiger als die Virtuosität der Darstellung.

In den Klöstern beschränkte sich das künstlerische Schaffen jedoch nicht auf die Illustration von Andachts- und Gebetsbüchern. So griffen die Nonnen des Zisterzienserklosters Wienhausen im 15. Jahrhundert selbst zu Pinsel und Farbe, um die Wände ihres Nonnenchores auszumalen. Im italienischen Pavia signierte die Äbtissin Andriola de Baracchis 1489 ein Altarbild, auf dem zu Füßen der Muttergottes, die das segnende Jesuskind auf dem Arm hält, auch eine Gruppe von Nonnen im schwarzen Ordenshabit abgebildet ist.

In Florenz ermutigte der einflussreiche Dominikanerprediger Savonarola seine Ordensschwestern ausdrücklich zu künstlerischer Tätigkeit. Die Bekannteste von ihnen wurde die Äbtissin Plautilla Nelli (1523–1588), die mit 14 Jahren ins Kloster kam und später andere Nonnen in der Malerei ausbildete. Obwohl sie kaum Kontakt zur Kunstwelt außerhalb ihres Klosters hatte, wurden ihre Madonnenbilder auch von Florentiner Privatleuten geschätzt und bestellt, wie der zeitgenössische Kunstchronist Giorgio Vasari berichtet.

In der Renaissance verloren die Klöster als künstlerische Produktionsstätten mehr und mehr an Bedeutung: Der Buchdruck verbreitete sich und säkulare Themen gewannen an Gewicht. Zwar gab es auch in späteren Zeiten noch malende Nonnen, doch die bedeutenden Künstlerinnen entstammten der weltlichen Sphäre.

Kulturkalender für das 16. Jahrhundert

1421
Giovanni de' Medici wird zum Oberhaupt von Florenz gewählt und steht damit am Beginn der Medici-Dynastie.

Um 1445
Johannes Gutenberg erfindet den Buchdruck mit beweglichen Lettern.

1452
Leon Battista Alberti verfasst das erste der *Zehn Bücher über die Baukunst*.

1492
Christoph Kolumbus entdeckt Amerika.

Um 1503–1506
Leonardo da Vinci malt die *Mona Lisa*.

1507
Nikolaus Kopernikus entwickelt das heliozentrische Weltbild.

1517
Martin Luther veröffentlicht seine 95 Thesen in Wittenberg – der Beginn der Reformation in Deutschland.

1550
Giorgio Vasari beginnt mit der Herausgabe seiner *Lebensbeschreibungen der berühmten italienischen Architekten, Maler und Bildhauer* – der ersten Kunstgeschichte.

1572
In der Bartholomäusnacht werden Tausende von Hugenotten in Frankreich ermordet.

1590
In Rom wird die Kuppel des Petersdomes nach den Plänen Michelangelos vollendet.

1600
William Shakespeare beginnt, *Hamlet* zu schreiben, die erste seiner großen Tragödien.

Catharina van Hemessen

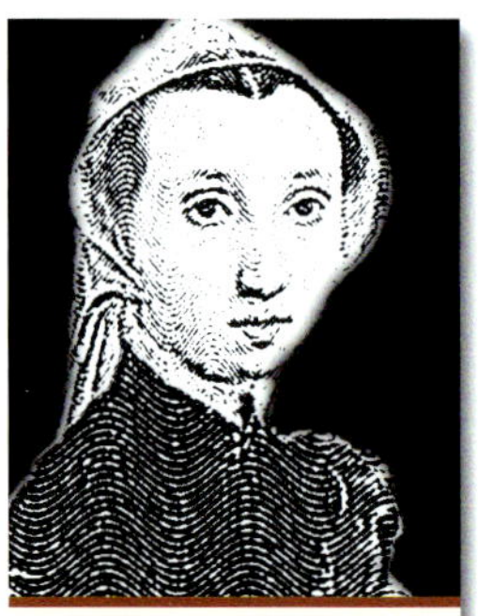

Catharina van Hemessen
*1528 Antwerpen
†etwa 1565

- *Ausbildung bei dem Vater Jan van Hemessen*
- *erhaltenes Œuvre: rund zehn signierte Gemälde (1548–1555) sowie einige Zuschreibungen*
- *vertreten u.a. in der National Gallery London, im Wallraf-Richartz-Museum Köln, Rijksmuseum Amsterdam und Musée des Beaux-Arts in Brüssel*

Antwerpen war im 16. Jahrhundert ein blühendes Wirtschaftszentrum und eine bedeutende Kunststadt, in der viele Maler ihr Auskommen fanden. Hier schuf Pieter Aertsen seine üppigen Marktbilder, in Italien geschulte Künstler wie Frans Floris brachten die Ideen der Renaissance in die heimische Kunstszene, und Pieter Bruegel d. Ä. malte seine berühmten Sprichwörter- und Bauerngemälde. Zur selben Generation gehörte auch Catharina van Hemessen, die erste niederländische Künstlerin, deren Werk noch heute bekannt ist.

Ihr Vater war der Maler Jan van Hemessen, der mit seinen Altargemälden und antikisierenden Allegorien sehr erfolgreich war. Er unterrichtete seine Tochter Catharina in der Malerei und ließ sie schon bald bei der Ausführung seiner Aufträge helfen. Die Mitarbeit von Familienmitgliedern war damals keine Seltenheit – blieb aber meistens anonym, denn Söhne und Töchter mussten nicht einmal bei der örtlichen Malergilde angegeben werden. Catharina van Hemessen malte jedoch auch eigenständige Bilder und sorgte dafür, dass ihr Name nicht in Vergessenheit geriet. »Catharina de Hemessen pingebat 1551« steht deutlich sichtbar in weißer Schrift auf ihrem *Porträt einer Dame*, das sich heute in der Londoner National Gallery befindet: »Catharina van Hemessen hat es 1551 gemalt.«

Standesgemäß, würdevoll und distanziert erscheint die unbekannte Frau auf diesem Gemälde – so wie es ein offizielles Porträt erforderte. Feine Details wie das durchsichtige Spitzenhäubchen und die gelockten Haare sind mit äußerster Genauigkeit wiedergegeben. Das kleine Hündchen war ein beliebtes Accessoire eleganter Damen und auch ein Symbol der Treue. Weich modellierte Catharina van Hemessen die Gesichtszüge der jungen Frau mit Licht und Schatten, um ihren Mund spielt die Andeutung eines Lächelns. Durch den schlichten dunklen Hintergrund wirkt das Bild ein wenig altertümlich für die Porträtmalerei der Zeit, doch die Persönlichkeit der Frau ist ungemein lebendig wiedergegeben. Wie viele ihrer Arbeiten ist das Gemälde – verglichen mit den Werken ihres Vaters – von bescheidenem Format. Auf Holztafeln gemalt, besitzen die fein ausgeführten Porträts beinahe den Reiz von Miniaturen.

Auf einem drei Jahre zuvor entstandenen Selbstbildnis zeigt sich die Künstlerin im Alter von 20 Jahren als ernsthafte Malerin mit Pinsel, Palette und Malstock an der Staffelei. Es ist eines der ersten Selbstporträts eines Künstlers bei der Arbeit. Sogar Maria von Ungarn, die Regentin der Niederlande und Schwester Karls V., wurde auf die junge Malerin aufmerksam: Die ›kleine Catheline‹ ist 1555 als Hofdame der gebildeten und kunstsinnigen Monarchin belegt, die eine bedeutende Mäzenin war und sich sogar von Tizian porträtieren ließ. Als sich die Regentin 1556 nach Spanien zurückzog, begleitete die Malerin sie gemeinsam mit ihrem Ehemann, dem Antwerpener Musiker und Organisten Chrétien de Morien. Von diesem Zeitpunkt an ist kein einziges Werk mehr von ihr bekannt. Insgesamt sind nicht mehr als zehn signierte Gemälde Catharina van Hemessens erhalten, überwiegend Porträts und einige wenige religiöse Bilder.

Catharina van Hemessen
Porträt einer Dame, 1551
Öl auf Holz, 23 x 18 cm
National Gallery, London

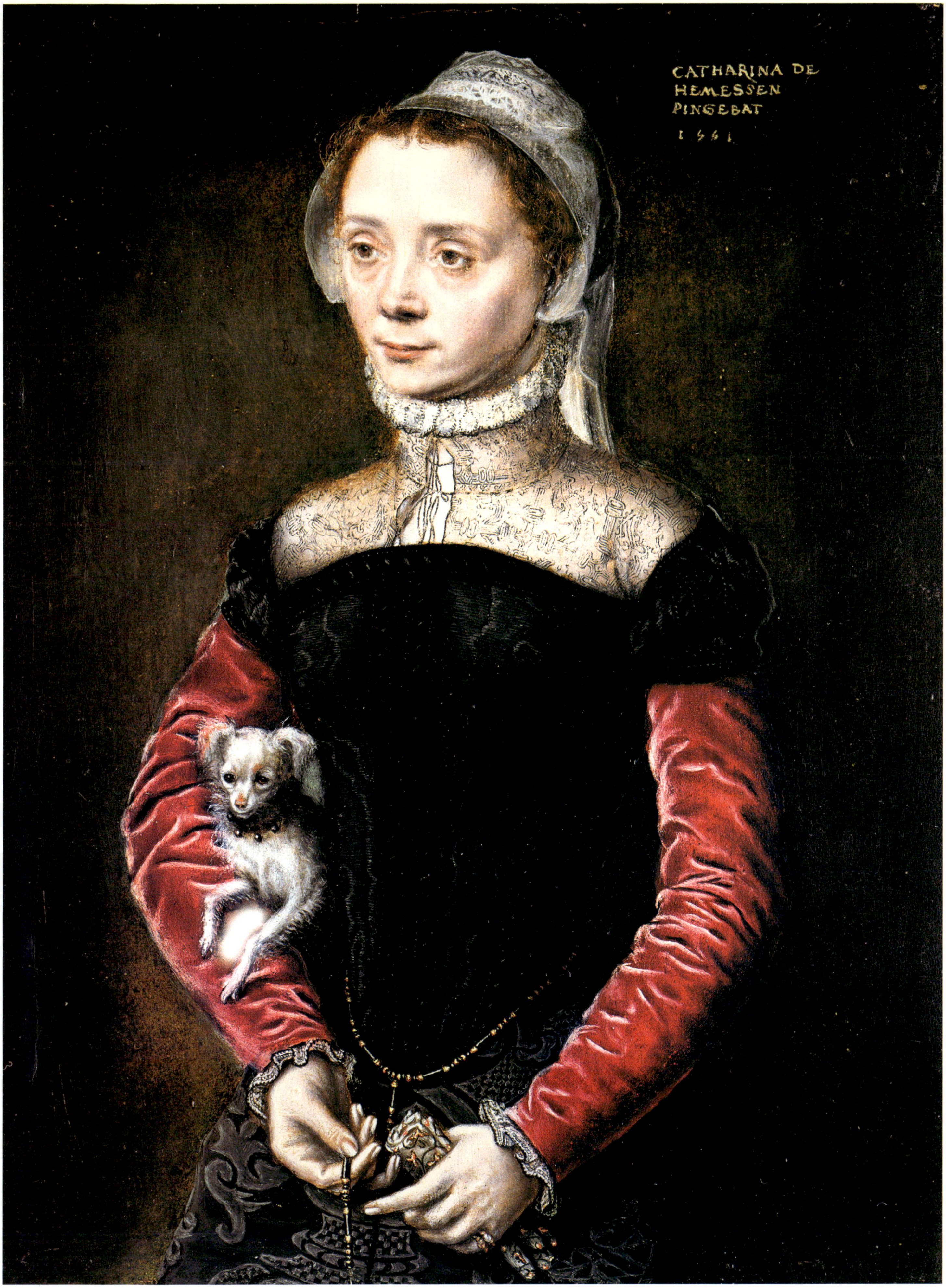
CATHARINA DE
HEMESSEN
PINGEBAT
1551

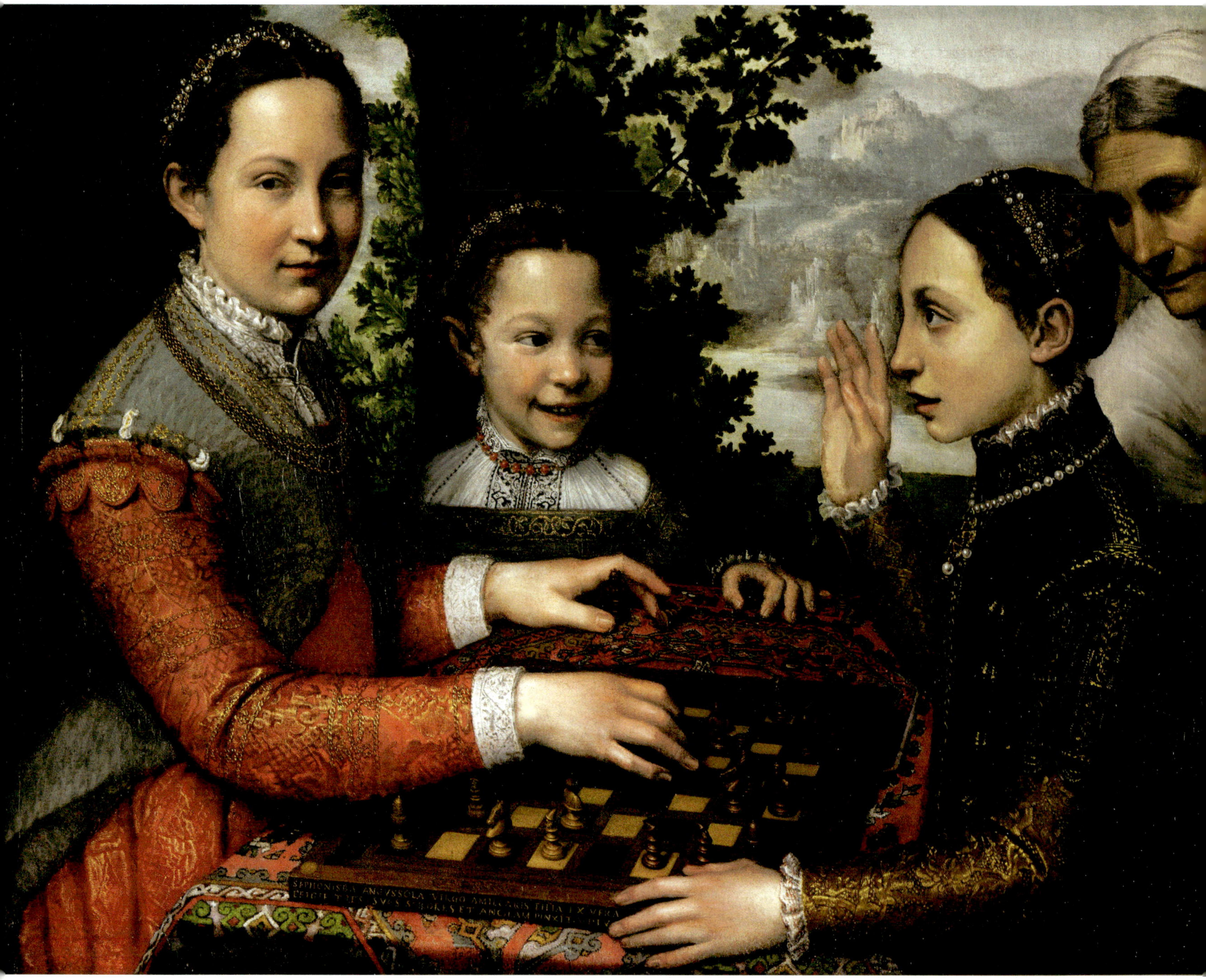
SOPHONISBA ANGVSSOLA VIRGO AMILCARIS FILIA EX VERA

Sofonisba Anguissola

Sofonisba Anguissola und ihre Schwestern waren im 16. Jahrhundert eine absolute Ausnahmeerscheinung. Von sechs Schwestern wurden vier Malerinnen – und das zu einer Zeit, als Frauen in Italien nur höchst selten Zugang zu künstlerischen Tätigkeiten hatten. Dabei war ihr Vater Amilcare Anguissola nicht einmal selbst Maler, sondern ein humanistisch gebildeter Adliger aus Cremona. Er setzte in die Tat um, was zeitgenössische Autoren wie Baldassare Castiglione forderten: eine umfassende Bildung in Literatur, Musik, Philosophie und Zeichnen nicht nur für die Söhne, sondern auch für die Töchter aus kultiviertem Hause. Besonders Sofonisba, seine Erstgeborene, bewies ein solches Talent, dass aus dem Zeichenunterricht, den der Maler Bernardino Campi ihr erteilte, schon bald eine regelrechte Malerausbildung wurde. Engagiert trat der Vater für seine begabte Tochter ein, knüpfte Kontakte zu einflussreichen Kreisen und sandte ihre Gemälde als Arbeitsproben an die Höfe Italiens. Der Kunstschriftsteller Giorgio Vasari besuchte die Familie in Cremona und zeigte sich von Sofonisbas Gemälden begeistert: Sie seien »so trefflich ausgeführt, dass man wähnt, sie hätten Atem und Leben«. Besonders beeindruckte ihn das Gemälde ihrer Schwestern beim Schachspiel, das Sofonisba mit ungefähr 20 Jahren schuf. Die Bildidee war für die italienische Malerei der Zeit etwas ganz Ungewöhnliches. Statt ein konventionelles Gruppenporträt zu malen, wählte Sofonisba eine aus dem Leben gegriffene Situation, in der die Gefühle und Charaktere der Mädchen lebhaft zum Ausdruck kommen. Die Schachfigur noch in der Hand, blickt Lucia zum Betrachter hin, während die kleine Europa lachend die überraschte Reaktion ihrer Schwester Minerva auf den letzten Schachzug beobachtet. Eine betagte Bedienstete sieht den Mädchen interessiert über die Schulter. Allein das schelmische Lachen der kleinen Europa sucht in der damaligen Malerei seinesgleichen. Die Zeitgenossen bewunderten Sofonisbas besondere Fähigkeit, Gefühle und Mimik wiederzugeben; ihre Zeichnungen von lachenden Mädchen und weinenden Knaben wurden in den Künstlerkreisen Roms herumgereicht. Sogar Michelangelo äußerte sich anerkennend darüber und sandte der jungen Malerin auf Bitten ihres Vaters eigene Zeichnungen als Studienobjekte zu. Sofonisbas Selbstporträts fanden bald ihren Weg in die besten Kunstsammlungen Italiens – über ein Dutzend davon, mehr als von jedem anderen Künstler ihrer Zeit, sind erhalten.

1559 berief der spanische König Philipp II. die vielgerühmte Malerin als Zeichenlehrerin für die junge Königin Isabella an seinen Hof nach Madrid. Künstlerisch musste sie sich hier den strengen Konventionen des spanischen Hofporträts anpassen. Lange Zeit hat man ihre unsignierten Bildnisse anderen Hofmalern zugeschrieben.

Als sie nach über zehn Jahren aus dem Dienst des Königs ausschied, gewährte man ihr eine großzügige lebenslange Rente und arrangierte die Heirat mit einem sizilianischen Adligen. Aber ihr privates Glück scheint sie erst nach seinem frühen Tod gefunden zu haben. In einer für damalige Verhältnisse ganz ungewöhnlichen Blitzhochzeit nahm sie den Kapitän des Schiffes, das sie von Sizilien in ihre oberitalienische Heimat zurückbrachte, zum Mann. Bis ins hohe Alter war Sofonisba Anguissola eine Berühmtheit. Noch kurz vor ihrem Tod hat der flämische Maler Anthonis van Dyck die über 80-jährige Dame aufgesucht und in seinem Skizzenbuch porträtiert.

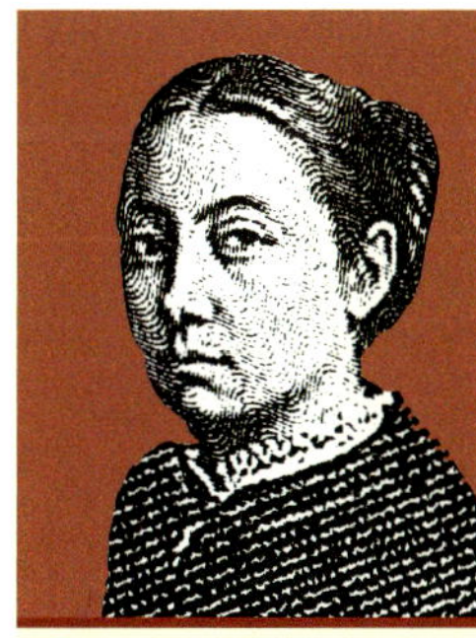

Sofonisba Anguissola
*um 1532 Cremona
†1625 Palermo

- *Ausbildung bei Bernardino Campi und Il Sojaro*
- *schuf hauptsächlich Porträts, darunter viele Selbstbildnisse*
- *1559–1573 am Hof Philipps II. von Spanien*
- *erste italienische Malerin von internationalem Ruf*

Sofonisba Anguissola
Drei Schwestern beim Schachspiel, 1555
Öl auf Leinwand, 72 x 97 cm
Muzeum Norodowe,
Poznan

Barbara Longhi

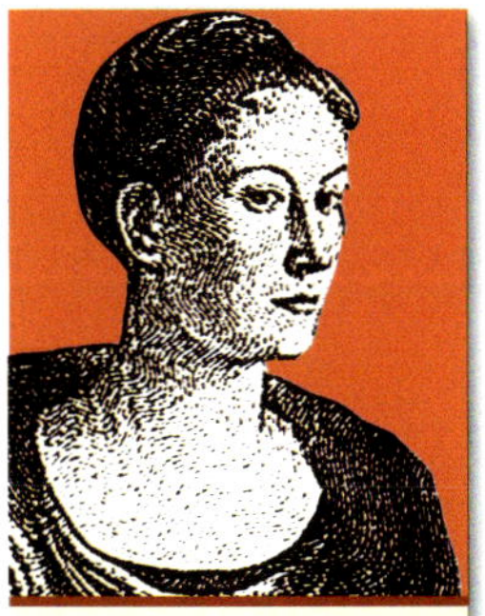

Barbara Longhi
*1552 Ravenna
†1638 Ravenna

- *Schülerin und Mitarbeiterin ihres Vaters Luca Longhi*
- *schuf überwiegend religiöse Gemälde, vor allem Marienbilder*
- *vertreten u. a. in der Pinacoteca Ravenna, der Dresdener Gemäldegalerie und der Walters Art Gallery Baltimore*
- *beeinflusst von Correggio, Leonardo, Raffael und den Stichen Marcantonio Raimondis*

Ein Anflug von Traurigkeit liegt auf den zarten, idealschönen Gesichtszügen der Madonna. Die Augenlider sind gesenkt, der Kopf ist anmutig zur Seite geneigt. Auf ihrem Schoß sitzt das Jesuskind, das sich liebevoll dem Johannesknaben zuwendet. Dieser hält ein Stabkreuz in der Hand – als Zeichen dafür, dass er einst Jesus in den Fluten des Jordan taufen wird. Schützend umfängt Maria die beiden Knaben mit ihren Armen. Sie weiß um den Opfertod, den Christus am Kreuz erleiden wird, auch der Gläubige kann sich in diesen Gedanken versenken. Alles strahlt Klarheit, Harmonie und Eleganz aus – die sanft schwingenden Linien, die weichen Rundungen der Körper, die Farben und die Grundform der Komposition, die einem symmetrischen Dreieck entspricht. Maria und Jesus heben sich deutlich vor dem dunklen Vorhang ab, der als ein Zeichen der Würde hinter ihnen drapiert ist. Links hinter Johannes öffnet sich dagegen eine weite Flusslandschaft, die an die Wasser des Jordan erinnert.

Typus und Komposition des Bildes beruhen auf einer langen Tradition, die bis ins 15. Jahrhundert zurückreicht. Renaissancekünstler wie Raffael und Leonardo hatten ihren Madonnenbildnissen geometrische Harmonie und ideale Schönheit verliehen, die diese zu klassischen Vorbildern für ganze Generationen von Malern werden ließen. Auch Barbara Longhi orientierte sich daran. Marienbilder waren ihre Spezialität, zwölf ihrer 15 erhaltenen Werke zeigen die Madonna mit Kind. Im Zuge der wieder auflebenden Marienfrömmigkeit zur Zeit der Gegenreformation waren solche Andachtsbilder ausgesprochen beliebt.

An stilistischen Neuerungen lag der Künstlerin offenbar ebenso wenig wie ihren konservativen Auftraggebern in der oberitalienischen Provinzstadt Ravenna. Hier, in ihrer Heimatstadt, verbrachte Barbara Longhi ihr ganzes Leben – weitab von den künstlerischen Zentren Rom, Florenz oder Bologna, wo der Manierismus bereits den Renaissancestil abgelöst hatte. Und doch wurde der zeitgenössische Kunstchronist Giorgio Vasari während eines Aufenthalts in Ravenna schon früh auf sie aufmerksam. 1568 nahm er Barbara Longhi in die aktualisierte Ausgabe seiner Lebensgeschichten der berühmtesten Künstler auf – sie war gerade 16 Jahre alt: »Meister Luca de Longhi, aus Ravenna … hat in seiner Vaterstadt und außerhalb viele Tafeln in Öl und schöne Bildnisse nach dem Leben ausgeführt. ... Nicht verschweigen will ich, dass ein Töchterlein von ihm, ein kleines Mädchen, Barbara mit Namen, sehr gut zeichnet und angefangen hat recht anmuthig und nach guter Manier einiges zu malen.«

Über ihr Leben wissen wir so gut wie nichts. Wie ihr älterer Bruder Francesco hatte Barbara das künstlerische Handwerk von ihrem Vater Luca gelernt und arbeitete dann in seiner Werkstatt mit. Die Werke beider sind oft nur schwer zu unterscheiden. Glücklicherweise signierte die Malerin ihre Bilder zumindest teilweise mit dem Kürzel BLF: Barbara Longhi fecit, d. h. Barbara Longhi hat es gemacht. Die Qualität ihrer Arbeiten liegt vor allem in dem innigen Ausdruck von Harmonie und Ruhe, den sie ihren Madonnen zu geben verstand. Auch Longhis Porträts fanden zu Lebzeiten Anerkennung; es ist jedoch kaum eines erhalten geblieben. Ebenso wenig gibt es ein Selbstbildnis von ihr. Aber vielleicht hat sie sich das eine oder andere Mal in Gestalt der Heiligen Katharina oder Barbara verewigt – wie es auch unter ihren männlichen Zeitgenossen nicht unüblich war.

Barbara Longhi
Maria mit dem Kind und Johannes, undatiert
Öl auf Leinwand, 88,5 x 71 cm
Staatliche Kunstsammlung Dresden,
Gemäldegalerie Alte Meister, Dresden

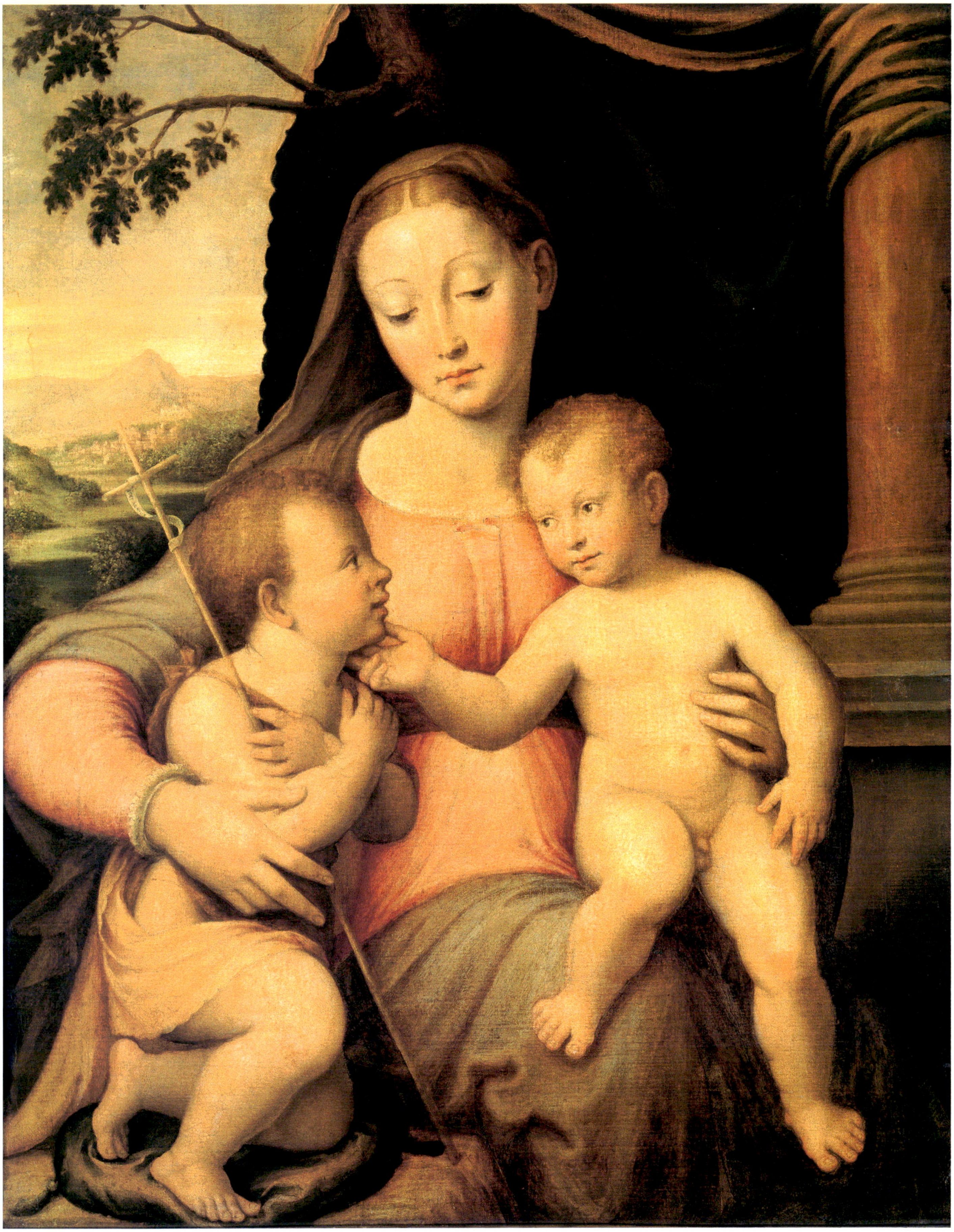

Lavinia Fontana

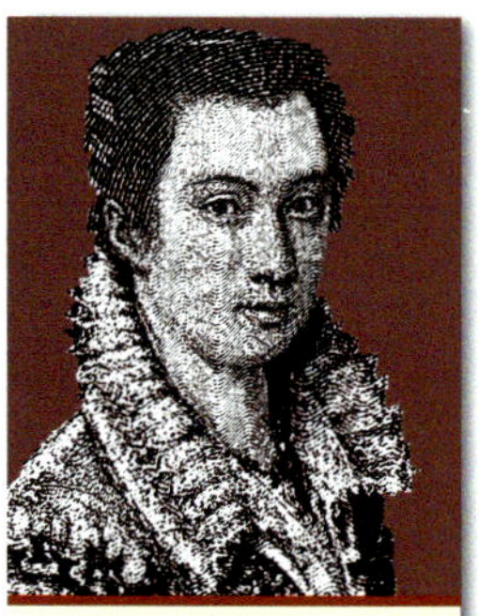

Lavinia Fontana
*1552 Bologna
†11. August 1614 Rom

- *schuf als erste Künstlerin eine beträchtliche Anzahl großformatiger Altargemälde und Akte*
- *mit über 100 erhaltenen Werken das umfangreichste Œuvre einer Künstlerin vor dem 18. Jahrhundert*
- *der spanische König bezahlte für ihre »Heilige Familie« 1000 Dukaten*

Das Studium des nackten Körpers – für Männer seit der Renaissance die Grundlage jeder Künstlerausbildung – galt für Frauen noch Jahrhunderte später als unschicklich. Wer sich nicht heimlich im Aktzeichnen übte, hatte oft ein Leben lang mit Schwierigkeiten bei der Darstellung menschlicher Figuren zu kämpfen. Ein weibliches Aktbild von der Hand einer Malerin war mithin höchst ungewöhnlich. Lavinia Fontana hat diese Aufgabe im Auftrag privater Mäzene mehrfach wie selbstverständlich gemeistert.

Ihre Göttin Minerva, die Schutzherrin der Künste und des Krieges, wendet sich mit einer anmutigen Drehung des Körpers dem Betrachter zu. Soeben hat sie Waffen, Helm und Schild abgelegt und ist nun im Begriff, ein elegantes Gewand überzustreifen. Die schöne Gestalt strahlt Ruhe und natürliche Gelassenheit aus, ihre Nacktheit wirkt weder voyeuristisch noch anzüglich. Es ist das letzte Bild Lavinia Fontanas.

Insgesamt sind mehr als 100 Werke von ihr bekannt: vom kleinformatigen Andachtsbild bis zum anspruchsvollen Altargemälde, vom repräsentativen Porträt bis zum antiken Historienbild. Sie war die erste Malerin, die sich – unabhängig vom Schutz eines Klosters oder den Verpflichtungen einer Hofmalerin – auf dem freien Markt unter männlichen Kollegen behauptete. Internationale Anerkennung war ihr schon zu Lebzeiten sicher. Auf ihrem Selbstbildnis im Rundformat, das ein zeitgenössischer Kunstsammler für seine Porträtgalerie bestellte, präsentiert sich Fontana beim Studium antiker Aktstatuetten und bringt so ihren hohen künstlerischen Anspruch zum Ausdruck.

Ihr Vater und Lehrer Prospero Fontana war der führende Maler im Kunstzentrum Bologna. Er verschaffte ihr als Vorsitzender der örtlichen Malerzunft wohl auch die Möglichkeit, als professionelle Malerin zu arbeiten, ohne offizielles Mitglied der Zunft zu sein. Auch die Heirat mit dem wohlhabenden Adligen Gian Paolo Zappi war vorteilhaft. Der Ehemann, ebenfalls als Maler ausgebildet, war Lavinia Fontana künstlerisch weit unterlegen. Er soll ihr – in Umkehrung der üblichen Rollenverteilung – bei der Ausführung der Gewänder auf ihren Bildern geholfen haben.

Obwohl Fontana im Lauf der folgenden Jahre insgesamt elf Kinder zur Welt brachte, von denen allerdings nur wenige das Kindesalter überlebten, setzte sie ihre Arbeit als Künstlerin unvermindert fort. Anfangs malte sie kleinere religiöse Bilder und machte sich als Porträtmalerin unter den Gelehrten der ehrwürdigen Bologneser Universität einen Namen. Ihr lebensgroßes Gruppenporträt der einflussreichen Bologneser Senatorenfamilie Gozzadini übertraf dagegen schon im Format alles bisher Dagewesene in ihrer Heimatstadt. Von nun an war Fontanas Einkommen durch hoch bezahlte Porträtaufträge für adlige Damen über Jahrzehnte hinweg gesichert.

Als erste Künstlerin Italiens schuf sie große Altarbilder und erhielt sogar im päpstlichen Rom öffentliche Aufträge. Schließlich übersiedelte sie mit ihrer Familie in die Heilige Stadt, um einen Monumentalauftrag auszuführen, wie er noch nie von einer Frau bewältigt worden war: ein über sechs Meter hohes Altargemälde in der römischen Basilika San Paolo fuori le mura. Leider ist es nicht erhalten geblieben, es wurde bei einem Brand der Kirche vernichtet.

Lavinia Fontana
Minerva kleidet sich an, 1613
Öl auf Leinwand, 260 x 190 cm
Galleria Borghese, Rom

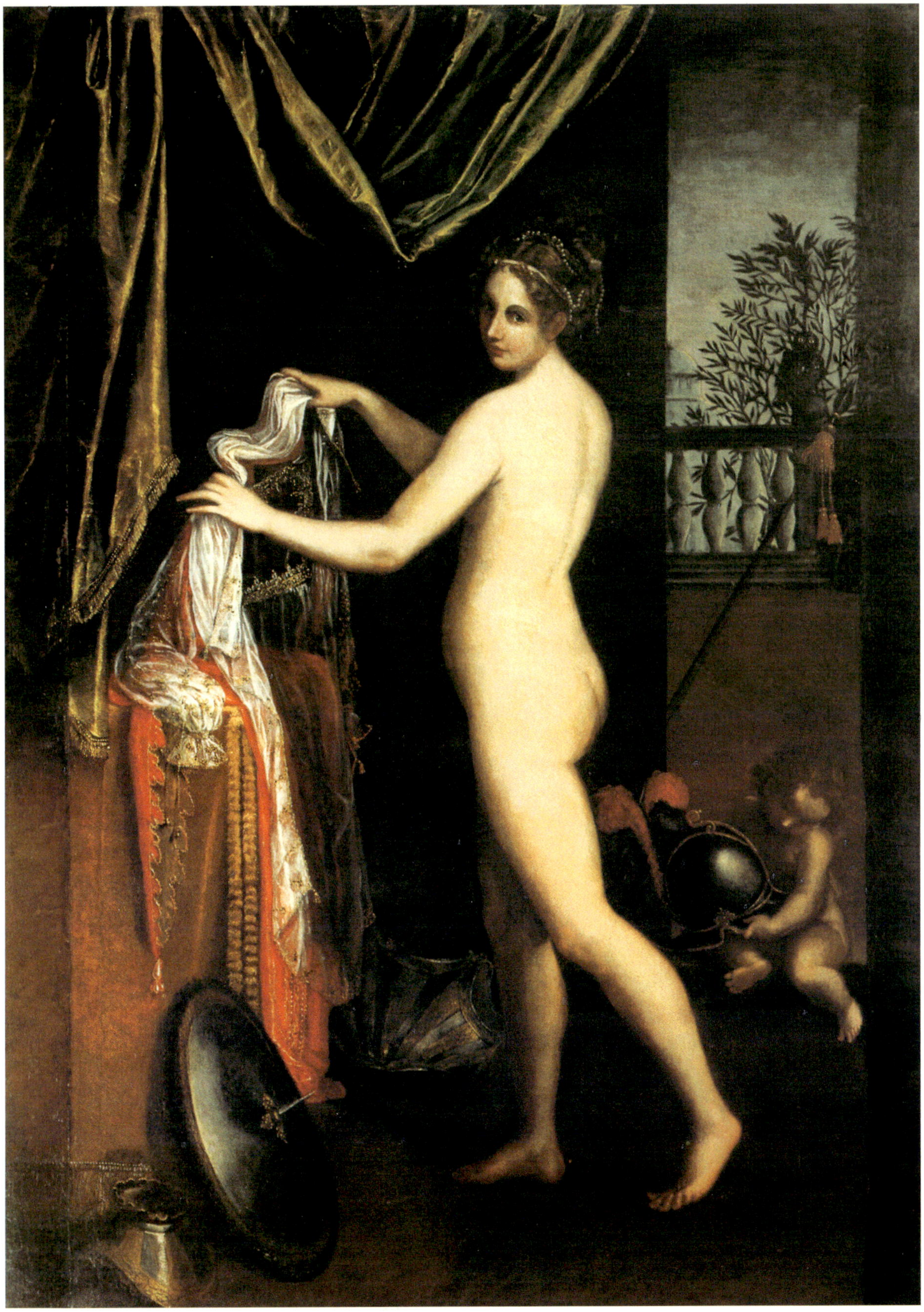

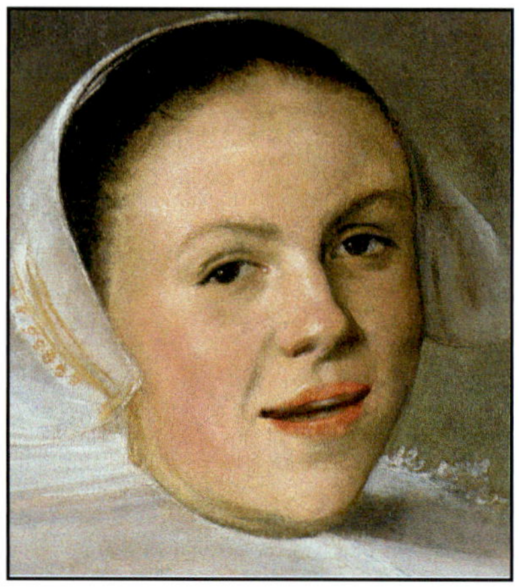

Caravaggio Peter Paul Rubens Frans Hals Gerrit van Honthorst Georges de La Tour Nicolas Poussin Anthonis van Dyck Diego Velázquez Claude Lorrain

Das 17. Jahrhundert

Artemisia Gentileschi

Clara Peeters

Judith Leyster

Elisabetta Sirani

Maria Sibylla Merian

Rachel Ruysch

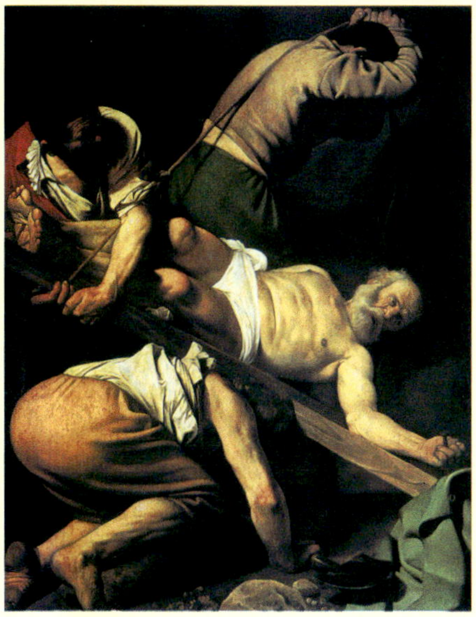 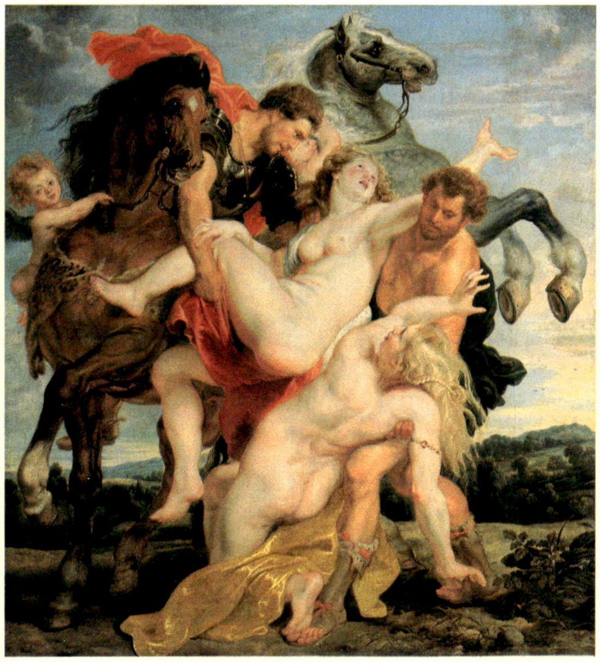 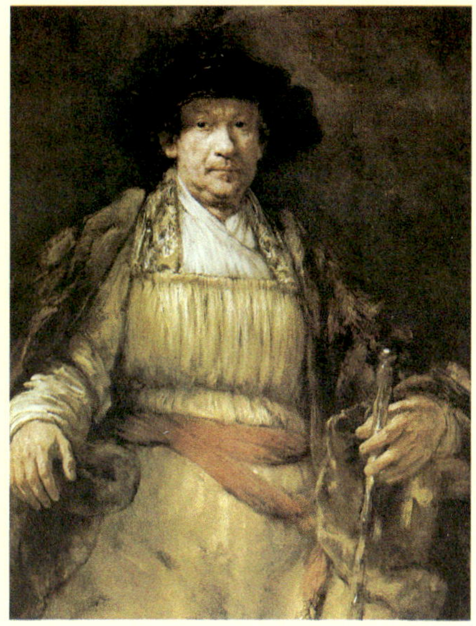

embrandt Harmenszoon van Rijn Bartolomé Esteban Murillo Willem Kalf Jacob van Ruisdael Jan Vermeer Andrea Pozzo Antoine Watteau William Hogarth

Das 17. Jahrhundert war das Zeitalter des Absolutismus und der großen Glaubenskriege. In Frankreich genoss der ›Sonnenkönig‹ Ludwig XIV. uneingeschränkte Macht, in Rom residierten die Päpste wie Fürsten, und in Spanien behauptete sich die Krone mit inquisitorischer Strenge. Während die südlichen Niederlande weiterhin unter spanischer Herrschaft standen, erkämpfte sich der protestantische Norden die Unabhängigkeit und stieg als holländische Republik zu einer bedeutenden Handelsmacht auf. In Deutschland lähmte der Dreißigjährige Krieg Wirtschaft und Kultur, erst in der zweiten Hälfte des Jahrhunderts konnte sich an den Fürstenhöfen eine barocke Kunst nach französischem Vorbild entwickeln. Doch in Spanien, Italien, Frankreich und den Niederlanden galt das 17. Jahrhundert – die Epoche des Barock – als ein ›Goldenes Zeitalter‹ der Kunst. Allerdings entstanden in den einzelnen Ländern Europas ganz unterschiedliche Stilausprägungen.

Zu Beginn des Jahrhunderts sorgte im päpstlichen Rom der Maler Caravaggio mit seinen realistisch gemalten, dramatisch beleuchteten Gemälden für Furore. Caravaggios Stil fand begeisterte Nachahmer und leitete die italienische Barockmalerei ein. Machtvoll entfaltete sich die religiöse Kunst nun im Auftrag der Päpste, während die antike Götterwelt die Paläste des Adels eroberte. Auch für französische Künstler wie Nicolas Poussin oder Claude Lorrain spielten mythologische Themen, die oft in ideale Landschaften eingebettet wurden, eine wichtige Rolle.

In Spanien prägten überragende Maler wie Diego Velázquez, Francisco de Zurbarán und Bartolomé Esteban Murillo mit ihren eindringlichen Porträts und Heiligenbildern die Kunst des Jahrhunderts. In Antwerpen stieg Peter Paul Rubens zum gefeierten Malerfürsten auf. Seine monumentalen Altar- und Historiengemälde gelten bis heute als Inbegriff der Barockmalerei. Es sind mitreißende, pathetische Kunstwerke voll üppiger Körperlichkeit und dynamischer Formensprache – dramatisch in der Beleuchtung, kraftvoll in der Farbigkeit und großzügig-schwungvoll in der Pinselführung.

Während Rubens und seine flämischen Zeitgenossen Anthonis van Dyck oder Frans Snyders vorrangig für den Adel arbeiteten, prägte in den nördlichen Niederlanden ein neues bürgerliches Publikum die Kultur. Nicht nur unter reichen Patriziern gehörte es nun zum guten Ton, sich mit Kunstwerken zu umgeben. Die Malerei erlebte einen ungeheuren Aufschwung: Man schätzt, dass

oben links
Michelangelo Merisi da Caravaggio
Kreuzigung Petri, um 1600
Öl auf Leinwand,
232 x 179 cm
Cappella Cerasi, Santa Maria del Popolo, Rom

oben Mitte
Peter Paul Rubens
Der Raub der Töchter des Leukippos, 1618
Öl auf Leinwand
224 x 210,5 cm
Bayerische Staatsgemäldesammlung, Alte Pinakothek, München

oben rechts
Rembrandt
Selbstporträt, 1658
Öl auf Leinwand
133,5 x 104 cm
The Frick Collection, New York

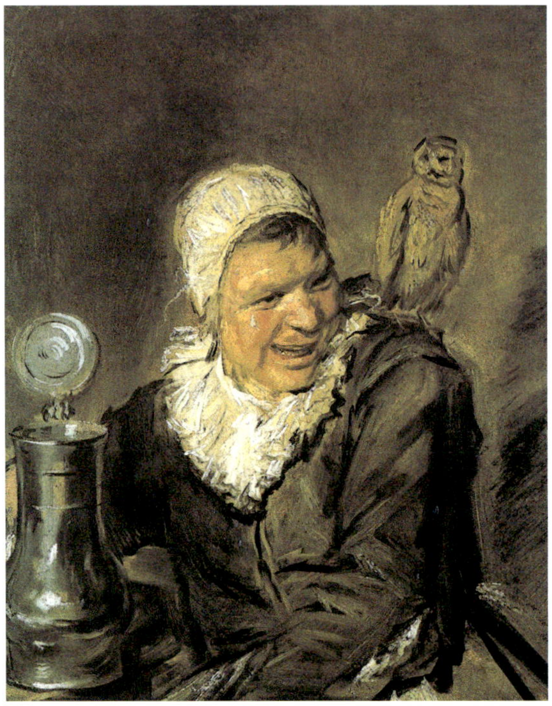

Frans Hals
Malle Babbe, 1633–1635
Öl auf Leinwand, 75 x 64 cm
Staatliche Museen zu Berlin – Stiftung Preußischer Kulturbesitz, Berlin

im 17. Jahrhundert in Holland rund 3200 Maler aktiv waren.

Bildgattungen wie die Stillleben-, Landschafts- und Genremalerei gewannen an Selbstständigkeit. Szenen und Motive aus dem alltäglichen Leben rückten in den Mittelpunkt, was dem Geschmack der neuen Käuferschichten durchaus entgegenkam. Viele Künstler spezialisierten sich: Es gab Blumen- und Tiermaler, Spezialisten für Jagdstücke oder Prunkstillleben, für Winterlandschaften oder Seestücke, für Kircheninterieurs oder Wirtshausszenen, Bürgerporträts oder biblische Themen. Die stilistische Bandbreite war ebenso vielfältig; neben der Feinmalerei eines Gerrit Dou genoss die virtuos-lässige Pinselschrift eines Frans Hals ebenso großes Ansehen wie die malerische Perfektion Jan Vermeers oder die raue Malfaktur Rembrandts. Schimmernder Samt, glänzendes Messing, durchsichtiges Glas, seidiges Fell oder zarte Blüten – auf den niederländischen Gemälden des 17. Jahrhunderts sprechen die illusionistisch wiedergegebenen Materialien alle Sinne an.

In der Porträtmalerei entwickelte sich ein neuer Realismus, zu dessen überragendem Meister Rembrandt wurde. In unzähligen Selbstbildnissen machte er seine eigene Physiognomie zum Gegenstand künstlerischer Reflexion.

Längst galt die Kunst als angesehenes Metier mit moralisch-geistigem Anspruch. Allerdings waren die Maler überall in Europa nach wie vor in Zünften und Gilden organisiert, wie andere Berufsgruppen auch. So gab es in jeder größeren Stadt eine Gilde der Maler, Bilderrahmenmacher und Bildhauer, die meist nach dem heiligen Lukas, dem legendären Madonnenmaler, benannt war. Sie regelte Ausbildungsstandards, Preisniveau und Konkurrenz: Nur Mitglieder durften vor Ort als professionelle Künstler arbeiten, Lehrlinge aufnehmen und ihre Arbeiten zum Verkauf anbieten. Frauen waren von der Mitgliedschaft meist nicht explizit ausgeschlossen, doch Künstlerinnen wie Judith Leyster, die im niederländischen Haarlem eine Malerwerkstatt mit mehreren Lehrlingen unterhielt, blieben auch im 17. Jahrhundert eine Seltenheit. In Delft verzeichnet die Malergilde im Laufe von 100 Jahren neben 352 Malern nur 2 Malerinnen. Eher schon erfährt man von Witwen, die die Werkstatt ihres Ehemannes weiterführten, oder von Ehefrauen, die sich um den Verkauf der Gemälde ihres Mannes kümmerten – im Handel waren niederländische Frauen auch sonst häufiger anzutreffen. Wohnen und Arbeiten fanden oft unter einem Dach statt, daher konnten Ehefrauen und Töchter ohne weiteres in den Werkstattbetrieb des Künstlers mit einbezogen werden. Sie blieben aber in der Regel auf untergeordnete Tätigkeiten wie das Kopieren erfolgreicher Gemälde beschränkt.

Dennoch – die Zahl der Künstlerinnen nahm zu und eine hoch begabte, durchsetzungsfähige Frau konnte in dem produktiven künstlerischen Klima des 17. Jahrhunderts durchaus mit ihren männlichen Kollegen auf dem freien Markt konkurrieren, wie das Beispiel von Judith Leyster, Elisabetta Sirani oder Rachel Ruysch zeigt.

Die bekannten Künstlerinnen dieser Zeit lassen sich fast ausnahmslos zwei gesellschaftlichen Gruppen zuordnen: Sie stammten entweder aus dem Künstlermilieu oder aus der gebildeten Oberschicht. Denn eine Malerausbildung kostete Lehrgeld und für die Mädchen war ohnehin die Rolle als Ehefrau und Mutter vorgesehen.

Stilllebenmalerinnen

Im Zeitalter der Renaissance wäre kein Maler auf die Idee gekommen, nichts als ein paar Blumen, einen Stapel Bücher oder einen Teller mit Obst auf einem Gemälde darzustellen. Solche alltäglichen Gegenstände galten nicht als bildwürdig und hatten nur als symbolische Beigabe auf Marienbildern oder Porträts ihren Platz. Eine eigenständige Stilllebenmalerei entstand erst in der Zeit um 1600, und sie entwickelte sich – besonders in den Niederlanden – zu einer beliebten Bildgattung. Interessanterweise gehörten Frauen mit zu den ersten Künstlern, die sich diesem Thema widmeten und damit auch sehr erfolgreich waren.

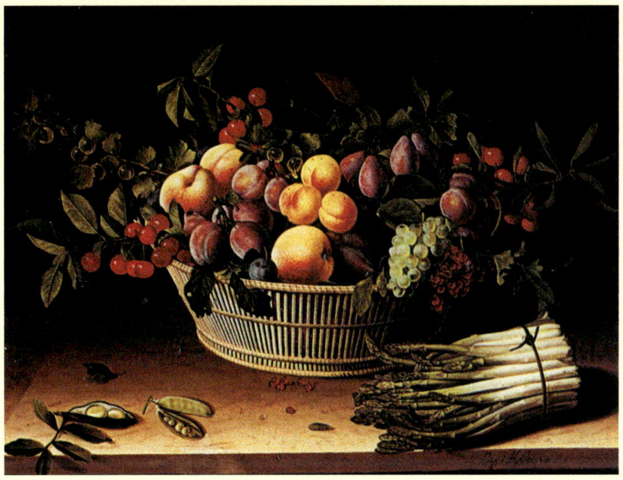

Louise Moillon, Stillleben mit Spargel, 1630
Öl auf Leinwand, 53,4 x 71,4 cm
The Art Institute of Chicago, Chicago

Clara Peeters spielte eine bedeutende Rolle in der Frühphase der niederländischen Stilllebenmalerei. Neben Blumen- und Prunkstillleben malte sie Fisch- und Jagdstücke sowie Frühstücksstillleben, so genannte banketje. Zur folgenden Generation gehörte Maria van Oosterwijk, die mit ihren virtuosen Blumenbouquets und Vanitasstillleben als erste holländische Künstlerin international bekannt wurde. Die gefeierte Blumenmalerin Rachel Ruysch führte die große Tradition der niederländischen Stilllebenmalerei bis ins 18. Jahrhundert fort: Aus den einfach und symmetrisch komponierten Stillleben der Frühzeit waren nun üppig arrangierte, hoch dekorative Gemälde geworden.

In Italien blieb die Darstellung der ›Natura Morta‹, der unbelebten Natur, eher eine Ausnahmeerscheinung; aber auch hier waren Frauen von Anfang an vertreten. Fede Galizia, eine erfolgreiche Porträt- und Historienmalerin, schuf bereits um 1600 schlichte Obststillleben voller Ruhe und Ausgewogenheit. Ein halbes Jahrhundert später arbeitete Giovanna Garzoni im Auftrag der Medici in Florenz an ihrer berühmtesten Stilllebenfolge: 20 auf Pergament gemalte Bilder von Artischocken, Bohnen und anderen Gartengemüsen, die sie detailgetreu wiedergab. Louise Moillon, eine weitere hervorragende Stilllebenmalerin, die einer großen Künstlerfamilie entstammte, lebte zu dieser Zeit in Paris. Sie verlieh ihren Obststillleben eine besondere farbige Brillanz. Die in den niederländischen Stillleben oft mitschwingende Vanitas-Symbolik spielt in ihren Bildern keine Rolle; jede Kirsche erscheint perfekt und makellos.

Generell war die Stilllebenmalerei für Frauen leichter zugänglich als andere Kunstgattungen. Denn ein Porträt erforderte ausgedehnte Modellsitzungen, und die Historienmalerei war ohne das Aktstudium, das Frauen verschlossen blieb, kaum zu bewerkstelligen. Für die Landschaftsmalerei musste man die häusliche Sphäre verlassen, aber das Studienmaterial für ein Stillleben stand ohne großen Aufwand zur Verfügung.

Im 18. und 19. Jahrhundert verlor das Stillleben an Ansehen. Die vorherrschende akademische Kunsttheorie maß der Darstellung alltäglicher Gegenstände nur geringen Wert bei – im Vergleich zur geistig anspruchsvollen Konzeption biblischer oder mythologischer Gemälde. Für Frauen galt die Blumen- und Früchtemalerei jedoch weiterhin als besonders angemessen und erfreute sich unter Amateurmalerinnen bis ins 19. Jahrhundert hinein großer Beliebtheit.

Kulturkalender für das 17. Jahrhundert

1618
Beginn des Dreißigjährigen Krieges in Deutschland.

1626
Als Hauptniederlassung der Niederlande in den nordamerikanischen Kolonien wird Neu-Amsterdam (heute New York) gegründet.

1633
Galileo Galilei muss sein Bekenntnis zur kopernikanischen Lehre widerrufen.

1635
Amtliche Gründung der Académie française zur Förderung von Kunst und Wissenschaft.

1649
England wird Republik.

1661
Ludwig XIV. besteigt den französischen Thron. Baubeginn des Schlosses von Versailles.

1664
Molière verfasst das Schauspiel *Tartuffe*.

Um 1670
Der Kolonialhandel verbreitet in Europa Tabak, Kakao und Kaffee.

1683
Die Türken belagern Wien.

1685
Hugenottenvertreibung in Frankreich.

1687
Isaac Newton veröffentlicht sein grundlegendes Werk über die Schwerkraft.

1690
John Locke legt mit *Zwei Abhandlungen über die Regierung* die erste Theorie der Gewaltenteilung vor.

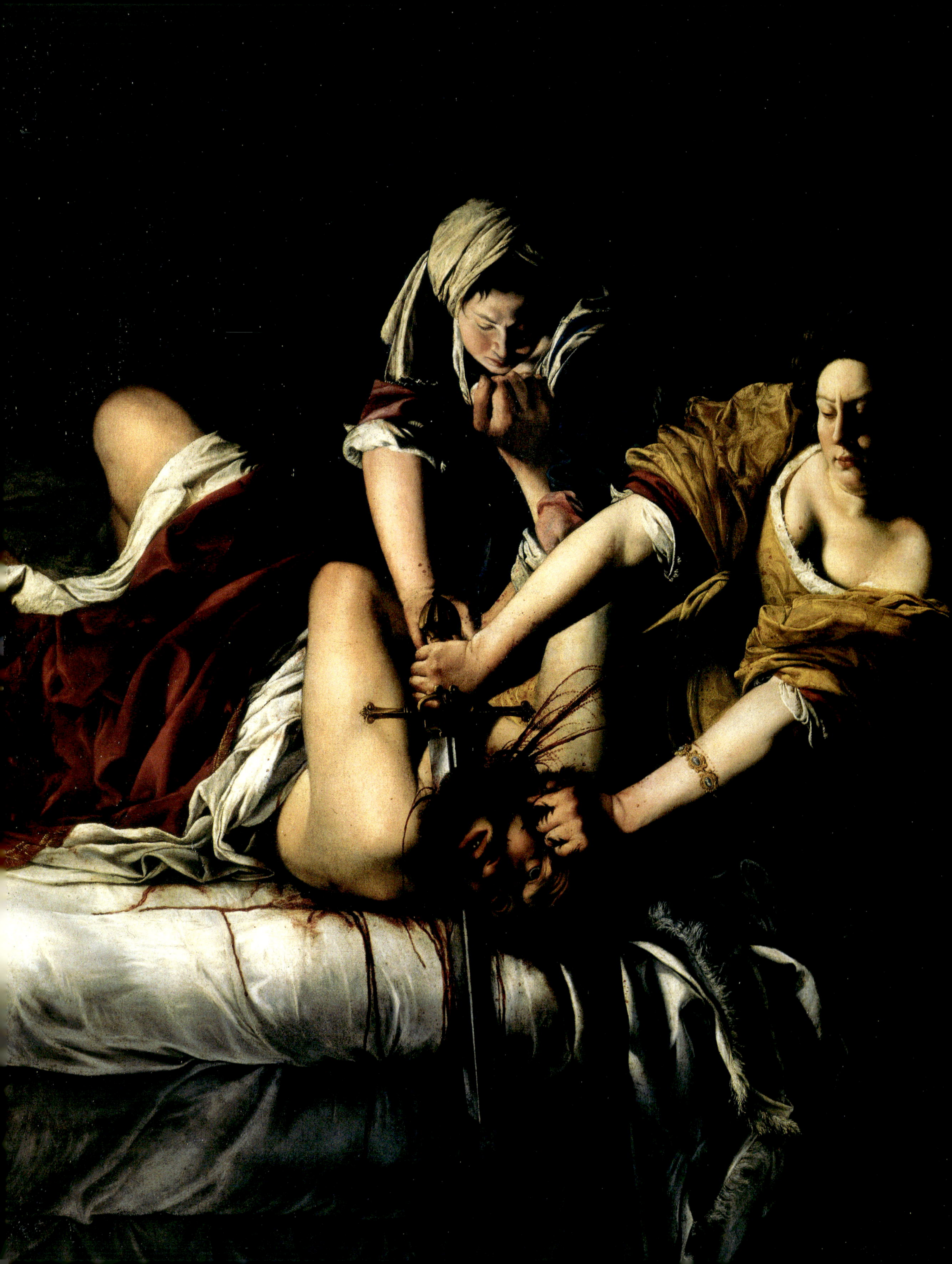

Artemisia Gentileschi

Unwillkürlich schreckt man vor diesem Bild zurück, so drastisch ist der Mord an Holofernes dargestellt. Schlaglichtartig treten die Gestalten aus dem nächtlichen Dunkel hervor. Soeben ist Judith dabei, dem Feldherrn Holofernes das Haupt abzuschlagen, während ihre Magd den Körper des bärtigen Mannes auf das Lager niederdrückt. Mit aller Kraft führt die Mörderin das Schwert, die Ärmel bis über die Ellbogen hoch geschoben. In ihrem Gesicht spiegeln sich Entschlossenheit und Anstrengung wider. Ihre Mordtat begeht sie, als sei es eine unangenehme, aber notwendige Pflicht. Unerschrocken hatte sie sich zuvor aus ihrer belagerten Stadt ins Lager des Feindes geschlichen. Den Heerführer, der glaubte, sie verführen zu können, hatte sie betrunken gemacht, um ihn zu überwältigen.

Die Geschichte der Judith aus dem Alten Testament hat die Fantasie von Malern und Bildhauern schon immer angeregt, besonders im Italien des 16. und 17. Jahrhunderts. Mit Sicherheit kannte Artemisia Gentileschi das Gemälde des lombardischen Malers Caravaggio, der das blutige Geschehen mit eindringlichem Realismus auf die Leinwand gebracht hatte. Gentileschi lässt die Figuren im Bildvordergrund zusammenrücken und steigert die Wirkung der Szene durch die dramatische Beleuchtung. Das Schockierende des Bildes liegt nicht allein in Gentileschis ungeschönter Darstellung eines Mordes, sondern auch darin, dass die Täterinnen Frauen sind.

Es ist das berühmteste Gemälde Artemisia Gentileschis, aber nicht ihr einziges Bild zu diesem Thema. Die Frauen auf ihren Gemälden sind starke Persönlichkeiten, schöne Heldinnen von kräftiger Körperlichkeit, die sich in dramatischen Situationen behaupten müssen. Meist handelt es sich um legendäre Frauenfiguren wie Susanna, Cleopatra, Lucrezia, Bathseba, Dalila oder Ester. Gentileschi zeigt sie von Männern bedrängt und bedroht – oder, wie Judith, über sie triumphierend.

Auch am eigenen Leib hatte die Künstlerin erfahren müssen, was Gewalt zwischen Männern und Frauen bedeutet. Im Alter von 18 Jahren wurde sie in der Werkstatt ihres Vaters Orazio Gentileschi, wo sie die Malerei erlernte, von ihrem Lehrer Agostino Tassi vergewaltigt. Erst ein Jahr später klagte der Vater seinen ehemaligen Freund vor Gericht an. Zuvor hatte Tassi Artemisia mit dem Versprechen hingehalten, sie zu heiraten – eine in solchen Fällen durchaus übliche ›Lösung‹. Der Skandalprozess zog sich über Monate hin und verschlimmerte die Situation der Malerin zusätzlich. Obwohl Tassi schließlich zu einigen Monaten Gefängnis verurteilt wurde, war Artemisias Ruf ruiniert.

Kurz darauf heiratete sie den Florentiner Maler Stiattesi und zog mit ihm in seine Heimatstadt, wo sie innerhalb weniger Jahre vier Kinder zur Welt brachte. Es gelang ihr bald, sich dort als einflussreiche Malerin zu etablieren. In Briefen an ihre Auftraggeber erklärte sie, sie sei nicht bereit, nur aufgrund ihres Geschlechts ungünstigere Vertragsbedingungen hinzunehmen.

Später trennte sie sich von ihrem Mann und arbeitete in Rom, Neapel und London. Als sich der Kunstgeschmack im Laufe der Jahrzehnte wandelte, wurde es für Artemisia schwieriger, sich mit ihrem kraftvollen, an Caravaggio geschulten Realismus zu behaupten.

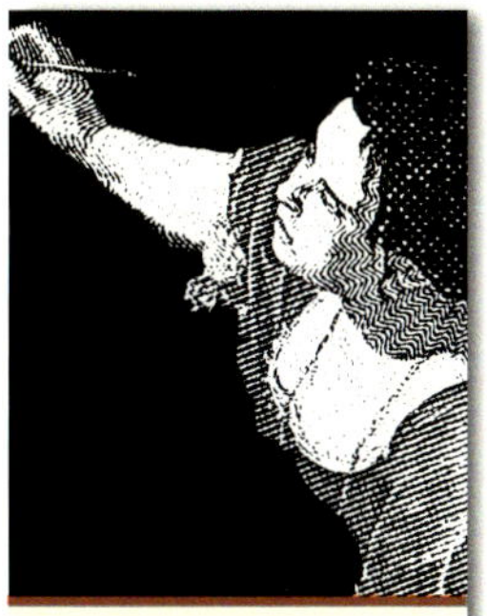

Artemisia Gentileschi
*8. Juli 1593 Rom
†1652/53 Neapel

- *Ausbildung bei ihrem Vater Orazio Gentileschi, einem Caravaggio-Schüler*
- *wurde 1616 zum Mitglied der Accademia del Disegno in Florenz ernannt*
- *Arbeitete 1639 mit ihrem Vater am Hof der englischen Königin in London*
- *Bedeutende Vertreterin der von Caravaggio geprägten Künstlergeneration*

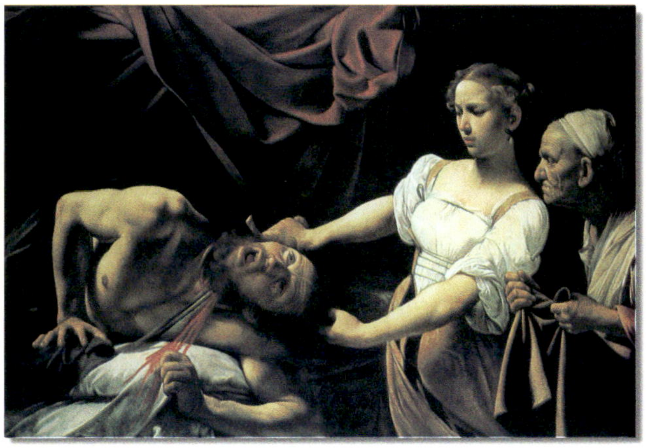

gegenüber
Artemisia Gentileschi
Judith enthauptet Holofernes, um 1620
Öl auf Leinwand
169 x 162 cm
Galleria degli Uffizi, Florenz

Caravaggio
Judith enthauptet Holofernes, 1595–1596
Öl auf Leinwand
145 x 195 cm
Galleria Nazionale d'Arte Antica, Palazzo Barberini, Rom

Clara Peeters

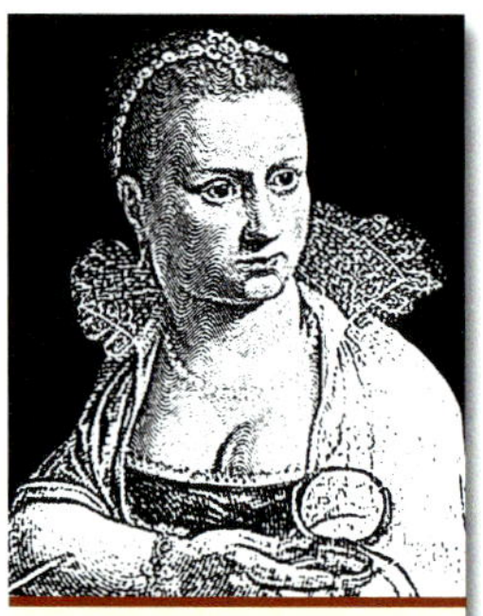

Clara Peeters
*spätestens um 1594
†nach 1630 in den Niederlanden

- *wahrscheinlich Schülerin des Antwerpener Stilllebenmalers Osias Beert*
- *schuf Fisch-, Jagd- und Blumendarstellungen sowie Vanitasbilder*
- *über 30 signierte Werke sind erhalten, rund 70 weitere werden ihr zugeschrieben*
- *einflussreiche Vertreterin der frühen niederländischen Stilllebenmalerei*

Für das wohlhabende Publikum der Niederlande war das etwas Neues: kostbare Gefäße, glänzendes Gold, zarte Blumen, seltene Muscheln – so naturgetreu gemalt, als könnte man sie berühren. Die Malerin hatte die begehrten Sammlerstücke auf einer Tischplatte angeordnet, auf deren vorderer Kante sie nach Fertigstellung des Gemäldes ihre Signatur platzierte: »CLARA P. ANNO 1612«. Clara Peeters gehört zu den Begründern der Stilllebenmalerei in ihrer Heimat. Das ›Still-leven‹ (von still: ›unbeweglich‹, leven: ›Leben, Dasein, Modell‹) entwickelte sich im Lauf des 17. Jahrhunderts in den Niederlanden zu einer der gefragtesten Bildgattungen.

Die halbe damals bekannte Welt ist auf diesem Bild vertreten: Aus Spanien stammen die wenige Jahre zuvor geprägten Goldmünzen. In Deutschland wurden um 1600 Prunkpokale in dieser Art gefertigt; der schimmernde weiße Teller ist ein Stück des begehrten chinesischen Porzellans, das acht Jahre zuvor erstmals nach Europa gelangt war. Auch die exotischen Muscheln zählen zu den Schaustücken der damaligen Kunst- und Raritätenkammern. Die Malerin hat solche Preziosen sicherlich nicht selbst besessen, auch wenn sie diese oft gemalt hat. Sie stammten wohl aus der Sammlung eines wohlhabenden Auftraggebers. Clara Peeters kombinierte das teure Kunsthandwerk mit einem einfachen Strauß blühender Blumen. Möglicherweise schwingt dabei ein Vanitasgedanke mit, wie bei vielen Stillleben des 17. Jahrhunderts: Alles vergeht, die Blumen, der Reichtum, das Leben, die Kunst. Auch die Malerin selbst schließt sich mit ein in den Reigen der Vergänglichkeitssymbolik. Auf der goldglänzenden Oberfläche des Buckelpokals spiegelt sich wieder und wieder ihr Gesicht – als ein flüchtiger Widerschein der Wirklichkeit. Zugleich ist das versteckte Selbstporträt so etwas wie künstlerische Eigenwerbung. Kein Maler hat diesen virtuosen Kunstgriff so häufig eingesetzt wie Clara Peeters, die ihn in der Stilllebenmalerei populär machte.

Das winzige, gespiegelte Bildnis der jungen Malerin ist wohl ihr einziges persönliches Zeugnis. Bis heute gibt diese Frau der Forschung Rätsel auf; wir wissen weder genau, wo sie lebte, noch wann sie starb. Über ihre Ausbildung und ihre Auftraggeber lässt sich nur spekulieren. In keiner Künstlergilde der Niederlande ist ihr Name verzeichnet. Allerdings sind die Gildelisten in Antwerpen, wo sie sich wahrscheinlich aufhielt, in den entsprechenden Jahren lückenhaft. Nicht einmal ihr Geburtsdatum lässt sich mit Sicherheit feststellen. Vielleicht ist sie identisch mit jener Clara Peeters, die am 15. Mai 1594 in der Antwerpener Kirche St. Walburga getauft wurde. Dann wäre sie kaum 14 Jahre alt gewesen, als sie ihre ersten meisterhaften Stillleben schuf. Nach den signierten und datierten Bildern zu urteilen, hat Clara Peeters mindestens 20 Jahre lang erfolgreich als Malerin gearbeitet. Eines lässt sich allerdings mit Sicherheit sagen: Sie muss eine starke künstlerische Persönlichkeit gewesen sein, die das noch junge Genre der Stilllebenmalerei nachhaltig mit prägte. Ihre frühen Fisch- und Jagdstücke zählen zu den ersten ihrer Art. Später, im 18. und 19. Jahrhundert, entwickelte sich die Stilllebenmalerei zu einem bevorzugten – und oft gering geschätzten – Spezialgebiet von Künstlerinnen und Amateurmalerinnen. In der Pionierzeit dieses Genres war Clara Peeters jedoch die einzige namhafte Frau unter männlichen Kollegen in den Niederlanden.

Clara Peeters
Stillleben mit Goldpokalen, 1612
Öl auf Holz, 61 x 49 cm
Staatliche Kunsthalle, Karlsruhe

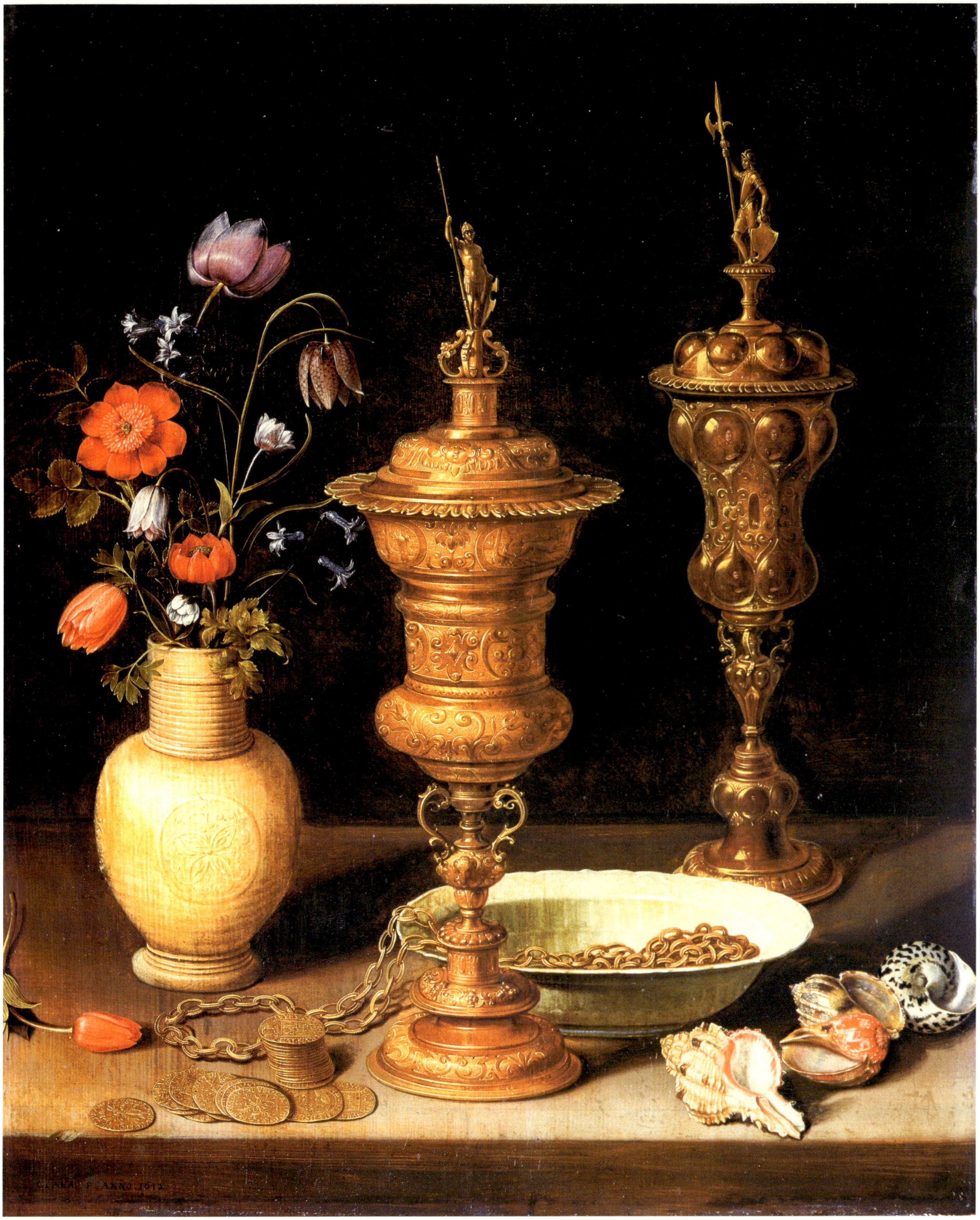

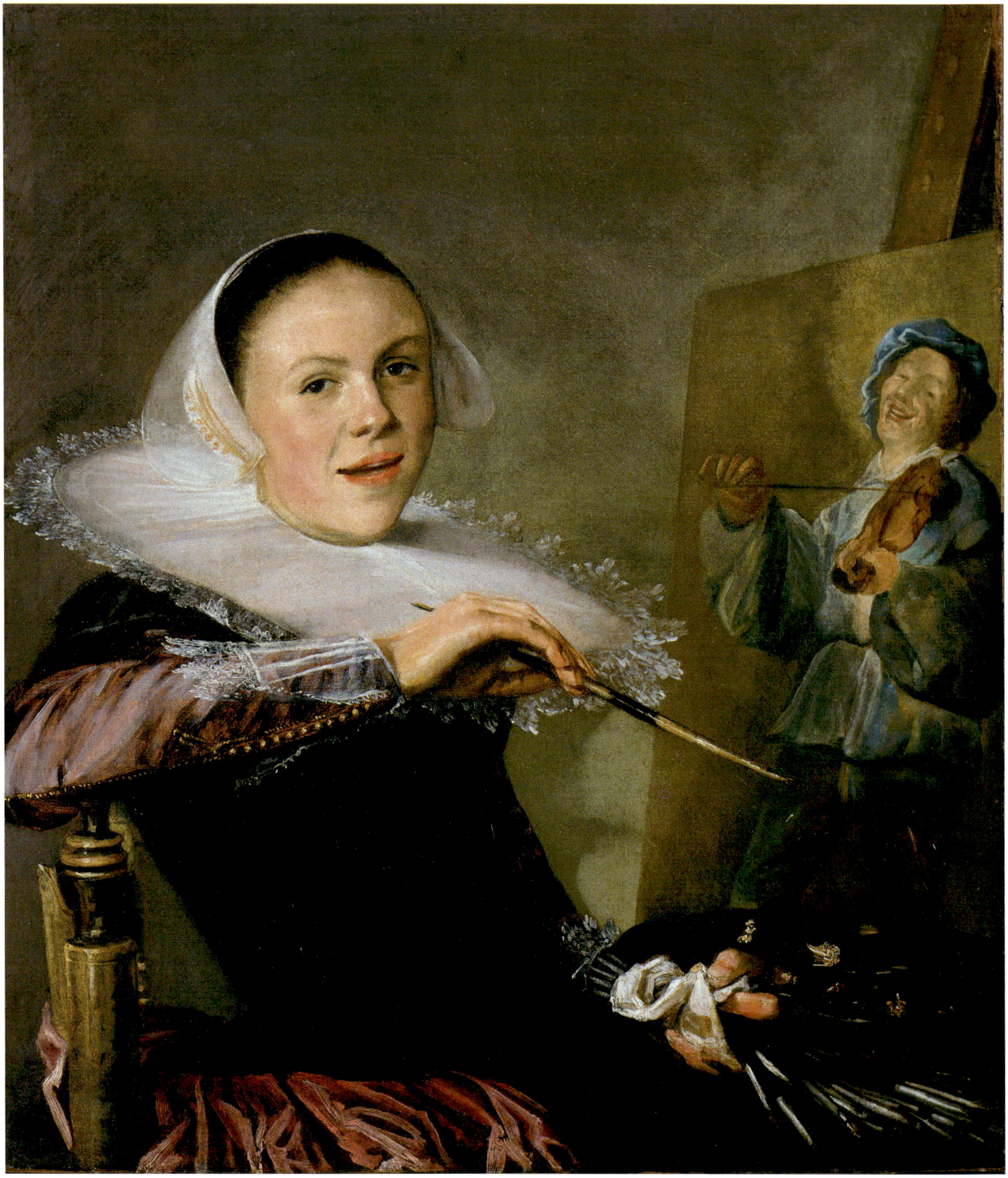

oben
Judith Leyster
Selbstporträt, um 1630, Öl auf Leinwand, 74,6 x 65,1 cm
National Gallery of Art, Washington

gegenüber
Judith Leyster
Lustige Gesellschaft, 1630, Öl auf Leinwand, 68 x 57 cm
Musée du Louvre, Paris

Judith Leyster

Vielleicht war es für Judith Leyster ein Glücksfall, dass ihr Vater 1625 Konkurs anmelden musste. Um für seine neun Kinder zu sorgen, musste sich der einst wohlhabende Brauereibesitzer nun etwas einfallen lassen. Möglicherweise war es günstiger, seine begabte Tochter bei einem Maler in die Lehre zu geben, als eine hohe Mitgift für sie aufzubringen. In seiner Heimatstadt Haarlem war bis dato keine Frau in der Lukasgilde der Maler eingeschrieben. Allerdings arbeitete in der Werkstatt des angesehenen Porträtmalers Frans Pieter de Grebber dessen Tochter Maria mit, und hier erhielt die ungefähr gleichaltrige Judith Leyster wohl auch ihre erste Ausbildung. Wichtiger für sie wurde der Einfluss von Frans Hals, dessen virtuos-lockere Pinselführung und schwungvoll-gewandte Kompositionen in Holland Aufsehen erregten.

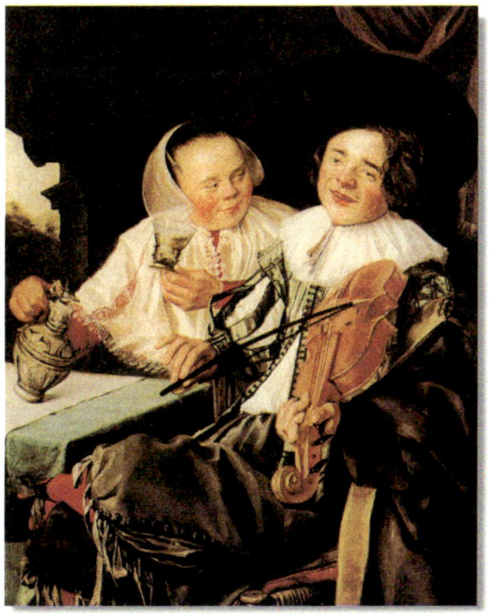

Im Alter von 24 Jahren finden wir Judith Leyster als selbstständige Meisterin in den Gildelisten von Haarlem wieder. Ebenso wie ihre männlichen Kollegen nimmt sie Lehrlinge in ihre Werkstatt auf. Wenige Jahre zuvor hatten die Haarlemer Maler ihr Reglement verschärft, um die hohe Qualität der örtlichen Kunstproduktion zu gewährleisten. Wer als Maler eine Werkstatt betreiben wollte, musste mindestens drei Jahre bei einem anerkannten Meister gelernt haben und nach einem Gesellenjahr ein Probestück vorlegen.

Judith Leyster reichte wahrscheinlich ihr Selbstporträt ein: So selbstbewusst wie auf diesem Bildnis hatte zuvor noch keine Malerin den Betrachter ins Auge gefasst. Entspannt und souverän lehnt sie sich vor ihrer Leinwand zurück, den Arm raumgreifend auf der Rückenlehne des Stuhls abgestützt. Keine Spur von weiblicher Zurückhaltung liegt in dieser wohl kalkulierten Pose, nichts von der betont tugendhaften Selbstdarstellung ihrer älteren Kolleginnen, die stets die Ellenbogen eng am Körper hielten, wie es sich für eine wohlerzogene Dame gehörte. Leyster zeigt mit diesem Bild, dass sie ihre Lektion bei Frans Hals gelernt hat. Wie er bringt sie mit einer spontan wirkenden Körperdrehung Dynamik ins Bild. Sie beherrscht die breite, lockere Pinselführung in der Gewandschilderung ebenso wie die feine, minutiöse Wiedergabe der Gesichtszüge. Die pinselführende rechte Hand ist in die vorderste Bildebene gerückt und wirkt zum Greifen nahe – ein illusionistischer Effekt, wie ihn die Zeitgenossen bewunderten. Ihren Pinsel hält die Malerin mit derselben Leichtigkeit, mit der der Junge auf ihrem Gemälde den Bogen führt – eine bewusste Parallelisierung der Gesten, durch die Leyster ihre Virtuosität hervorhebt. Gebildete Zeitgenossen konnten darin einen Hinweis auf den alten Wettstreit der Künste Musik und Malerei erkennen. Überdies spielt der wie zum Sprechen geöffnete Mund der Malerin auf einen seit der Antike oft zitierten Topos der Kunstkritik an: Ein Bild sei so naturgetreu, dass es fast zu sprechen scheine.

Lange galt dieses Gemälde Leysters als ein Meisterwerk von Frans Hals, mit dem ihre Arbeiten schon zu Lebzeiten verwechselt wurden. Erst nach und nach ist ihr Werk von falschen Zuschreibungen befreit worden.

Der Name Judith Leysters bedeutet ›Leitstern‹; die Künstlerin hat gerne darauf angespielt und bei ihren Signaturen das Monogramm JL mit einem Stern versehen.

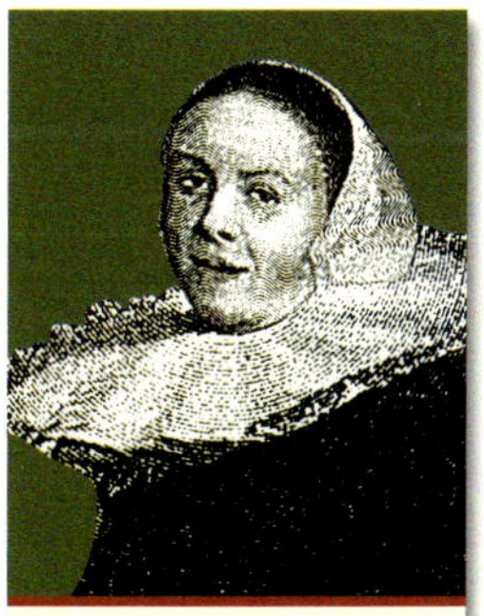

Judith Leyster
*1609 Haarlem, Holland
†1660 Haarlem

- *schuf beeinflusst von Frans Hals kraftvolle Genredarstellungen*
- *ihr erhaltenes Œuvre umfasst nur ca.* 20 *Gemälde*
- 1633 *als erste Frau in die Malergilde von Haarlem aufgenommen*
- *unterrichtete* 1635 *drei Schüler*

Elisabetta Sirani

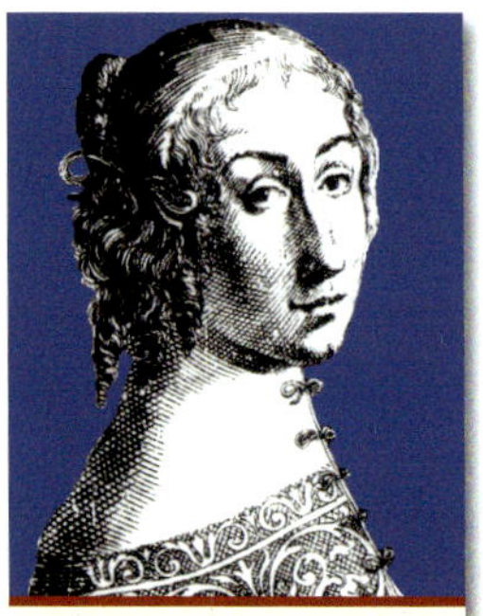

Elisabetta Sirani
*8. Januar 1638 Bologna
†August 1665 Bologna

- *Ausbildung bei ihrem Vater Giovanni Sirani, einem Schüler Guido Renis*
- *Mitglied der Accademia di San Luca, Rom*
- *unterrichtete zahlreiche Schülerinnen*
- *hinterliess ein umfangreiches Œuvre von sehr unterschiedlicher Qualität*
- *stand mit Musikern und Literaten in Kontakt*

In den Augen ihrer Zeitgenossen war sie das Ideal einer Malerin. Die Bologneserin Elisabetta Sirani war jung, schön und unverheiratet, begabt, fromm, erfolgreich und gab sich trotzdem bescheiden. Sie malte und zeichnete mit einer Leichtigkeit und Schnelligkeit, die staunende Bewunderer in ihr Atelier lockte. Ihren Bildern verstand sie eine Sanftheit, Anmut und Schönheit zu verleihen, die seit der Renaissance als natürlicher Ausdruck von Weiblichkeit galten. Nicht zuletzt entsprach ihr Schaffen dem Kunstgeschmack der Zeit – dem eleganten Stil Guido Renis, den man im Italien des 17. Jahrhunderts geradezu vergötterte.

Elisabetta Siranis Vater hatte als Assistent bei Guido Reni gearbeitet und nach dessen Tod sogar Zeichnungen und Bildentwürfe von ihm geerbt. Dass seine Tocher Elisabetta ein überragendes zeichnerisches Talent zeigte, erkannte Giovanni Andrea Sirani aber erst auf Drängen des befreundeten Kunstkritikers Malvasia an. Der Vater selbst wurde ihr Lehrer und überließ ihr, als er aufgrund seiner Arthritis nicht mehr malen konnte, die Leitung seiner Werkstatt. Von nun an ernährte die Malerin mit ihrer Arbeit die gesamte Familie, musste aber sämtliche Einkünfte weiterhin an ihren Vater abgeben. Bald unterrichtete sie nicht nur ihre beiden Schwestern Barbara und Anna Maria, sondern nahm auch andere junge Frauen als Schülerinnen auf. Mehr als ein Dutzend Malerinnen aus Siranis Umfeld sind überliefert.

Elisabetta Siranis Werkstatt war ungewöhnlich produktiv: Im Lauf von nur 13 Jahren schuf sie fast 200 Werke. Nur mit Hilfe ihrer Mitarbeiterinnen war die Meisterin in der Lage, die Fülle an Aufträgen zu bewältigen. So verwundert es nicht, dass ihre Arbeiten von recht unterschiedlicher Qualität sind. Neben Porträts und mythologischen Gemälden entstanden vor allem religiöse Bilder, nach denen sie eigenhändig Radierungen stach. Kein Thema hat sie so häufig variiert wie die Madonna und die Heilige Familie. Diesen beliebten Motiven verlieh sie eine familiär-intime Note, indem sie das Jesuskind besonders natürlich und verspielt darstellte. Ein schönes Beispiel dafür ist das abgebildete Andachtsbild, das mit seiner Farbharmonie und der fließend-leichten Pinselführung zu ihren besten Werken gehört.

Vom ersten Bild an führte Elisabetta Sirani über ihre Arbeiten Buch. Doch nach 182 Einträgen bricht die Liste unvermittelt ab – die gefeierte Künstlerin war im Alter von 27 Jahren an einem Augusttag des Jahres 1665 gestorben, nachdem sie monatelang unter Magenschmerzen gelitten hatte. Wilde Gerüchte kursierten, man vermutete einen Giftmord und klagte Siranis Dienerin vor Gericht an. Bei der Autopsie stellte man jedoch Magengeschwüre fest. Manche Forscher vermuten heute, dass Elisabetta Sirani an Überarbeitung gestorben ist. Ihrem Ruhm tat der frühe Tod keinen Abbruch. Ihre Heimatstadt Bologna ehrte die Künstlerin, die vollgültiges Mitglied der römischen Künstlerakademie San Luca war, mit einem Staatsbegräbnis. Gut zehn Jahre später erschien bereits ihre erste Biographie. Graf Malvasia, der sie einst ›entdeckt‹ hatte, zeigte darin eine Tradition auf – von den ersten Bologneser Künstlerinnen, der malenden Heiligen Caterina dei Vigri und der Renaissance-Bildhauerin Properzia dei Rossi, über die berühmte Malerin Lavinia Fontana bis zur Gegenwart. Nie zuvor und nirgends sonst in Europa hatte es so viele Künstlerinnen gegeben wie im Bologna des 16. und 17. Jahrhunderts.

Elisabetta Sirani
Madonna mit Kind, 1663
Öl auf Leinwand, 86,4 x 69,9 cm
National Museum of Women in the Arts, Washington

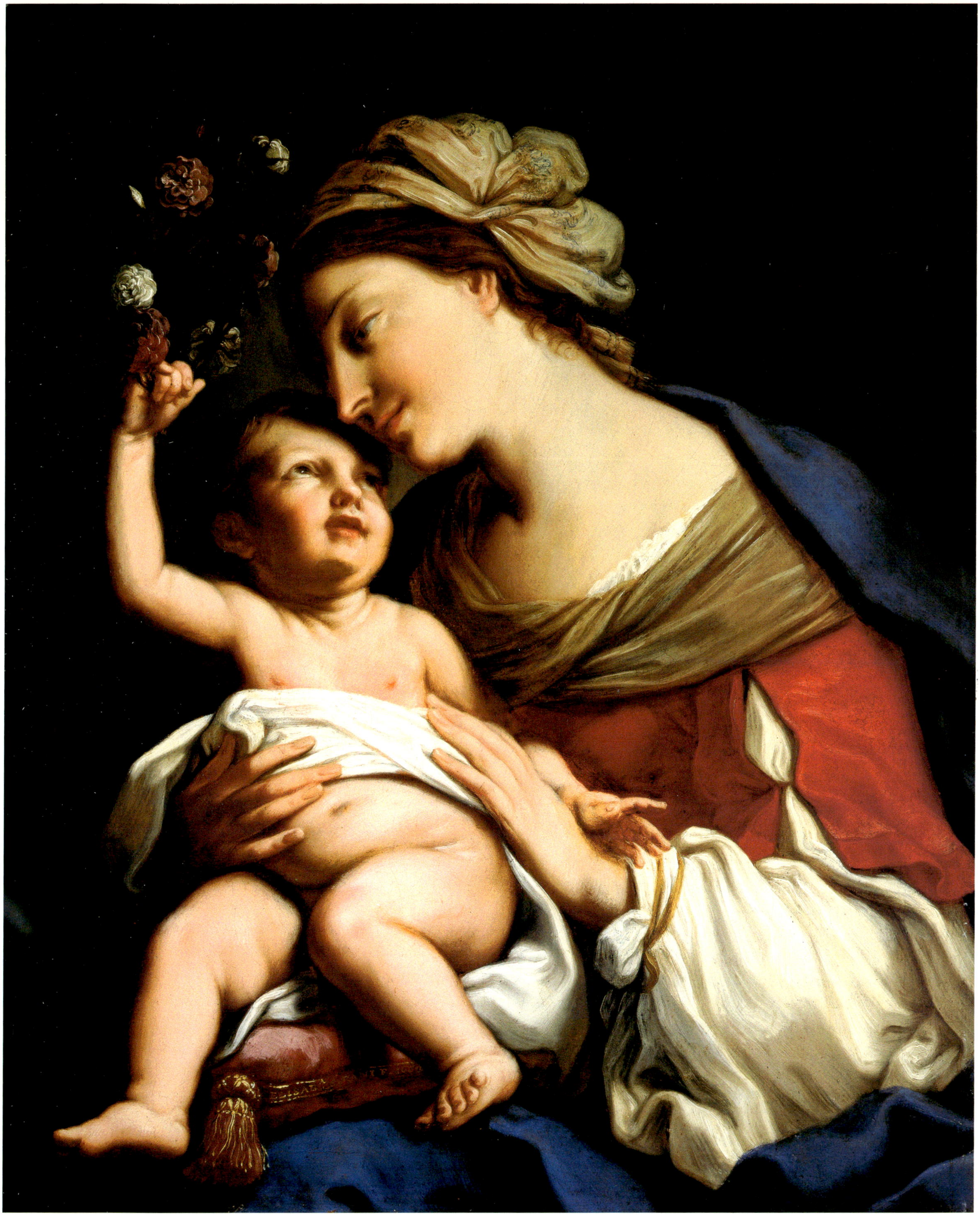

Maria Sibylla Merian

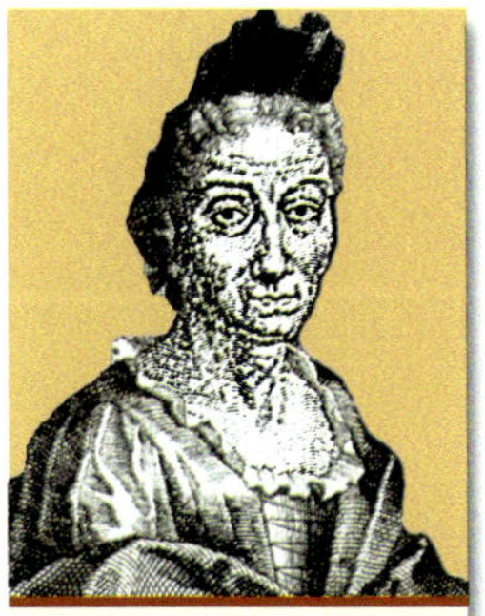

Maria Sibylla Merian
*2. April 1647 Frankfurt am Main
†13. Januar 1717 Amsterdam

- *Tochter des Kupferstechers Matthäus Merian d. Ä., Schülerin ihres Stiefvaters, des (Stillleben-)Malers Jacob Marell*
- *unterhielt in Nürnberg eine Frauenschule für Blumenmalerei*
- *Insektenforscherin und einzige deutsche Blumen- und Tiermalerin von Rang im 17. Jahrhundert*

Zu Beginn des Jahres 1702 arbeitet Maria Sibylla Merian in ihrem Haus ›Zum Rosenzweig‹ in der Amsterdamer Kerkstraat an ihrem Surinambuch. Sorgfältig mischt sie Wasserfarben, die sie in bester Qualität selbst herstellt. Mit hauchdünnem Pinsel malt sie auf dem großformatigen Bogen feinsten Pergaments exotische Blütenzweige in leuchtendem Gelb und Orange. Über die Blätter und Zweige kriechen Raupen, die Merian ebenso exakt wiedergibt wie die fest versponnenen Kokons, aus denen Schmetterlinge und Nachtfalter mit fein schattierten Flügeln schlüpfen.

Im Herbst zuvor war Maria Sibylla Merian von ihrer Studienreise in die niederländische Kolonie Surinam in Südamerika zurückgekehrt – zu dieser Zeit ein unglaubliches Abenteuer für eine über 50-jährige Frau. Zusammen mit ihrer Tochter Dorothea hatte Merian zwei Jahre lang im feuchtheißen Klima bis zur Erschöpfung genaue Skizzen von Käfern, Blüten und Blättern, Raupen, Schmetterlingen und Reptilien angefertigt. Nun dienten ihr die Naturstudien als verlässliche Vorlagen für künstlerisch ausgewogene Bildkompositionen. Der Blickfang ist stets eine exotische Pflanze mit farbenprächtigen Blüten, Früchten und ausladenden Blättern. Das eigentliche Interesse der Künstlerin galt jedoch den Insekten: In allen Entwicklungsstadien führte sie deren Metamorphose in Lebensgröße vor Augen. So etwas hatte man in Europa noch nicht gesehen. Zwar sammelten Naturforscher und Liebhaber präparierte exotische Insekten in ihren Kunst- und Wunderkammern, aber Merian zeigte sie nicht als totes Präparat, sondern in ihrer Entwicklung und in ihrem natürlichen Lebensraum. Das *Metamorphosis Insectorum Surinamensium* wurde ihr Hauptwerk, für das sie weder Kosten noch Mühe scheute. Kupferstecher fertigten nach ihren Aquarellen 60 Druckplatten in Originalgröße an. Merian selbst verfasste Kommentare und Beschreibungen dazu, in denen sie auch auf das Leben der einheimischen Bevölkerung einging.

Die Künstlerin war zu diesem Zeitpunkt längst keine Unbekannte mehr. Ihr erstes, 1675 erschienenes *Blumenbuch* lieferte naturgetreue Vorlagen für die unter Bürgersfrauen beliebte Stickerei und Stoffmalerei. Mit ihrem zweiten Buch *Der Raupen wunderbare Verwandlung und sonderbare Blumennahrung* machte sie sich auch unter Naturwissenschaftlern und Gelehrten einen Namen.

Die Verwandlung der unscheinbaren Raupen in prächtige Schmetterlinge faszinierte Maria Sibylla Merian schon als Kind. Angeregt durch den Besuch einer Seidenraupenzucht in ihrer Geburtsstadt Frankfurt am Main, begann sie, allerlei Getier in Schachteln aufzuziehen und abzuzeichnen. Als Tochter des bedeutenden Verlegers und Kupferstechers Matthäus Merian d. Ä. wuchs sie in einem gebildeten Elternhaus auf. Nach dem frühen Tod ihres Vaters erlernte Maria Sibylla das künstlerische Handwerk bei ihrem Stiefvater Jacob Marell, einem versierten Stilllebenmaler. Da die Ölmalerei ihr als Frau durch restriktive Zunftvorschriften untersagt war, konzentrierte sie sich auf den Umgang mit Aquarell- und Deckfarben und machte sich mit der Kupferstichtechnik vertraut. Nach ihrer frühen Heirat mit dem mäßig erfolgreichen Architekturmaler Johann Andreas Graff setzte Merian ihre naturkundliche und künstlerische Arbeit fort. Die Ehe war offenbar nicht sehr glücklich und so trennten sich beide 20 Jahre später; Merian schloss sich mit ihren zwei Töchtern einer streng religiösen Reformgemeinde in Holland an. Ihre Arbeit als Forscherin und Künstlerin war stets von einer christlichen Grundhaltung geprägt: In jedem noch so winzigen Insekt sah sie die Gegenwart Gottes. Bis heute fasziniert die Exaktheit ihrer Darstellungen ebenso wie deren künstlerische Qualität.

Maria Sibylla Merian
Korallenbaum und Augenspinner, 1700–1702
Aquarell- und Deckfarben auf Pergament
40 x 30,5 cm
Archiv der Akademie der Wissenschaften, St. Petersburg

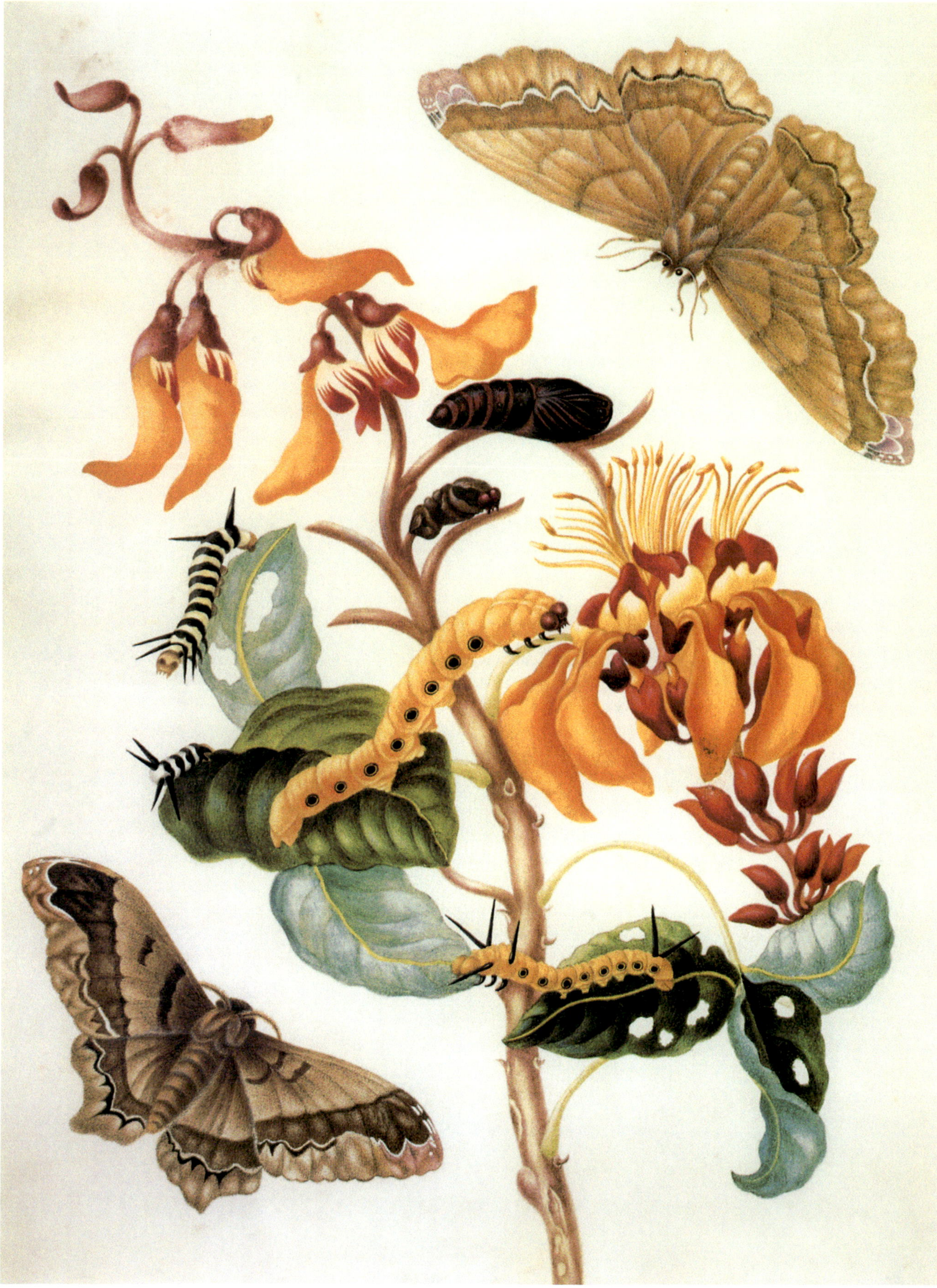

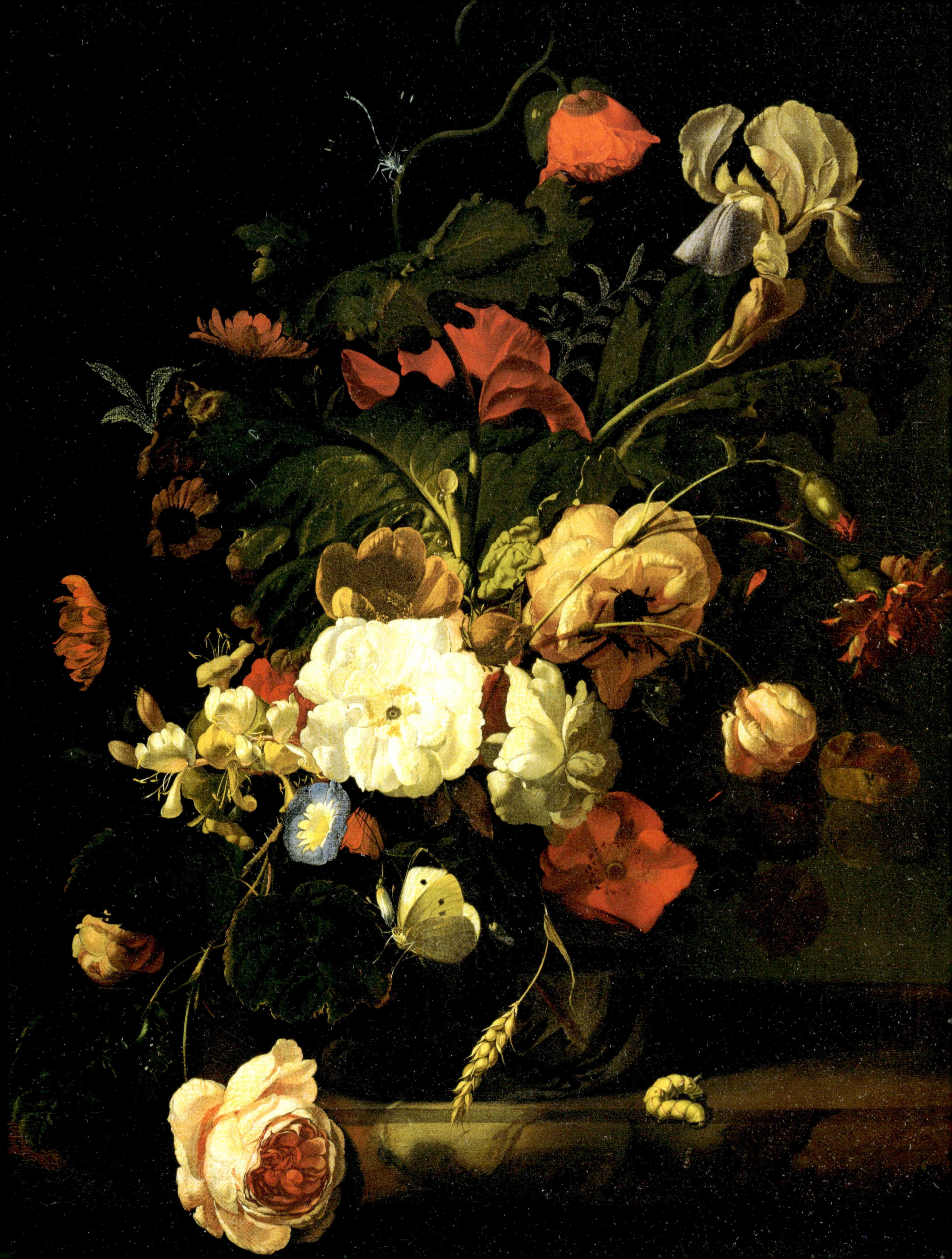

Rachel Ruysch

Über 65 Jahre lang war Rachel Ruysch als erfolgreiche Künstlerin tätig. Heute findet man ihre Gemälde in den großen Museen der Welt. Sie war die letzte bedeutende Meisterin der holländischen Stilllebenmalerei; allein ihr Landsmann Jan Huysum konnte als Blumenmaler mit Ruysch konkurrieren. Schon zu Lebzeiten waren ihre Bilder äußerst begehrt und erzielten stolze Preise, zumal pro Jahr nur wenige Arbeiten die Werkstatt verließen. Ihrem Sujet blieb die Malerin ein Leben lang treu: In immer neuen Varianten schuf sie Blumen- und Früchtestillleben von einer Pracht und Brillanz, die ihresgleichen sucht. Ruyschs Auftraggeber schätzten den dekorativen Charakter ihrer Stillleben ebenso wie deren naturalistische Exaktheit.

Anders als die meisten Künstlerinnen ihrer Zeit erhielt Rachel Ruysch die Chance zu einer künstlerischen Laufbahn nicht als Tochter eines Malers, sie wuchs vielmehr in einem weltoffenen, naturwissenschaftlich geprägten Elternhaus auf. Ihr Vater, der berühmte Amsterdamer Botaniker und Anatomieprofessor Frederik Ruysch, weckte sicher schon früh ihr Interesse für die Pflanzen- und Tierwelt. Er förderte die künstlerische Begabung seiner Tochter und finanzierte ihr mit 15 Jahren eine Ausbildung bei dem bekannten Stilllebenmaler Willem van Aelst. Einen besseren Einstieg in dieses Metier hätte Ruysch in keiner anderen Künstlerwerkstatt Amsterdams erhalten können. Neben einer ausgezeichneten Maltechnik lernte sie hier die aktuelle Entwicklung der Stilllebenmalerei kennen. Anders als die Maler der älteren Generation ordnete van Aelst die Gegenstände auf seinen Blumen- und Jagdstücken nicht gleichmäßig auf der Bildfläche an, sondern in spannungsvoller Asymmetrie. Dieses Kompositionsprinzip machte Rachel Ruysch sich zu Eigen.

Für das Blumenbild, das heute in der Frankfurter Städelgalerie hängt, wählte sie eine überschaubare Anzahl von Blumen – üppige Rosen in Weiß und Rosa, eine prachtvolle hellviolette Iris und eine geflammte Nelke, dazu Wildblumen wie roten Mohn, blaue Ackerwinde und eine Weizenähre. Als professionelle Stilllebenmalerin malte Ruysch dieses Blumenbouquet nicht unmittelbar nach der Natur, sondern griff dafür auf ihre Sammlung von Naturstudien zurück. Auf den ersten Blick wirkt der Strauß ein wenig zerzaust und ungeordnet, doch ist das Stillleben bis ins Detail durchkomponiert. Als Blickfang arrangiert die Malerin im Zentrum die voll erblühten, hellen Rosen und lässt einzelne Blütenstängel in weiten S-Schwüngen bis an den Bildrand ausgreifen. Virtuos spielt sie mit den Gegensätzen, stellt Dichtes gegen Lockeres, ausladende Blätter neben schmale Stiele, kalte Farben neben warme. Wie auf einer Bühne treten die farbigen Blüten aus dem dunklen Hintergrund hervor. Die raffinierte Lichtführung verleiht dem Blumenstrauß eine überzeugende plastische Wirkung.

Als die Künstlerin dieses Bild schuf, war sie 34 Jahre alt und seit fünf Jahren mit dem Maler Juriaen Pool verheiratet. Drei Jahre zuvor war ihr erstes Kind auf die Welt gekommen, dem neun weitere folgen sollten, ohne dass sie ihre Tätigkeit einschränkte. Der Höhepunkt ihrer Karriere war 1708 die Ernennung zur Hofmalerin des Düsseldorfer Kurfürsten Johann Wilhelm von der Pfalz. Ihr letztes Werk malte sie 1747 im Alter von 83 Jahren, ein Blumenbouquet, das sich heute im Museum von Lille befindet.

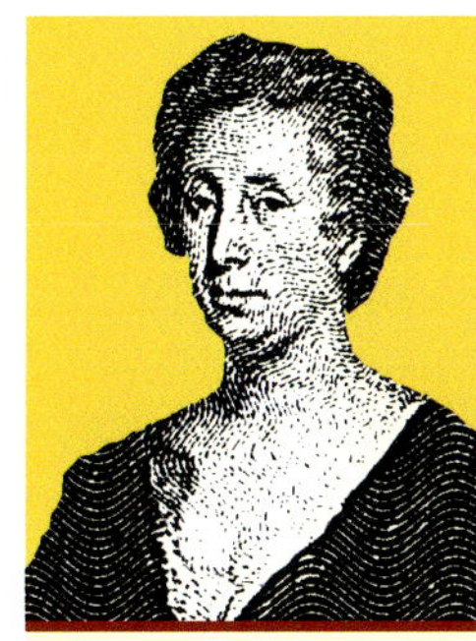

Rachel Ruysch
*1663/64 Den Haag oder Amsterdam
†12. Oktober 1750 Amsterdam

- *Ausbildung bei dem Stilllebenmaler Willem van Aelst*
- *1701 Mitglied der Malergilde in Den Haag*
- *1708–1716 Hofmalerin des Düsseldorfer Kurfürsten Johann Wilhelm von der Pfalz*
- *stand vermutlich mit Maria Sibylla Merian und der Stilllebenmalerin Maria Oosterwijk in Kontakt*

Rachel Ruysch
Blumenstrauß in einer bauchigen Flasche, 1698
Öl auf Leinwand, 58 x 44 cm
Städelsches Kunstinstitut, Frankfurt am Main

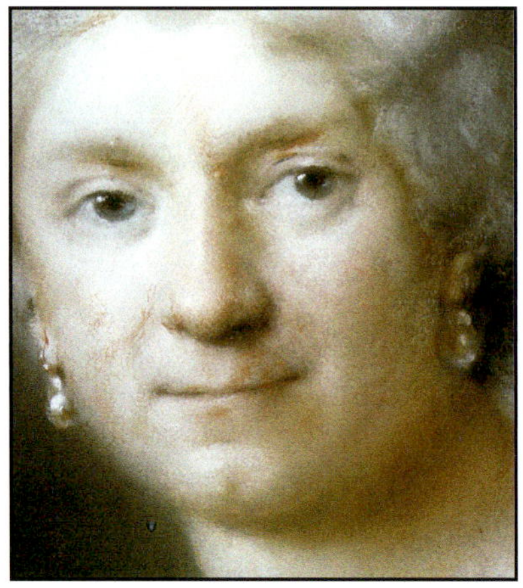

Das 18. Jahrhundert

Rosalba Carriera

Giulia Lama

Anna Dorothea Therbusch

Angelica Kauffmann

Anne Vallayer-Coster

Adélaïde Labille-Guiard

Élisabeth Vigée-Lebrun

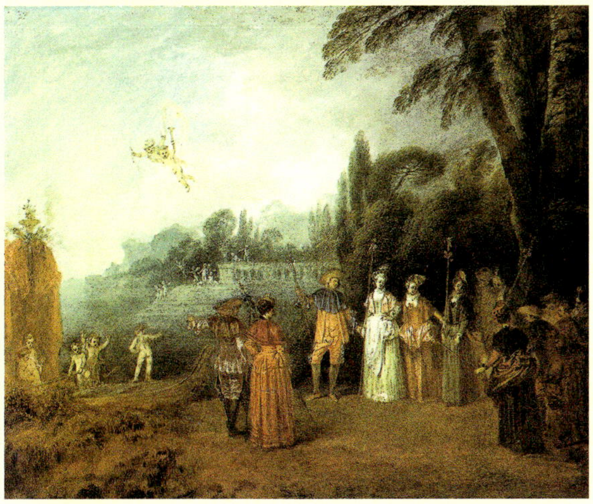

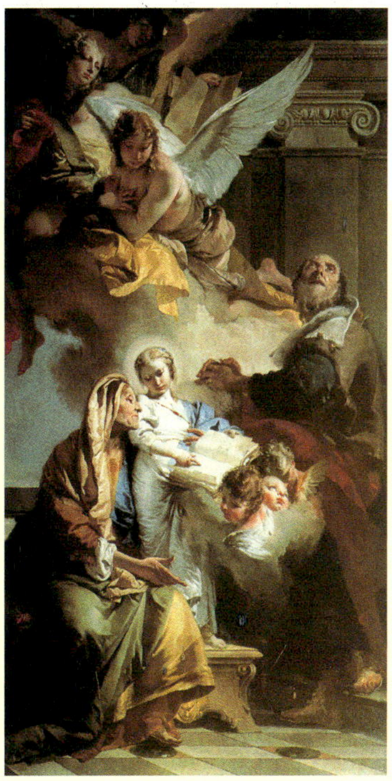

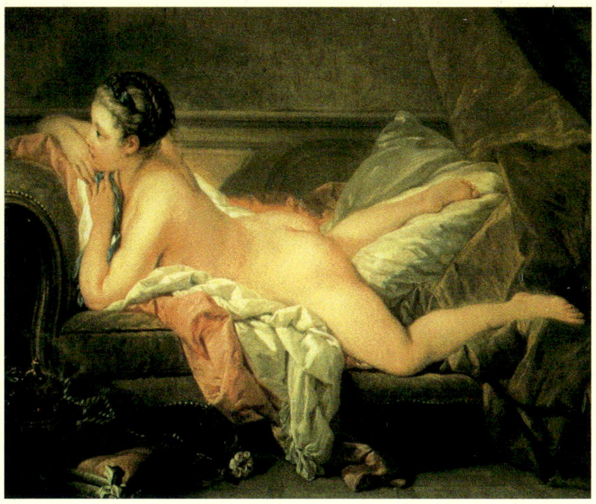

Frankreich gab im Europa des 18. Jahrhunderts kulturell den Ton an. Was am glanzvollen Königshof von Versailles, in den Pariser Ateliers und Salons en vogue war, wurde überall nachgeahmt. Man sprach, schrieb und dachte, baute und malte französisch – an den Fürstenhöfen Deutschlands ebenso wie in venezianischen Palästen oder am Hofe Katharinas der Großen in Russland. An die Stelle des barocken Pathos war eine intimere, dekorativ-verspielte Kunst getreten.

Die höfische Kultur des Rokoko prägte alle Bereiche des Lebens von der Baukunst bis zur Mode: Es war eine Traumwelt aus verschwenderischem Luxus und verfeinerter Eleganz. Künstler wie Jean Antoine Watteau, Jean-Honoré Fragonard und François Boucher fingen die Atmosphäre der galanten Schäferspiele mit lockerem Pinsel und lichten Farben ein. Schöne Frauen wurden umschwärmt, verehrt, verführt, und selbst die Männer gaben sich einen Anstrich von tänzerischer Anmut. In Italien schuf Giovanni Battista Tiepolo mit seinen farbenprächtigen Fresken eine glanzvolle Kulisse für rauschende Feste, und selbst seine religiösen Altarbilder gleichen festlichen Inszenierungen. Am Ende des Jahrhunderts galt das höfische Rokoko jedoch als Inbegriff der Dekadenz. Ausgehend von England, wo Philosophen wie John Locke und David Hume wirkten, hatte sich eine neue Geistesströmung verbreitet, die die europäische Kultur und Gesellschaft von Grund auf verändern sollte: die Aufklärung. Voltaire, Denis Diderot, Jean-Jaques Rousseau, Immanuel Kant und andere Gelehrte beriefen sich auf die Vernunft als Maßstab menschlichen Urteilens und Handelns und stellten so die traditionelle Macht von Kirche, König und Staat in Frage. In der amerikanischen Unabhängigkeitserklärung von 1776 wurden die Ideen der Aufklärung zur Grundlage des politischen Gemeinwesens. 1789 brach sich der Drang nach Freiheit, Gleichheit und Brüderlichkeit in der Französischen Revolution Bahn. Das Volk jagte die Königsfamilie aus ihren Palästen, proklamierte die Menschenrechte und probte die Republik – bis der Feldherr Napoleon sich als neuer Kaiser an die Spitze des Staates setzte.

Für die Frauen bedeutete die Französische Revolution nicht automatisch eine Verbesserung ihrer Lebenssituation. Die republikanische Verfassung verwehrte ihnen weiterhin politische Rechte und auch unter Napoleon blieb es dabei: »Der Mann ist seiner Frau Schutz, die Frau ist ihrem Manne Gehorsam schuldig.« Zum führenden

oben links
Jean-Antoine Watteau
Einschiffung nach Cythera
um 1718
Öl auf Leinwand
44,3 x 54,4 cm
Städelsches Kunstinstitut, Frankfurt am Main

oben Mitte
Giambattista Tiepolo
Erziehung Mariä, 1732
Öl auf Leinwand
362 x 200 cm
Santa Maria della Consolazione (Fava), Venedig

oben rechts
François Boucher
Ruhends Mädchen (Louison O'Murphy), 1752
Öl auf Leinwand, 59 x 73 cm
Bayerische Staatsgemäldesammlungen, Alte Pinakothek, München

Künstler der Französischen Revolution avancierte der Klassizist Jacques-Louis David. Sein *Schwur der Horatier* verkörpert beispielhaft Bürgermut und republikanisches Denken. Das Gemälde entsprach ganz dem künstlerischen Konzept des Klassizismus: klare Form, antiker Stoff und ein hoher moralischer Anspruch. Schon Mitte des Jahrhunderts war der Klassizismus als Gegenbewegung zum Rokoko entstanden. Mit ihren Schriften hatten der Maler Anton Raphael Mengs und der Altertumsforscher Johann Joachim Winckelmann den Blick auf die Antike als kulturelles Vorbild gelenkt. Spektakuläre Ausgrabungen in Pompeji, Rom und Herculaneum gaben dem neu erwachten archäologischen Interesse Nahrung. Auch

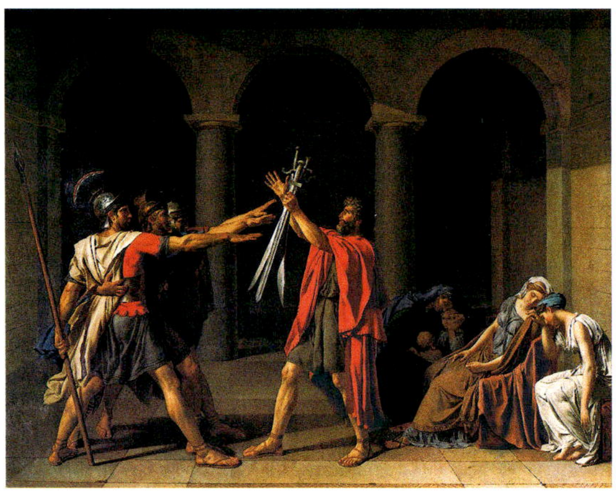

Jacques-Louis David
Der Schwur der Horatier
1784/85
Öl auf Leinwand
330 x 425 cm
Musée du Louvre, Paris

Johann Wolfgang von Goethe machte sich die Antikenbegeisterung seiner Zeit zu Eigen und reiste wie unzählige Künstler, Gelehrte und Adlige auf ihrer ›Grand Tour‹ nach Italien. In der deutschen Künstlerkolonie in Rom begegnete er der Malerin Angelica Kauffmann, die in ihren Historienbildern antike Stoffe mit einer anmutigen Formensprache und anrührender Emotionaliät verband – in ganz Europa wurden ihre Werke mit Begeisterung aufgenommen.

Gesetze und Konventionen beschränkten im 18. Jahrhundert die Möglichkeiten der Frauen, aber das kulturelle Klima begünstigte ihre kreativen Ambitionen sowohl im Rokoko als auch im darauf folgenden ›bürgerlichen‹ Zeitalter der Empfindsamkeit. Als Grundvoraussetzung für Kunstgenuss und künstlerisches Schaffen galt das Gefühl – und dafür waren Frauen nach allgemeiner Überzeugung besonders begabt. Zahlreiche Amateurinnen widmeten sich der Miniatur- und Pastellmalerei, fertigten Porträts oder Stillleben. Einzelne Künstlerinnen wie Rosalba Carriera, Angelica Kauffmann oder Élisabeth Vigée-Lebrun konnten im 18. Jahrhundert Berühmtheit und Einfluss erlangen wie keine ihrer Vorgängerinnen. Auch nach ihrem Tod gerieten sie nicht in Vergessenheit. Aber die große Mehrheit der künstlerisch tätigen Frauen blieb vom offiziellen Kunstbetrieb ausgeschlossen, denn die Akademien verwehrten ihnen den Zugang.

Die Akademien spielten in der Kunstwelt des 18. Jahrhunderts eine entscheidende Rolle. Überall in den großen Städten Europas lösten sie im Laufe der Zeit die alten Malerzünfte und -gilden ab. Sie widmeten sich nicht nur der fundierten Ausbildung der Künstler, sondern waren auch ein Ort kunsttheoretischer Debatten. Zudem dienten die Akademien dazu, das Ansehen der Kunst und der Mitglieder der Akademie zu heben, und standen als königliche Institutionen unter der Schirmherrschaft des Herrscherhauses.

Nur Akademiemitglieder durften auf der alle zwei Jahre in Paris stattfindenden Ausstellung im ›Salon Carré‹ des Louvre ihre Werke zeigen. Der Salon war im 18. und auch noch im 19. Jahrhundert das zentrale Kunstereignis der französischen Metropole. Alles, was Rang und Namen hatte, strömte in die Ausstellungsräume, um die dicht an dicht gehängten Bilder zu sehen, zu bewundern und zu diskutieren. Höchstes Ansehen genoss die Historienmalerei, die vorbildliche Helden und Begebenheiten aus der Bibel, der klassischen Literatur oder Mythologie darstellte. Sie forderte vom Künstler eine ›Erfindungsgabe‹, die weit mehr geachtet wurde als die Fähigkeit, ›nur‹ die sichtbare Welt abzubilden. Entsprechend geringer geschätzt wurden Porträts, Genrebilder aus dem alltäglichen Leben, Landschaften und Stillleben. Diese Rangfolge der Bildgattungen blieb bis weit ins 19. Jahrhundert gültig.

Die Frauen und der akademische Kunstbetrieb

Der akademische Kunstbetrieb war eine Männerdomäne. Nur im Ausnahmefall – etwa auf Fürsprache des Königshauses – gewährte man einer erfolgreichen Künstlerin ehrenhalber die Mitgliedschaft. So nahm die Pariser Académie Royale von ihrer Gründung im 17. Jahrhundert bis zur Französischen Revolution rund 450 männliche Künstler, aber nur 15 Frauen auf – die meisten von ihnen waren Ehefrauen oder Töchter von Akademiemitgliedern. Im Jahr 1783 begrenzte man die Anzahl der weiblichen Mitglieder auf insgesamt vier.

Nach der Revolution stellte die Porträtmalerin Adélaïde Labille-Guiard auf einer Sitzung der Akademie den Antrag, Frauen künftig unbegrenzten Zugang zu gewähren – mit Erfolg. Wenig später beschloss man allerdings, von nun an gar keine Künstlerinnen mehr zuzulassen.

Nicht nur von den akademischen Ehren blieben Frauen weitgehend ausgeschlossen, auch die reguläre Künstlerausbildung an der Akademie war ihnen nicht zugänglich. Daher fehlten Frauen die grundlegenden Kenntnisse und Fähigkeiten für die angesehenste Bildgattung, die Historienmalerei. Denn das an der Akademie gelehrte Zeichnen antiker Skulpturen, das Kopieren alter Meister und das Aktstudium am lebenden Modell bildeten dafür die Grundlage. So ist es kein Zufall, dass es im 18. Jahrhundert eine ganze Reihe außerordentlicher Porträtmalerinnen gab, aber kaum Historienmalerinnen.

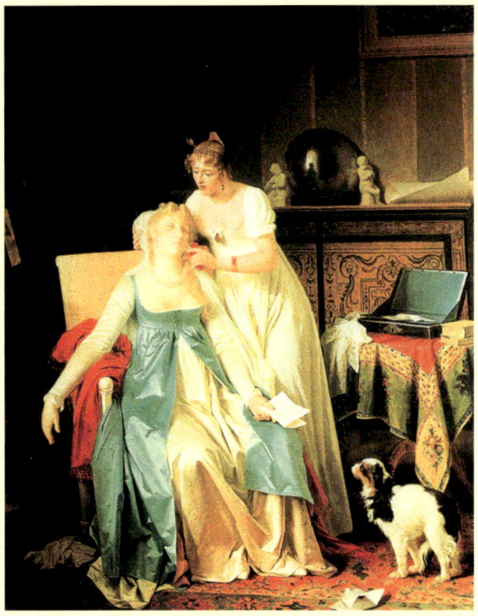

Marguerite Gérard
Schlechte Nachrichten, 1789
Öl auf Leinwand, 63 x 50 cm
Musée du Louvre, Paris

Selbstbewusst präsentierte die ehrgeizige Porträtmalerin Elisabeth-Louse Vigée-Lebrun bei ihrer Aufnahme in die Akademie im Jahr 1783 trotzdem ein Historiengemälde – eine Allegorie mit dem Titel *Der Frieden bringt den Wohlstand zurück*. Auch andere Künstlerinnen nahmen die Herausforderung an: Angelica Kauffmann zum Beispiel, die ihre mangelnden Anatomiekenntnisse durch malerische Raffinesse ausglich und sich auf weibliche Figuren konzentrierte, die für ihre Studien leichter zugänglich waren. Als Gründungsmitglied der Londoner Royal Academy förderte sie die Engländerin Maria Cosway, die mit ihren gefühlsbetonten Szenen aus Mythologie und Literatur ebenfalls sehr erfolgreich wurde. Selbst eine ausgewiesene Porträtmalerin wie Marie-Geneviève Bouliar wagte sich einmal an ein Antikenthema: ein Phantasiebildnis der Aspasia von Milet, der Geliebten des griechischen Staatsmannes Perikles. Dagegen spezialisierte sich ihre französische Zeitgenossin Marguerite Gérard, die Schwägerin des Rokokomalers Jean-Honoré Fragonard, auf die Genremalerei und schuf elegante Szenen aus dem Oberschichtmilieu. Ohne je in die Pariser Akademie aufgenommen zu werden, gehörte sie zu den erfolgreichsten Künstlerinnen Frankreichs. Erst nachdem der Pariser Salon 1791 auch für Maler geöffnet wurde, die nicht der Akademie angehörten, konnten Frauen ihre Bilder dort ausstellen. Das bedeutete einen entscheidenden Fortschritt für viele Künstlerinnen – und der Anteil der Frauen, die ihre Werke zeigten, stieg von Jahr zu Jahr. Auch die Tatsache, dass angesehene oder berühmte Maler wie Jacques-Louis David und Jean-Baptiste Greuze nun Schülerinnen annahmen, förderte die Akzeptanz von Künstlerinnen in der Gesellschaft.

Kulturkalender für das 18. Jahrhundert

1721
Johann Sebastian Bach komponiert sechs *Brandenburgische Konzerte*.

1735
Der schwedische Naturforscher Carl von Linné entwickelt eine neue Systematik zur Klassifikation von Pflanzen.

1738
John und Charles Wesley sowie George Whitefield gründen die religiöse Erweckungsbewegung der Methodisten.

1740
Friedrich II. schafft in Preußen die Folter ab .

1751–72
Denis Diderot und Jean-Baptiste d'Alembert geben die *Encyclopédie ou dictionnaire raisonné des sciences, des arts et des métiers* heraus.

1765
James Watt erfindet die Dampfmaschine.

1776
Die dreizehn amerikanischen Kolonien erklären sich von England unabhängig.

1781
Immanuel Kant veröffentlicht seine *Kritik der reinen Vernunft*.

1789
Mit dem Sturm auf die Bastille beginnt die französische Revolution. George Washington wird der erste Präsident der USA.

1804
Napoleon Bonaparte krönt sich selbst zum Kaiser der Franzosen. Ausarbeitung des Code Napoléon (Zivilgesetzgebung).

Rosalba Carriera

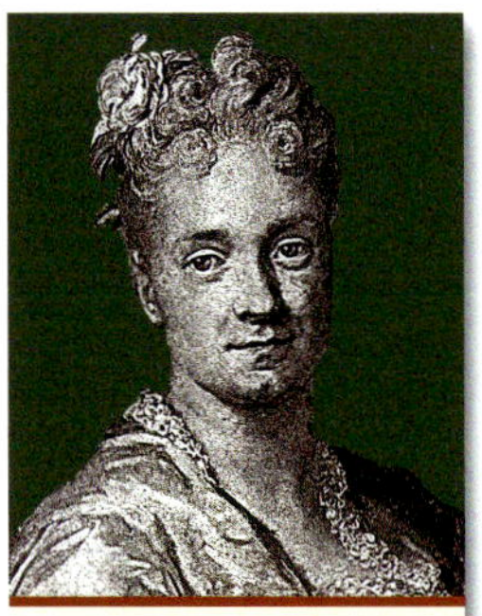

Rosalba Carriera
*7. Oktober 1675 Venedig
†1757 Venedig

- *Kontakt mit Malern wie Antonio Balestra, Federico Bencovich*
- *Ehrenmitglied der Akademien von Rom (1705), Bologna (1720) und Paris (1720)*
- *1720–1721 in Paris, wo sie u. a. Jean-Antoine Watteau porträtierte*
- *brillante Pastellmalerin, die Maler wie Maurice Quentin de La Tour, Anton Raphael Mengs und Jean-Étienne Liotard beeinflusste*

55 Jahre ist Rosalba Carriera alt, als sie sich mit Pelzmütze und weißem Pelzkragen als ›Winter‹ porträtiert. Sanft fasst der weiche Pelz ihre herben Züge ein, keine fröhliche Verkleidung – ernst und nüchtern ruht der Blick der Künstlerin auf ihrem Gegenüber. Die kühlen Grau-Blau-Töne entsprechen der kalten Jahreszeit, die sie verkörpert. Oft hat sie in ihrem Leben die vier Jahreszeiten in Gestalt schöner junger Mädchen gemalt und damit einer Vorliebe des Publikums im Rokoko für verspielte Sinnbilder entsprochen. Nur dieses eine Mal hat sie einer allegorischen Figur ihre eigenen Züge verliehen. Indem sie den Winter wählt, spielt sie nicht nur auf ihr fortgeschrittenes Alter an, sondern enthüllt auch die melancholische Seite ihres Charakters. Als einige Jahre später die Schwester der unverheirateten Malerin starb und sie zudem ihr Augenlicht verlor, versank Rosalba Carriera endgültig in Schwermut.

Dabei war die Venezianerin in ihrem Leben so erfolgreich wie kaum eine andere Künstlerin. In ganz Europa riefen ihre Porträts und Allegorien Bewunderung hervor. Vor der Tür ihres Ateliers riss die Reihe der adeligen Besucher nicht ab. Jedermann wollte von ihr porträtiert werden: der König von Dänemark, Kurfürst Johann Wilhelm von der Pfalz und Maximilian II. von Bayern. Allein August II. von Sachsen erwarb über 150 Arbeiten von ihr, die sich heute in der Dresdener Gemäldegalerie befinden. Betritt man dort den Ausstellungsraum mit den Pastellbildnissen Rosalba Carrieras, so hat man den Eindruck, ein ganzes Zeitalter blicke einen an: kokett oder reserviert, eitel, freundlich, charmant oder würdevoll. Immer wirken die Damen und Herren der höfischen Gesellschaft kultiviert und elegant. Carriera malte ihre Zeitgenossen so, wie sie gesehen werden wollten. Trotz aller modischen Eleganz lieferte sie aber keine gefälligen und geschönten Idealbildnisse, sondern besaß eine einzigartige Begabung, die Individualität ihres Gegenübers lebendig einzufangen.

Die Tänzerin Barbarina, die Rosalba Carriera um 1740 malte, war selbst eine Berühmtheit. In Parma geboren, wurde sie in Paris und London als Tänzerin gefeiert. Friedrich der Große holte sie nach Berlin an seine Oper, wo ihr der Sohn des Großkanzlers Cocceji auf offener Bühne einen Heiratsantrag machte. Rosalba Carriera deutet die Profession der schönen Barbarina durch deren tänzerische Haltung an. Virtuos gibt sie ihren porzellanfarbenen Teint wieder, den kostbaren Schmuck, die duftigen Seidenschleifen, Blumen und Spitzen des Rokokogewandes. Gemalt ist dieses Bild nicht in Öl, sondern mit Pastellkreide auf Papier. Schon Leonardo da Vinci hatte mehr als 200 Jahre zuvor mit Pastellstiften experimentiert, die er aus Farbpigmenten und Bindemitteln herstellte. Rosalba Carriera wurde durch einen englischen Kunstliebhaber auf diese Technik aufmerksam, nachdem sie zunächst als Miniaturmalerin bekannt geworden war. Sie beherrschte die Pastellmalerei mit nie gekannter Virtuosität und machte sie in ganz Europa populär. Nach ihrem Parisaufenthalt griffen Maler wie Maurice Quentin de La Tour und Jean-Étienne Liotard sie auf, aber auch viele begabte Amateurmalerinnen, die das Pastell bis weit ins 19. Jahrhundert hinein schätzten.

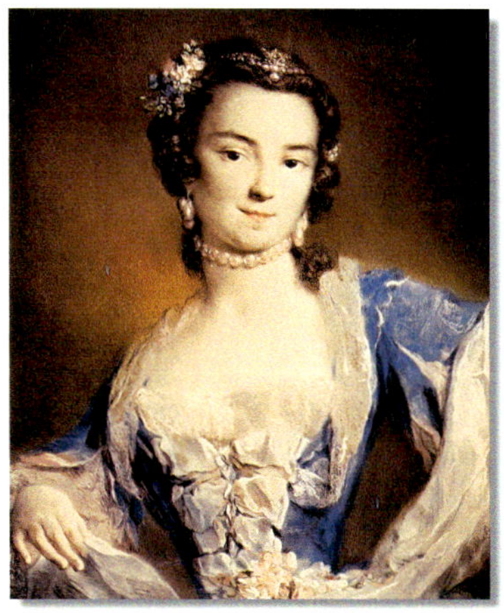

oben
Rosalba Carriera
Die Tänzerin Barbarina, um 1739
Pastell auf Papier, 56,5 x 46,5 cm
Staatliche Kunstsammlung Dresden, Gemäldegalerie Alte Meister, Dresden

gegenüber
Rosalba Carriera
Selbstbildnis als Winter, 1731
Pastell auf Papier, 46,5 x 34 cm
Staatliche Kunstsammlung Dresden, Gemäldegalerie Alte Meister, Dresden

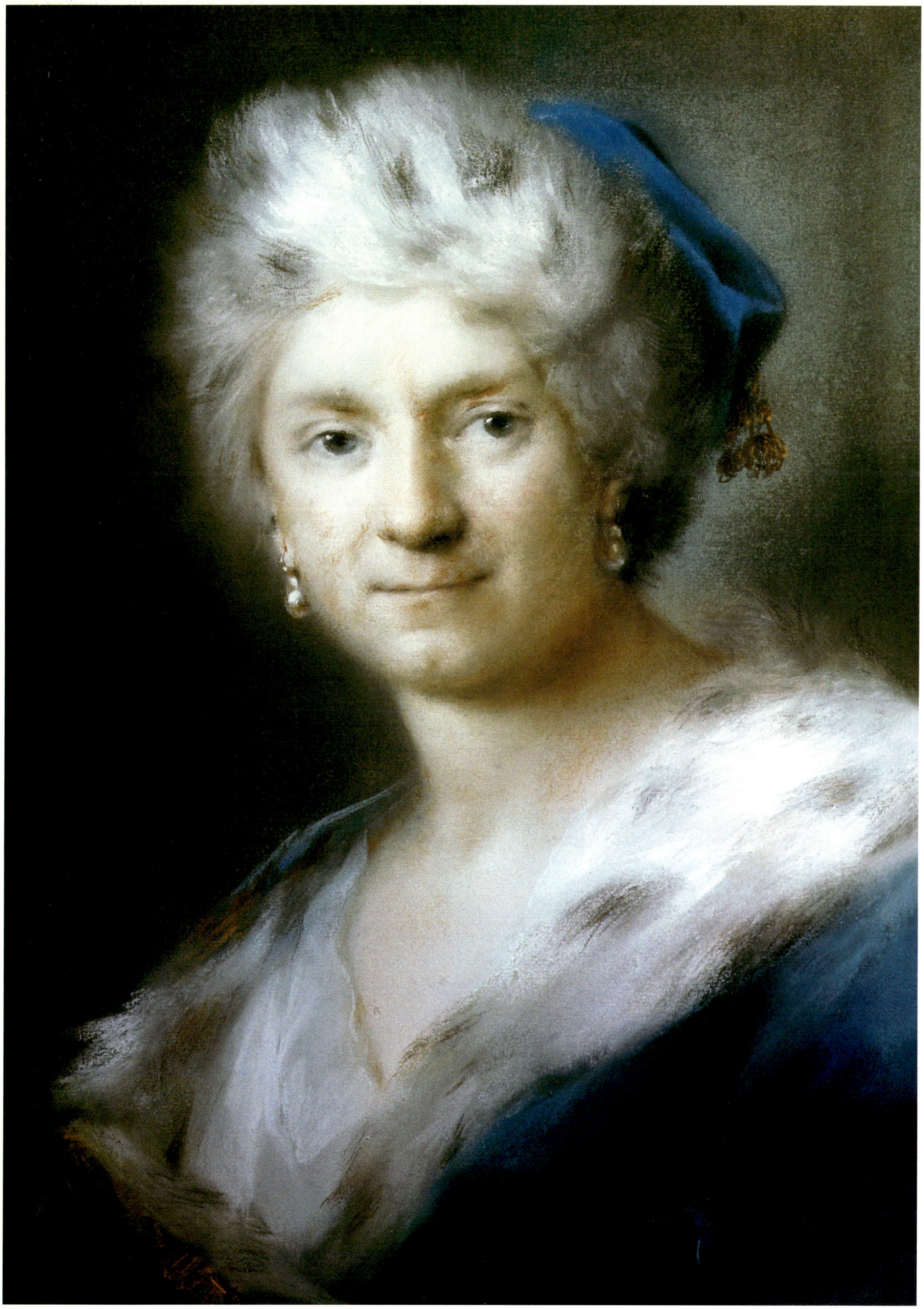

Giulia Lama

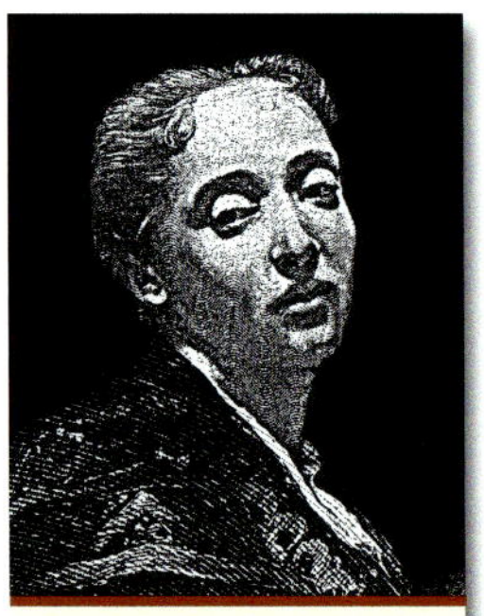

Giulia Lama
*1. Oktober 1681 Venedig
†7. Oktober 1747 Venedig

- *möglicherweise bei dem Venezianer Antonio Molinari ausgebildet*
- *rund 200 Kohlezeichnungen, auch männliche Aktskizzen, sind erhalten*
- *schuf wie ihr Zeitgenosse Giambattista Piazzetta großformatige Altargemälde und biblische Historienbilder*
- *ihr Selbstbildnis befindet sich in der Porträtgalerie der Uffizien*

»Ich habe hier gerade eine Frau entdeckt, die besser malt als Rosalba (Carriera), wenn es um große Kompositionen geht ... In ihrer Jugend studierte sie Mathematik bei dem berühmten Pater Maffei. Die arme Frau wird von den Malern sehr schikaniert, aber ihr Talent triumphiert über ihre Feinde. Es ist wahr, sie ist so hässlich wie intelligent, aber sie redet mit Anmut und geschliffenen Worten, so dass man ihr Gesicht leicht verzeiht. Sie fertigt auch Stickereien an und hat viel über eine Maschine nachgedacht, ... Spitze mechanisch herzustellen. Sie lebt allerdings sehr zurückgezogen.«

So schildert ein Zeitgenosse, der Abt Luigi Conti, in einem Brief vom 1. März 1728 die venezianische Künstlerin Giulia Lama. Sie war damals 47 Jahre alt und muss in ihrer Heimatstadt eine anerkannte Künstlerin gewesen sein.

Nach ihrem Tod geriet Giulia Lama völlig in Vergessenheit. Ihre Arbeiten wurden Zeitgenossen wie Giambattista Piazzetta, Jan Lyss oder gar Francisco de Zurbarán zugeschrieben – erst die neuere Forschung hat sie als eine der bedeutenden Malerinnen des 18. Jahrhunderts wiederentdeckt. Ein großer Teil ihres Werkes ist verloren, aber die wenigen erhaltenen Gemälde zeigen die Hand einer kraftvollen, eigenständigen Künstlerin. Wer sie kennen lernen will, muss nach Venedig fahren. Heute wie vor über 250 Jahren findet man in der Renaissancekirche Santa Maria Formosa ihr Hochaltarbild mit der Madonna und Heiligen aus dem Jahr 1722. Im Pfarrgebiet dieser Kirche wurde sie als Tochter des Malers Agostino Lama 1681 geboren, und auch ihr Tod am 7. Oktober 1747 ist hier in den Kirchenakten verzeichnet. Mehr als diese kargen Daten sind nicht überliefert. Eines ihrer Hauptwerke, eine dramatische Kreuzigung Christi, hängt in der kleinen Kirche San Vidal unweit des Canal Grande, die heute nicht mehr als Gotteshaus genutzt wird. Auf den Seitenaltären findet man aber noch immer sechs großformatige Gemälde, die von den besten Malern Venedigs um 1730 geschaffen wurden: Neben dem hoch geschätzten Barockmaler Sebastiano Ricci und anderen Künstlern der älteren Generation vertreten Giambattista Piazzetta und Giulia Lama mit ihrer dramatischen Helldunkel-Malerei hier die künstlerische Avantgarde Venedigs.

Früher hielt man die Malerin für Piazzettas Schülerin. Beide waren fast gleichaltrig und kannten sich – als Kinder von Künstlern – vielleicht schon von klein auf. Später standen sie in engem Austausch und beeinflussten sich gegenseitig. Romantische Legenden ranken sich um ihr Verhältnis, doch das einzige fassbare Zeugnis ihrer Beziehung ist ein eindrucksvolles Porträt, das Piazzetta um 1728 von der Malerin schuf. In den Kunstsammlungen der Accademia, unweit der Kirche San Vidal, kann man die Arbeiten beider Künstler miteinander vergleichen. Hier hängt auch Giulia Lamas vielleicht berühmtestes Werk *Judith und Holofernes.*

Wie drastisch hatte die Barockmalerin Artemisia Gentileschi diesen biblischen Mord ein Jahrhundert zuvor auf die Leinwand gebracht! Giulia Lama dagegen wählte den Moment vor der Tat. Der Körper des Feldherrn Holofernes liegt als kraftvoll gemalter Männerakt im Vordergrund des Bildes. Seine unnatürlich verdrehte Körperhaltung, das flackernde Licht und die dramatischen Helldunkel-Kontraste schaffen eine unheilvoll gespannte Atmosphäre. Noch einmal wendet sich Judith im Gebet an Gott, im nächsten Moment wird sie zum Schwert greifen, um den feindlichen Feldherrn zu enthaupten. Seinen nackten Körper liefert die Malerin schutzlos den Blicken des Betrachters aus. Unmittelbar über diesem ist im Halbdunkel des Hintergrunds die Mordwaffe zu sehen.

Giulia Lama
Judith und Holofernes, um 1730
Öl auf Leinwand, 107 x 155 cm
Galleria dell'Accademia, Venedig

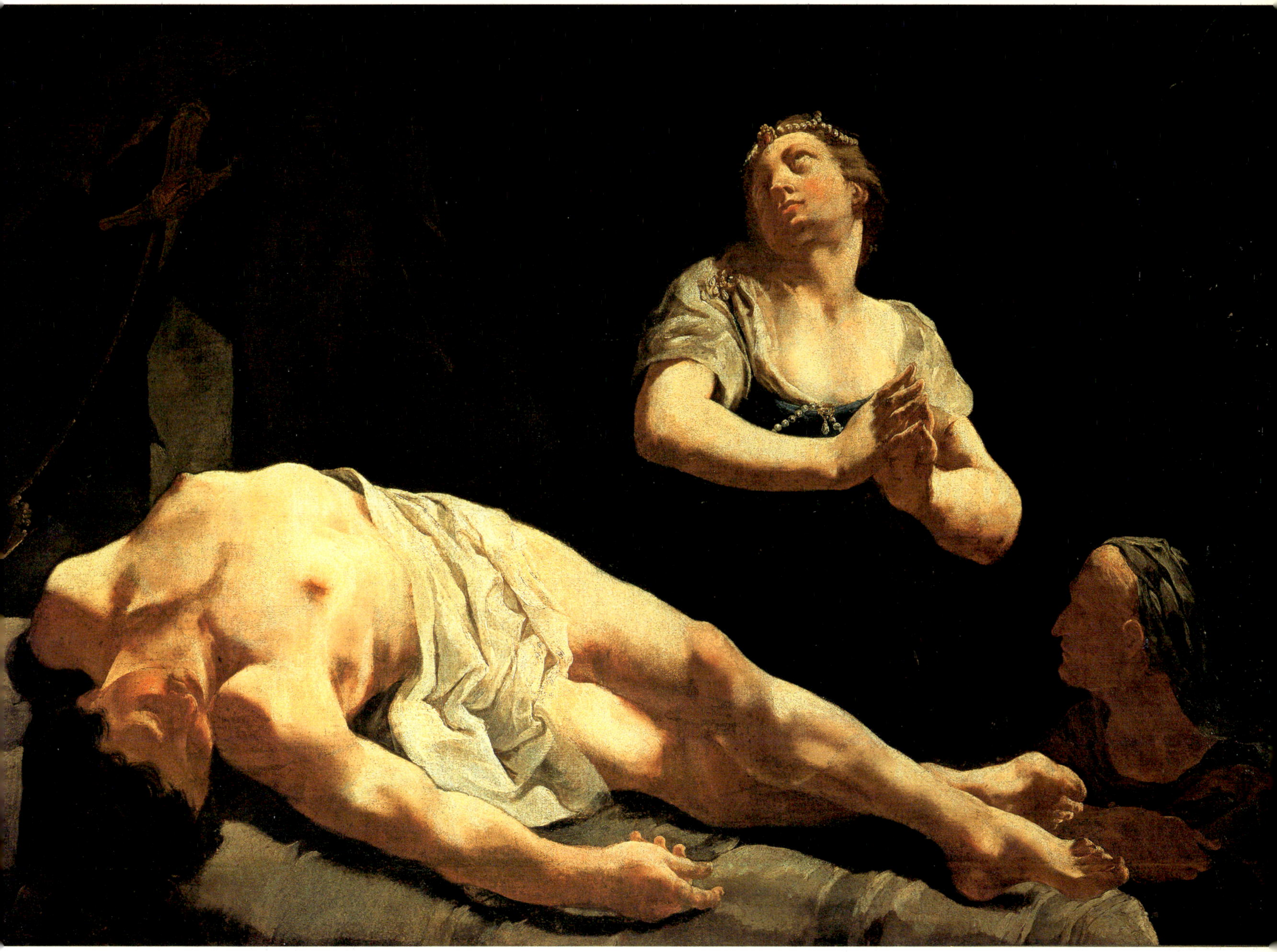

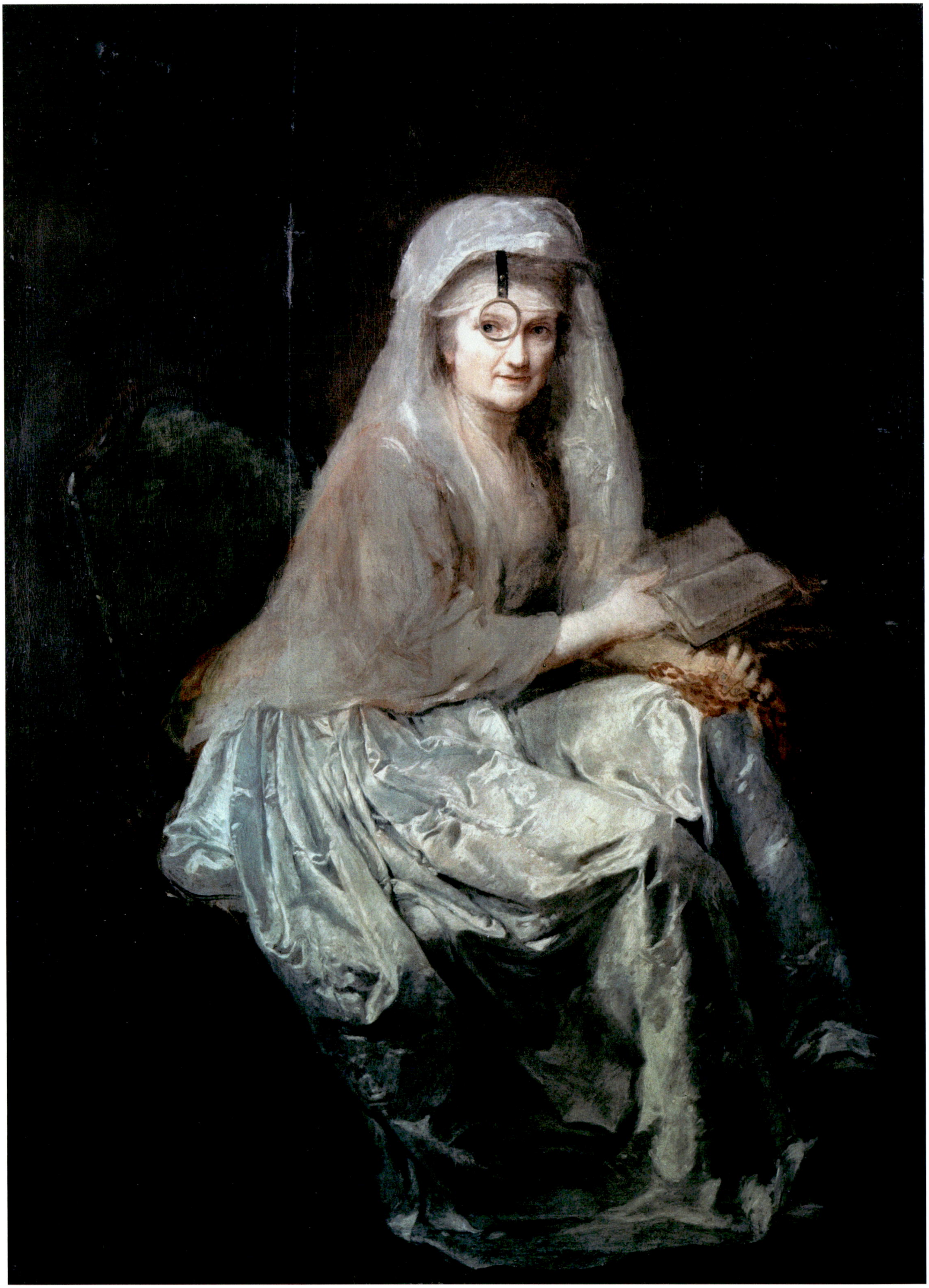

Anna Dorothea Therbusch

Berlin war in der ersten Hälfte des 18. Jahrhunderts nicht gerade ein Kunstzentrum von internationalem Rang. Die Namen der meisten Maler, die damals in der preußischen Hauptstadt arbeiteten, sind heute nur noch Spezialisten bekannt. Einer von ihnen war der aus Polen eingewanderte Georg Lisiewski, der Offiziere des Soldatenkönigs Friedrich Wilhelm I. porträtierte. Seine Kinder wurden als Maler bekannter als er: sein Sohn Christian Friedrich Reinhold, aber auch Anna Rosina und vor allem die jüngste Tochter Anna Dorothea.

Als diese im Alter von 21 Jahren den Berliner Gastwirt Therbusch heiratete, war von einer künstlerischen Laufbahn allerdings keine Rede mehr. Kinder kamen auf die Welt, für Malstudien war unter den Augen der gestrengen Schwiegermutter kaum noch Gelegenheit. Aber Anna Dorothea Therbusch hielt an ihrem Traum fest und schulte sich autodidaktisch weiter. Mit über 40 Jahren trat sie als Porträtmalerin wieder an die Öffentlichkeit.

1761 finden wir sie am Stuttgarter Hof, wo sie dekorative mythologische Szenen malt. Es folgte die Berufung zur Hofmalerin nach Mannheim. Beflügelt von ihrem Erfolg, brach Anna Dorothea Therbusch auf eigene Faust nach Paris auf, in die Stadt der Künste. Ohne Auftrag und ohne einflussreiche Kontakte war diese Reise ein gewagtes Unternehmen für eine Frau, deren Mann in Berlin eine Gastwirtschaft betrieb.

Trotz anfänglicher Schwierigkeiten gelang es ihr, 1767 in die dortige Akademie der Künste aufgenommen zu werden. Bissig bemerkte ein Pariser Zeitgenosse, dass sich die Akademie mit der Aufnahme von Mme. Therbusch gewiss nicht dem Verdacht aussetze, sich dem Diktat der Schönheit zu beugen, denn das neue Mitglied sei weder sehr jung noch sehr hübsch.

Die Malerin stellte ihre Werke im Pariser Salon aus und wurde von dem berühmten Schriftsteller Denis Diderot unterstützt. Doch Paris war teuer, und gut bezahlte Aufträge ließen auf sich warten. Hoch verschuldet musste sie die Stadt verlassen. Diderot resümierte: »Nicht das Talent fehlte ihr, um in diesem Land eine große Sensation hervorzurufen ... Es fehlten ihr Jugend, Schönheit, Bescheidenheit und Koketterie.«

In Berlin war der weit gereisten Künstlerin die öffentliche Aufmerksamkeit sicher. Sie malte nun für Friedrich den Großen und porträtierte Persönlichkeiten aus Adel und Bürgertum wie den sächsischen Kabinettssekretär Julius Vieth von Golßenau, den sie umgeben von Kunstwerken aus seiner Sammlung zeigt.

Zu ihren eindrucksvollsten Arbeiten gehört das Selbstbildnis, das wenige Jahre vor ihrem Tod entstand. Obwohl es in einigen Partien nicht detailliert ausgeführt ist, wirkt das Bild keineswegs unvollendet. Anna Dorothea Therbusch zeigt sich mit einem aufgeschlagenen Buch in der Hand als gebildete Frau. Gelassen mustert sie ihr Gegenüber durch das Augenglas, das über ihrer Stirn herunterhängt. Von ihrem Zeitgenossen Jean-Baptiste Siméon Chardin gibt es ein Selbstbildnis mit Brille und Augenschirm – aber für eine Frau war solch ein Bildnis im Zeitalter des weiblichen Schönheitskults extrem ungewöhnlich. Wie leicht hätte die Malerin ihre Sehhilfe einfach weglassen können, doch sie macht aus ihrem ›hässlichen‹ Monokel einen Kunstgriff. Das Brillenglas lenkt den Blick des Betrachters auf das Auge der Künstlerin, verleiht ihm Prägnanz und Bedeutung als Werkzeug ihrer Kunst. So uneitel das Bildnis auf den ersten Blick wirkt, so selbstbewusst vermittelt es das Selbstverständnis einer Malerin, die sich gegen viele Widerstände behaupten musste.

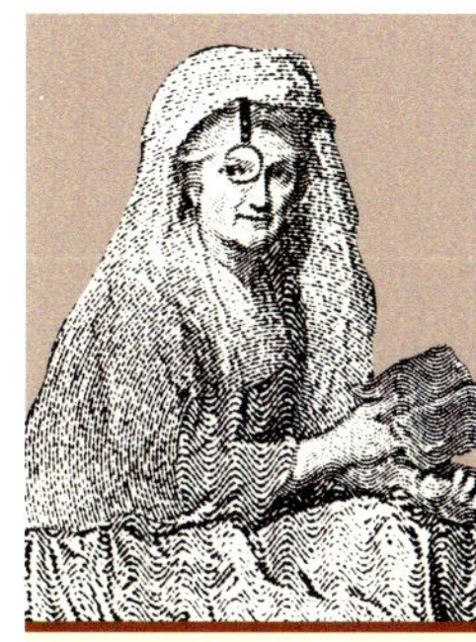

Anna Dorothea Therbusch
*23. Juli 1721 Berlin
†9. November 1782 Berlin

- *Schülerin ihres Vaters Georg Lisiewski*
- *beeinflusst von Antoine Pesne und Jean-Antoine Watteau*
- *ihr Werkverzeichnis umfasst über 200 Gemälde, Pastelle und Zeichnungen*
- *ab 1773 unterhielt sie mit ihrem Bruder ein Atelier in Berlin*
- *arbeitete im Auftrag Friedrichs des Großen und für den russischen Zarenhof*

Anna Dorothea Therbusch
Selbstporträt, 1776/77
Öl auf Leinwand, 151 x 115 cm
Staatliche Museen zu Berlin – Stiftung Preußischer Kulturbesitz, Gemäldegalerie, Berlin

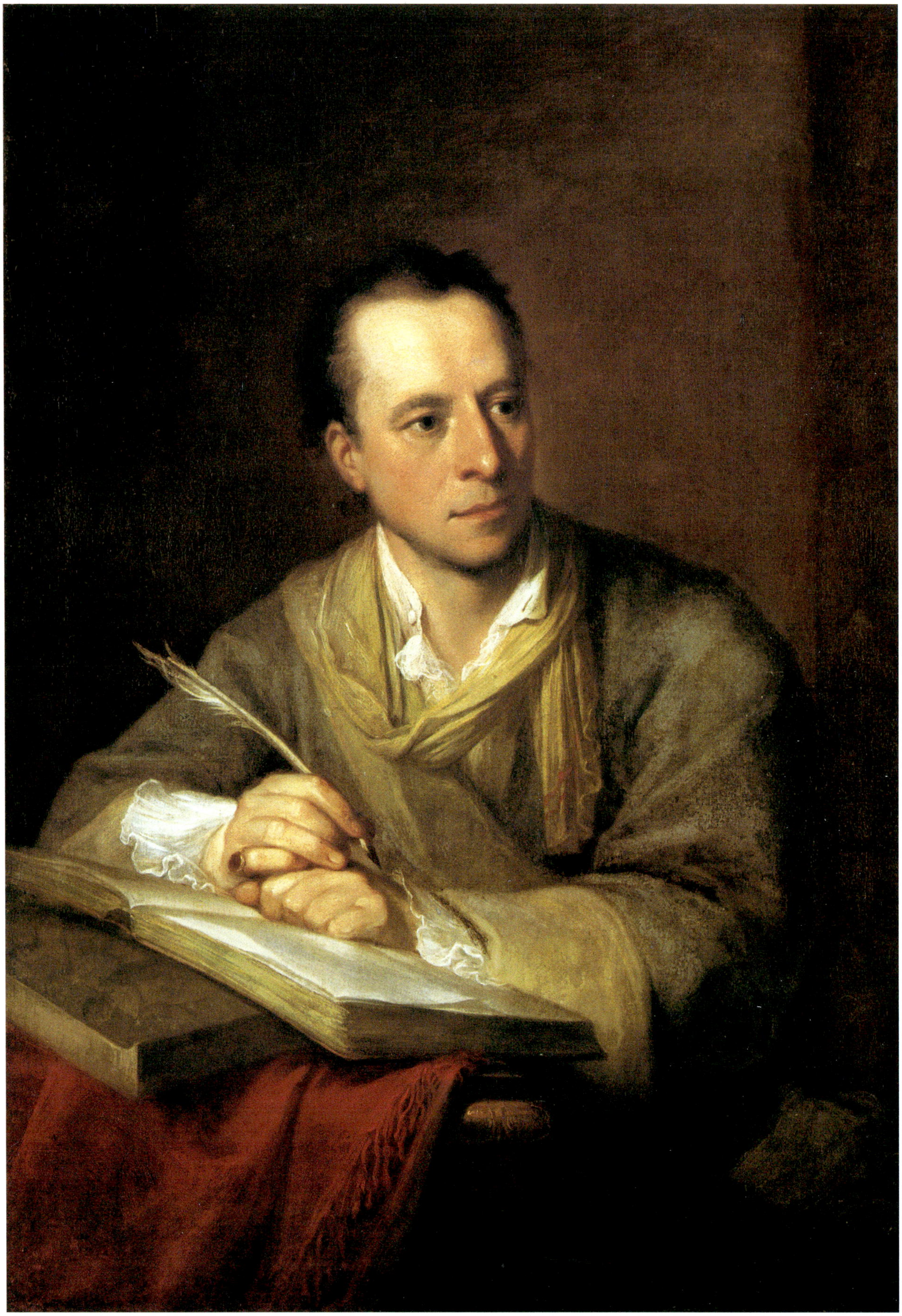

Angelica Kauffmann

Angelica Kauffmann war künstlerisch hoch begabt und wurde früh gefördert. Bereits im Alter von 12 Jahren porträtierte sie sich selbst in Öl, mit 16 Jahren malte sie nach Stichvorlagen eine Folge großer Apostelbildnisse für eine Kirche in ihrer alpenländischen Heimat. Ihr Vater, ein wenig bedeutender Maler, erkannte schon bald, dass er seiner Tochter nichts mehr beibringen konnte. Um ihr optimale Studienmöglichkeiten zu bieten, reiste er mit ihr nach Italien. Angelica Kauffmann kopierte die Gemälde der großen Kunstsammlungen und knüpfte Kontakte zu internationalen Auftraggebern und Kollegen.

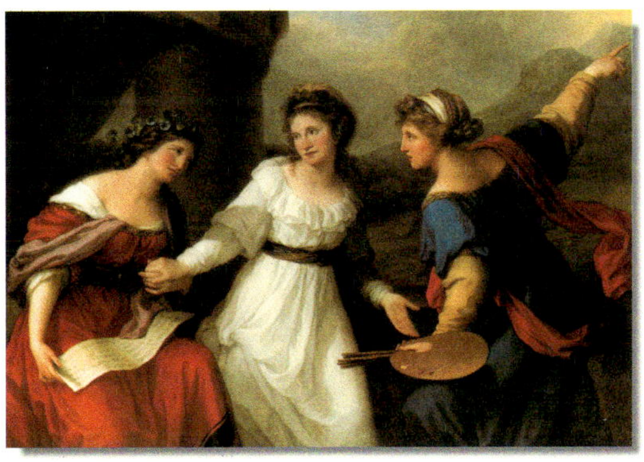

Den Gelehrten Johann Joachim Winckelmann porträtierte sie 1764 in Rom, wo er der Antikensammlung des Vatikans vorstand. Mit seinen Schriften über die antike Kunst war er weit über die Grenzen Italiens hinaus bekannt geworden. Für die 22-jährige Künstlerin war dieser Auftrag ein Glücksfall, denn das Ansehen Winckelmanns und seine weitreichenden Kontakte waren auch für sie von Vorteil. Ein Zeitgenosse schrieb begeistert: »Angelicas Winckelmann ist … ein Meisterwerk durch Kolorit, Stellung, Harmonie, Zeichnung und Kraft.« Charakteristisch für Angelica Kauffmann sind die fein abgestimmte Farbigkeit des Bildes und die etwas weiche Zeichnung der Gesichtszüge. Ihr späteres Goethebildnis erntete eben darum harsche Kritik – sie habe den großen Dichter ›verweichlicht‹ dargestellt. Der Freundschaft zu dem etwas jüngeren Goethe tat dies jedoch keinen Abbruch. Andererseits waren es gerade die Sanftheit, Anmut und zarte Gefühlsstimmung in den Bildern Angelica Kauffmanns, die die Zeitgenossen begeisterten und dem künstlerischen Ideal der Empfindsamkeit entsprachen. Mit ihren ›femininen‹ Historienbildern, in denen häufig weibliche Gestalten die Hauptrolle spielen, gelang es Kauffmann, die Männerdomäne der Historienmalerei zu erobern. Es war geradezu eine Voraussetzung für ihren überragenden Erfolg als Künstlerin, dass ihre Werke und ihre Person den zeitgenössischen Vorstellungen von Weiblichkeit so sehr entsprachen.

In ihrem *Selbstbildnis: Schwankend zwischen der Musik und der Malerei* zeigt sich Angelica Kauffmann, wie sie schweren Herzens von der Musik – in Gestalt einer blumenbekränzten Frau – Abschied nimmt und sich der Malkunst zuwendet, die entschlossen auf einen Ruhmestempel in der Ferne deutet. In jungen Jahren hatte Kauffmann tatsächlich mit dem Gedanken an eine Gesangskarriere gespielt. Nun wird diese Episode ihres Lebens zum Thema eines anspruchsvollen, vielschichtigen Historiengemäldes, das auf die antike Geschichte des Herkules am Scheideweg und das klassische Motiv der drei Grazien anspielt.

Angelica Kauffmann verbrachte einen großen Teil ihres Lebens in Rom und London, wo ihr Haus zum gesellschaftlichen Mittelpunkt wurde. Sie gehörte zu den wenigen Frauen ihrer Zeit, die durch künstlerische Arbeit zu beträchtlichem Vermögen kamen, und war bis kurz vor ihrem Tod unermüdlich tätig. Insgesamt schuf sie an die 500 Bildnisse sowie unzählige Historiengemälde. Die Akademien in Bologna, Florenz und Rom nahmen sie auf, in London gehörte sie sogar zu den Gründungsmitgliedern der Royal Academy, die danach bis 1923 keine Frau mehr zuließ.

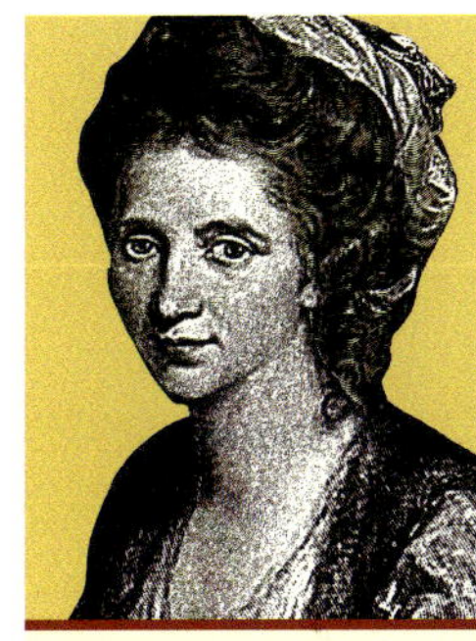

Angelica Kauffmann
*30. Oktober 1741 Chur Schweiz
†5. November 1807 Rom

- 1766 *Übersiedlung nach London, Gründungsmitglied der Royal Academy*
- *lebte mit ihrem zweiten Mann, dem Maler Antonio Zucchi, ab* 1781 *in Italien*
- 1810, *kurz nach ihrem Tod, erschien die erste Biographie*
- *eine gefeierte, hoch bezahlte Malerin, die auch nach ihrem Tod nie in Vergessenheit geriet*

Angelica Kauffmann
Selbstbildnis: Schwankend zwischen der Musik und der Malerei, um 1794
Öl auf Leinwand, 147 x 216 cm
Nostell Priority, Wakefield, Yorkshire

gegenüber
Angelica Kauffmann
Bildnis Johann Joachim Winckelmann, 1764
Öl auf Leinwand, 97,2 x 71,0 cm
Kunsthaus Zürich, Zürich

Anne Vallayer-Coster

Wie appetitanregend dieser Schinken aussieht! Das Messer steckt zum Anschneiden bereit im saftigen Fleisch mit der üppigen Fettschicht und der braunen Kruste. Ein Lorbeerzweig und ein Bund frischer Radieschen, eine bauchige Flasche Wein und eine Wasserkaraffe komplettieren das schlichte Arrangement auf einer Steinkonsole, die mit einem weißen Tuch bedeckt ist.

Man erfasst die wenigen Gegenstände dieses Stilllebens mit einem Blick. Aber die Dinge sind so genau in ihrer Materialität wiedergegeben, malerisch so interessant geschildert, dass sie dem Betrachter immer neue Reize bieten. Die glatte, spiegelnde Oberfläche der Glasflaschen, die ledrigen Lorbeerblätter, die feinen Radieschenwurzeln, die matte Steinoberfläche und die unregelmäßige Struktur des Schinkens – Anne Vallayer-Coster hat all das sehr genau beobachtet und abwechslungsreich in Ölfarbe umgesetzt: Sie wählt feine oder breite Pinsel, arbeitet mit pastoser Farbe oder setzt dünn lasierende Farbschichten übereinander. Es ist eines ihrer frühesten erhaltenen Stillleben. Sehr deutlich zeigt die 23-jährige Malerin darin ihre Vertrautheit mit den schlichten Stillleben ihres älteren Zeitgenossen Jean-Baptiste Siméon Chardin.

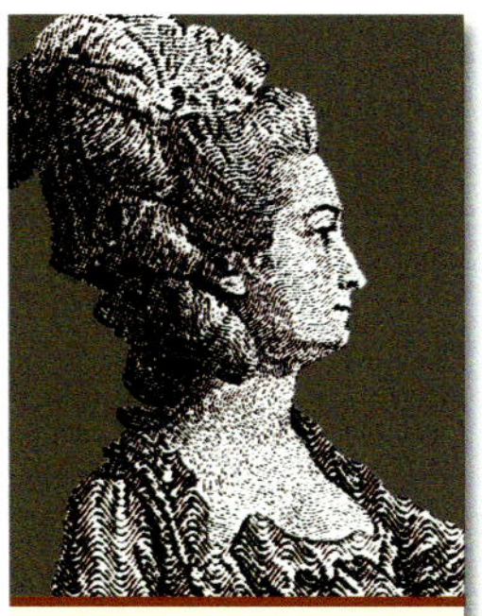

Anne Vallayer-Coster
*21. Dezember 1744
Gobelins bei Paris
†28. Februar 1818 Paris

- *wurde von Marie-Antoinette 1780 zur »Malerin der Königin« ernannt*
- *Ihr Œuvre umfasst über 120 Stilleben*
- *2002 ehrte die National Gallery Washington sie mit einer umfassenden Retrospektive*

Anne Vallayer-Costers Vater arbeitete als Goldschmied in der königlichen Gobelin-Manufaktur und machte sich später in Paris selbstständig, wo er das Privileg des Königs für Medaillen und Orden besaß. Seine Tochter profitierte zweifellos von seinen guten Kontakten zum Herrscherhaus und wurde später selbst zur ›Malerin der Königin‹ ernannt. Anfangs malte sie auch Porträts, später konzentrierte sie sich aber auf ihr eigentliches Metier, die Stilllebenmalerei. Bereits mit 26 Jahren wurde sie zum Mitglied der Königlichen Kunstakademie, der Académie Royale, ernannt. Für eine Frau war das eine höchst ungewöhnliche Ehre – und ein entscheidender Schritt in ihrer Laufbahn. Von nun an konnte sie sich an den Salonausstellungen im Louvre beteiligen – und das tat sie über einen Zeitraum von mehr als vierzig Jahren bis zu ihrem Tod. Der Schriftsteller Denis Diderot besprach ihre Arbeiten in seinen Salonkritiken, neue Auftraggeber wurden auf sie aufmerksam. Nur ihre Porträts fanden wenig Anklang: Hierin sei sie ihren Kolleginnen Vigée-Lebrun und Labille-Guiard unterlegen, hieß es. Die Hauptkundschaft von Anne Vallayer-Coster kam aus dem Adel und aus einflussreichen Kreisen der französischen Hauptstadt. 1781 erhielt sie als begehrte königliche Auszeichnung die Erlaubnis, mit ihrem Mann eine Atelierwohnung im Louvre zu beziehen, wo auch andere angesehene Künstler arbeiteten.

Vallayer-Coster beherrschte eine große Bandbreite an Stilllebenmotiven: Üppige Rosenbouquets füllen kostbare Porzellanvasen; antike Statuetten stehen neben exotischen Muscheln, Musikinstrumenten oder Attributen der Malerei; erlegte Hasen sind als Jagdbeute drapiert; Pfirsiche türmen sich im Obstkorb zu Pyramiden; Wasserdampf steigt aus feinen Teetassen – die Jahre vergingen, die Malerin blieb ihrem Themenspektrum treu. Die Revolution fegte das Ancien Régime hinweg, und der Klassizismus eroberte den Salon. Aber Vallayer-Coster malte, was sie immer gemalt hatte: berückend schöne Bilder von Blumen und anderen Dingen, die das Auge erfreuen. Neben Chardin und Jean-Baptiste Oudry war sie der bedeutendste Vertreter der französischen Stilllebenmalerei des 18. Jahrhunderts.

Anne Vallayer-Coster
Stillleben mit Schinken, 1767
Öl auf Leinwand, 45,1 x 53,3 cm
Staatliche Museen zu Berlin – Stiftung Preußischer Kulturbesitz, Gemäldegalerie, Berlin

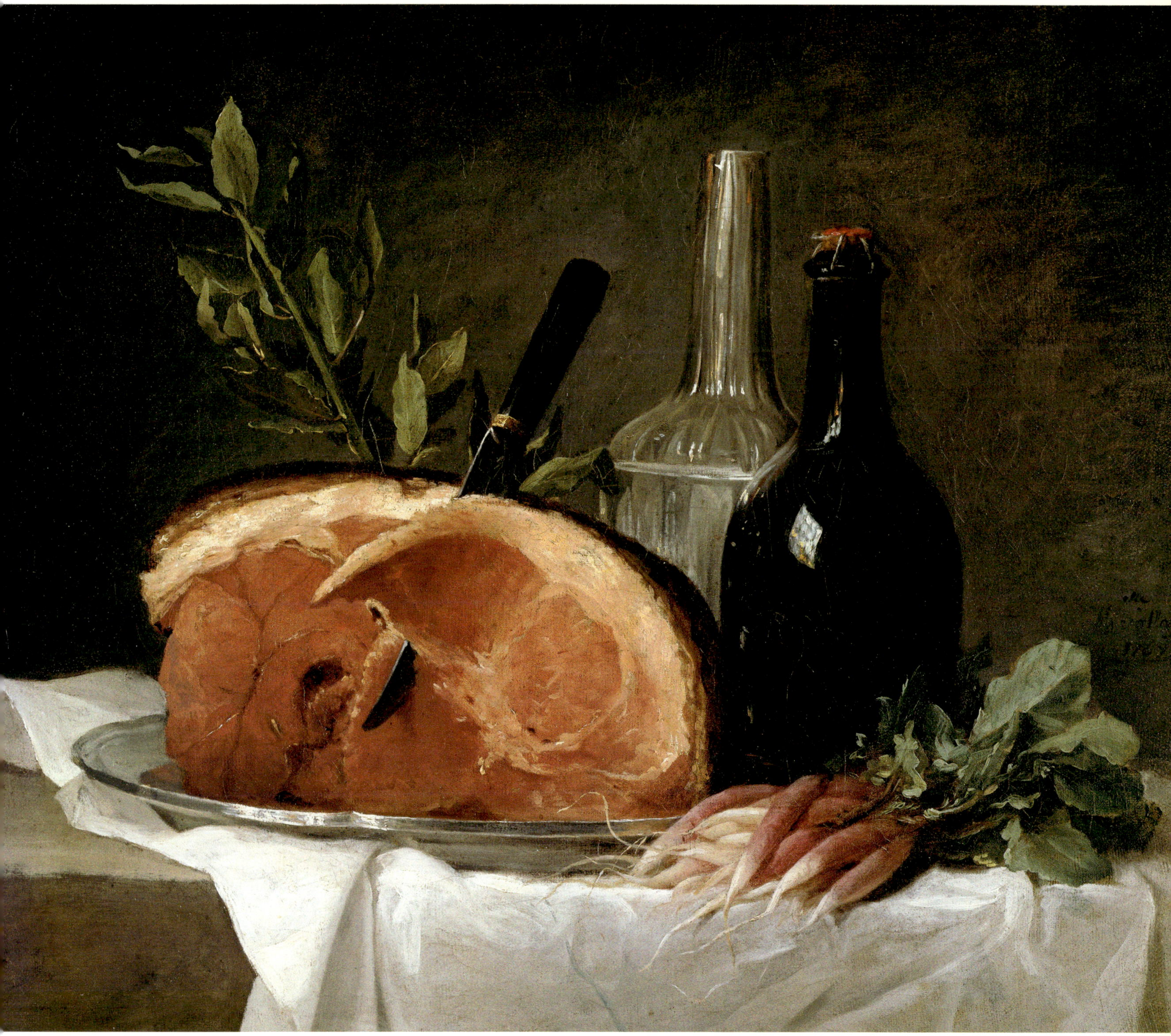

Adélaïde Labille-Guiard

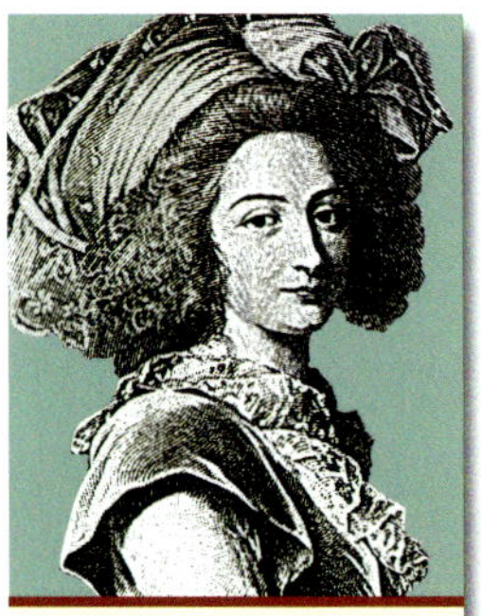

Adélaïde Labille-Guiard
*11. April 1749 Paris
† 24. April 1803 Paris

- *Ausbildung u. a. bei François-André Vincent sowie bei Maurice Quentin de La Tour*
- *porträtierte nach der Revolution führende Männer der Pariser Nationalversammlung*
- *stand immer etwas im Schatten der berühmteren Elisabeth Vigée-Lebrun*
- *offizielle Malerin der »Mesdames de France«, der Töchter Ludwigs XV.*

Auffällig modisch gekleidet stellt sich die Malerin Adélaïde Labille-Guiard auf ihren Selbstbildnissen dar – ein repräsentatives Auftreten war zu dieser Zeit die Voraussetzung für gesellschaftliche Anerkennung. Überhaupt war Labille-Guiard eine durchsetzungsfähige Frau, die einen klaren Sinn für die Realität besaß und engagiert für die Rechte von Künstlerinnen eintrat. Schon als Kind hatte sie in dem eleganten Pariser Kurzwarengeschäft ihres Vaters beobachten können, wie sich die Damen der Gesellschaft mit Schleifen, Bändern und anderen luxuriösen Accessoires ausstaffierten. Später, als gefragte Porträtmalerin, verstand sie es, den Glanz der Seidenstoffe, die hauchfeinen Spitzen und modischen Details virtuos wiederzugeben. Ihr eigentliches Interesse aber galt der Persönlichkeit ihres Gegenübers.

Ihr Vater hatte wohl nicht an eine große Karriere seiner Tochter gedacht, als er die begabte Adélaïde in die nahe gelegene Werkstatt eines Miniaturmalers zum Unterricht gab. Warum sollte sie nicht zum Zeitvertreib ein wenig malen, wie viele andere Bürgerstöchter und adlige Damen auch? Vielleicht konnte sie mit ihren bemalten Tabaksdosen und Medaillons sogar etwas dazuverdienen. Aber Adélaïde hatte Höheres im Sinn. Mit 20 Jahren – kurz nach ihrer Heirat mit einem Finanzbeamten – studierte sie Pastellmalerei bei einem Meister seines Fachs, dem betagten Maurice Quentin de La Tour. Und als ihr Jugendfreund François-André Vincent von einem Studienaufenthalt in Italien zurückkehrte, beschloss sie, bei ihm die Ölmalerei zu erlernen.

Die entscheidende Herausforderung für die ehrgeizige Künstlerin aber war die Aufnahme in die Pariser Akademie der Künste, die damals nur zwei weibliche Mitglieder hatte: die Miniaturmalerin Madame Vien und die Stilllebenspezialistin Anne Vallayer-Coster.

Adélaïde Labille-Guiard ging die Sache geschickt an. Zunächst malte sie Pastellporträts von einigen Mitgliedern der Akademie, um ihnen ihre künstlerischen Fähigkeiten zu demonstrieren. Als sie dann am 31. Mai 1783 zwei dieser Bildnisse als Aufnahmestücke vorlegte, wurde sie mit großer Mehrheit aufgenommen. Am selben Tag akzeptierte die Akademie – auf Bitte der Königin – auch ihre schärfste Konkurrentin, Élisabeth Vigée-Lebrun. Somit waren vier Frauen Mitglieder der ehrwürdigen Institution, und genau diese Anzahl wurde kurz darauf als Höchstgrenze festgelegt.

Im Auftrag der französischen Königsfamilie entstand 1788 Labille-Guiards lebensgroßes, farbenprächtiges Bildnis der Prinzessin Louise-Elisabeth von Frankreich, die bereits 30 Jahre zuvor verstorben war. Darauf weisen der eigentümliche Schlagschatten rechts an der Wand und der melancholische Blick ihres kleinen Sohnes hin. Aufgrund der Revolutionswirren wurde das 4000 Livres teure Bild nie bezahlt und blieb im Besitz der Künstlerin, die es 1791 als anonymes Frauenporträt im Salon ausstellte. Gleichzeitig zeigte sie Porträts von Robespierre und anderen Revolutionären und brachte auf diese Weise ihre progressive politische Einstellung zum Ausdruck.

Ihre Hoffnung auf bessere Chancen für Künstlerinnen sah sie aber bald enttäuscht, denn 1793 beschloss die nach der Revolution neu organisierte Kunstakademie, künftig gar keine Frauen mehr aufzunehmen. Allerdings konnte Labille-Guiard mit ihren Schülerinnen 1795 endlich ein Künstlerappartement im Louvre beziehen, nachdem dieses Ansinnen jahrelang abgewiesen worden war – mit der Begründung, die jungen Damen würden die Moral der männlichen Künstler in den anderen Ateliers gefährden.

Adélaïde Labille-Guiard
Porträt von Louise-Elisabeth von Frankreich, Herzogin von Parma, und ihrem Sohn Ferdinand, 1788
Öl auf Leinwand, 113 x 88,5 cm
Musée National du Château et des Trianons, Versailles

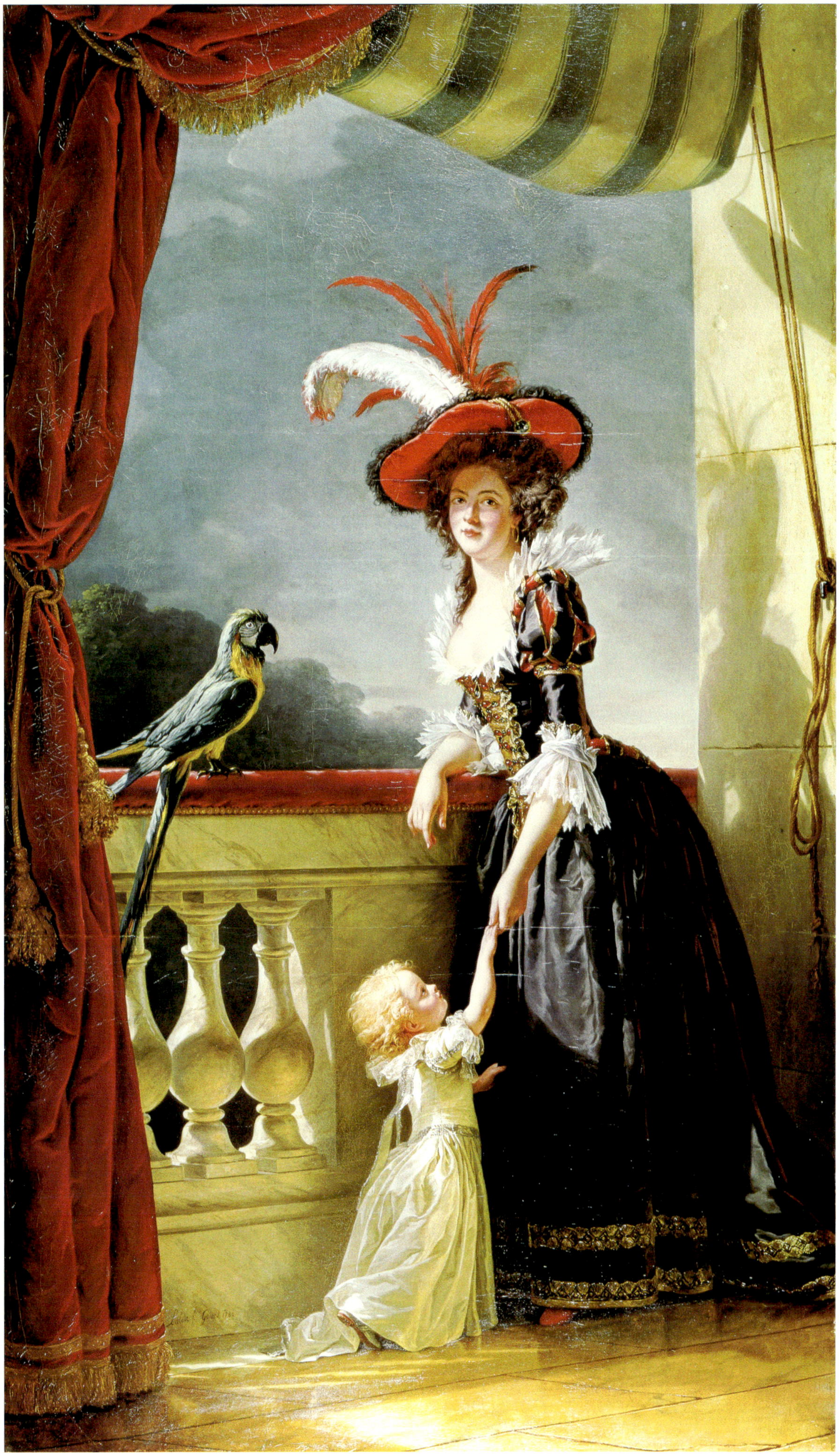

Elisabeth Vigée-Lebrun

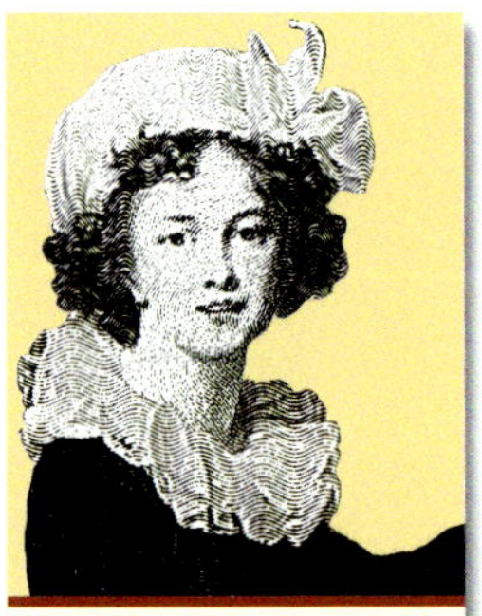

Élisabeth Vigée-Lebrun
*1755 Paris
†1842 Pars

- *bevorzugte Malerin der Königin Marie-Antoinette und gefeierte Porträtistin des europäischen Adels*
- *Mitglied der Akademien in Paris (1783), Rom (1790), Wien (1792), St. Petersburg (1800), Berlin (1801), Genf (1807)*
- *Ihre einzige Tochter wurde 1780 geboren*
- *1834–1835 verfasste ihre Memoiren*

Die Malerin Élisabeth Vigée-Lebrun muss auf ihre Zeitgenossen einen hinreißenden Eindruck gemacht haben. Sie war eine auffallend schöne Erscheinung mit ihren ›natürlich‹ frisierten Haaren, ihren locker geschlungenen Turbanen und den hellen, weich fallenden Musselingewändern, die im Zuge des Neoklassizismus die eng geschnürten Rokokotaillen ablösten. Als entzückendes weibliches Wesen stilisierte sich Vigée-Lebrun auch in ihren Selbstbildnissen. Dabei besaß sie nicht nur überragendes künstlerisches Talent, Intelligenz und unermüdliche Arbeitskraft, sondern auch ausgeprägten Sinn für eine erfolgreiche Karriereplanung. Verleumdungen, Anfeindungen und Gerüchte über angebliche Affären, beispielsweise mit dem französischen Finanzminister Calonne, ließen nicht lange auf sich warten.

Schon mit 15 Jahren galt Élisabeth Vigée-Lebrun als professionelle Porträtmalerin. Nach anfänglichem Unterricht bei ihrem Vater, einem wenig bekannten Künstler, hatte sie sich vor allem durch das Kopieren alter Meister in Pariser Privatsammlungen geschult. Sie heiratete 1776 einen Pariser Kunsthändler und Maler mit weit reichenden Kontakten, der ihre Karriere förderte – von der er selbst profitierte. Als Königin Marie-Antoinette der Malerin 1778 die erste Porträtsitzung gewährte, hatte sie mit ihrer Kunst bereits die höchsten Gesellschaftsschichten erobert, noch bevor sie Mitglied in der Akademie wurde.

Zehn Jahre später drohte die Französische Revolution ihrer glänzenden Karriere als Malerin des Adels jedoch ein Ende zu setzen, Vigée-Lebrun musste als bekannte Royalistin ins Exil gehen. Statt eines gesellschaftlichen Abstiegs folgte jedoch nun ein Siegeszug durch Europa. Wo sie in den folgenden zwölf Jahren auch hinkam – Rom, Neapel, Wien, St. Petersburg, Berlin –, überall wurde sie in die höchsten gesellschaftlichen Kreise aufgenommen, mit Aufträgen und Ehrungen überhäuft. Ihre adlige Kundschaft, vorrangig Frauen, verstand Vigée-Lebrun in ihren Porträts erfindungsreich zu inszenieren: romantisch versonnen, als antike Sibylle oder liebevolle Mutter, in orientalischem oder antikem Gewand, in temperamentvoller Bewegung oder mädchenhafter Zurückhaltung. Die Bildnisse wirken niemals steif und förmlich, doch die scheinbare Natürlichkeit ist immer kunstvoll idealisiert.

Stilistisch orientierte sich die Künstlerin an unterschiedlichen Vorbildern, von der Porträtmalerei des Barock bis zum Klassizismus um 1800. An den Werken der alten Meister hatte Vigée-Lebrun genau studiert, wie man ein Modell bedeutender, eindrucksvoller, schöner erscheinen ließ als in Wirklichkeit. Das Bildnis der russischen Gräfin Golowin, für das die russische Adlige 1000 Rubel zahlte, wirkt geradezu monumental in seiner Schlichtheit. Der leuchtend rote Mantel und der direkte Blick aus den großen dunklen Augen verleihen dem Bildnis der schönen Gräfin eine faszinierende Präsenz.

1802 ermöglichte es eine Petition von mehr als 250 französischen Künstlern und Intellektuellen der Malerin Vigée-Lebrun, nach Paris zurückzukehren. 30 Jahre später veröffentlichte die mittlerweile 80-Jährige ihre Memoiren in Form eines Briefromans. Es ist kein Tatsachenbericht, sondern ein mit Anekdoten gespickter Blick zurück auf eine längst vergangene Epoche – kunstvoll idealisiert wie ihre Gemälde.

Élisabeth Vigée-Lebrun
Porträt der Comtesse Golowin im roten Mantel, um 1800
Öl auf Leinwand, 84 x 67 cm
The Barber Institute of Fine Arts, University of Birmingham, England

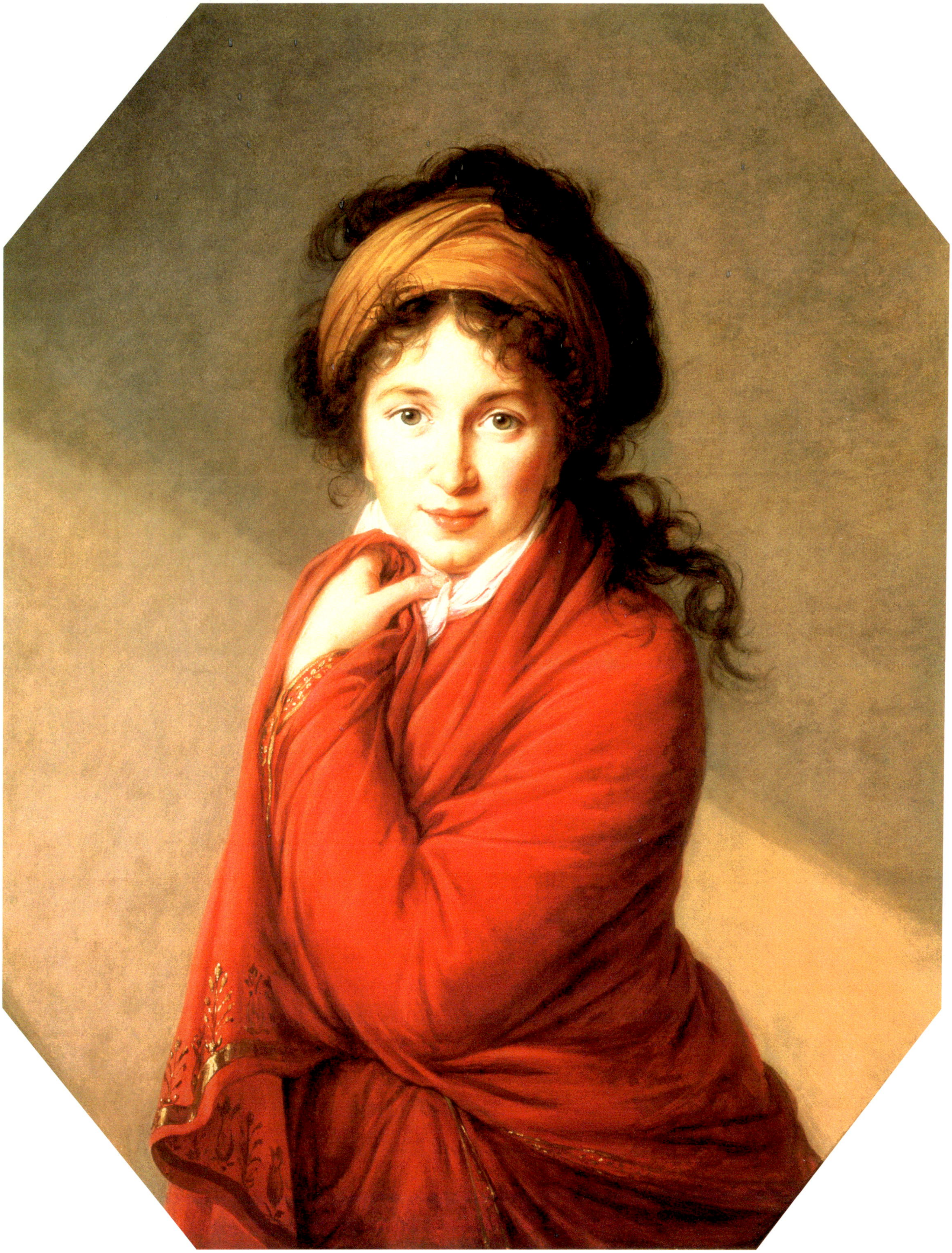

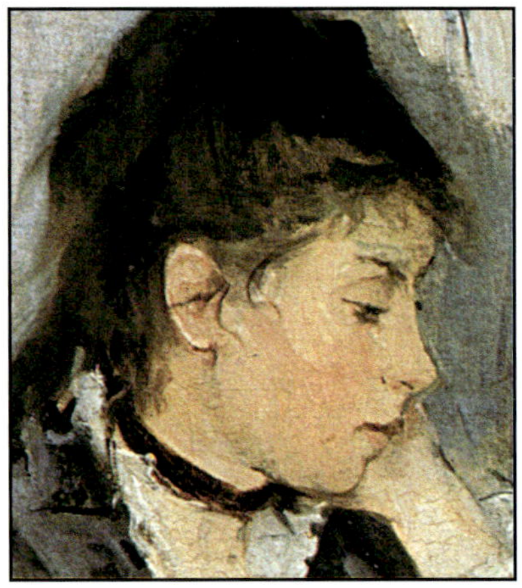

Das 19. Jahrhundert

Constance Mayer

Marie Ellenrieder

Rosa Bonheur

Elizabeth Butler

Berthe Morisot

Mary Cassatt

Camille Claudel

Suzanne Valadon

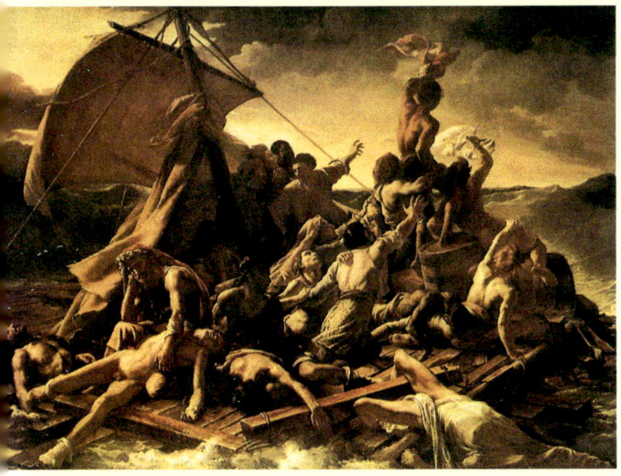

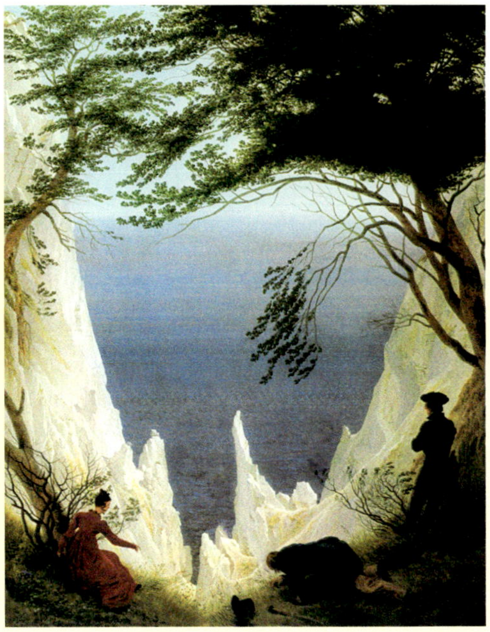

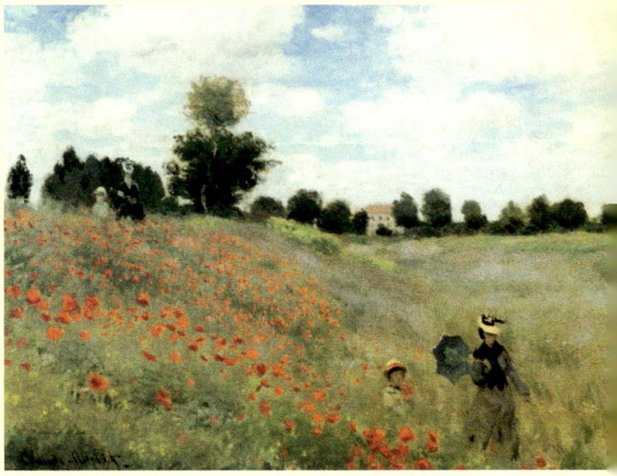

Zwei große Tendenzen bestimmten die künstlerischen Auseinandersetzungen im 19. Jahrhundert: Einerseits fand eine Rückbesinnung auf die großen Vorbilder der Vergangenheit statt, die sich im Klassizismus um 1800 und in den verschiedenen Spielarten des Historismus in der zweiten Hälfte des Jahrhunderts zeigte. Andererseits wandten sich Realismus und Impressionismus der Gegenwart zu und suchten nach einer neuen Bildsprache, die der modernen Lebenswirklichkeit Ausdruck verlieh.

Die Akademien entwickelten sich im Laufe des Jahrhunderts zu einem Hort konservativer Kunsttradition. Hier wurden sorgfältiges Antikenstudium und klassische Kompositionsregeln gelehrt, eine verfeinerte Maltechnik und die Kenntnis überlieferter Themen aus Mythologie, Literatur und Geschichte. Dies galt den akademischen Malern als Grundlage der Kunst, die aber zunehmend in Konventionen erstarrte.

Jenseits davon entstanden neue Strömungen und Bewegungen, die schließlich in die Moderne mündeten. Im Grunde sind die Wurzeln der modernen Kunst bereits in der Zeit um 1800 zu finden. Während in Frankreich noch der elegante Klassizismus von Jacques-Louis David und Jean Auguste Dominique Ingres die offizielle Kunst bestimmte, kam in England und Deutschland eine Bewegung auf, die gefühlsbetonte und auch irrationale Tendenzen in Literatur und Kunst zum Ausdruck brachte – die Romantik. Zu ihren vielfältigen Erscheinungsformen gehörten die fantastischen Visionen des Engländers William Blake ebenso wie die kontemplativen Landschaftsbilder des deutschen Malers Caspar David Friedrich. Seine weiten Landschaften führen den Blick in eine ferne, nebelverhangene Unendlichkeit und geben der individuellen Empfindung des Betrachters Raum. Friedrich ging es nicht um die Darstellung äußerer Wirklichkeit, sondern um die Wiedergabe von Stimmungen.

In Frankreich trug die Romantik andere Züge. Eugène Delacroix und Théodore Géricault knüpften an die Formensprache des Barock an und schufen furios gemalte Monumentalbilder voller Leidenschaft, die den Betrachter emotional bewegen und erschüttern sollten. Ein Gemälde wie Géricaults *Floß der Medusa*, das 1819 im Pariser Salon begeistert aufgenommen wurde, basierte auf eingehenden Anatomiestudien, Detailskizzen, einer genau durchdachten Komposition – und stand somit in einer künstlerischen Tradition, die bis zur Renaissance zurückreichte.

oben links
Théodore Géricault
Das Floß der Medusa, 1819
Öl auf Leinwand, 491 x 716 cm
Musée du Louvre, Paris

oben Mitte
Caspar David Friedrich
Kreidefelsen auf Rügen
um 1818
Öl auf Leinwand, 90,5 x 71 cm
Sammlung Oskar Reinhart, Winterthur

oben rechts
Claude Monet
Mohnfeld bei Argenteuil, 1873
Öl auf Leinwand, 50 x 65 cm
Musée d'Orsay, Paris

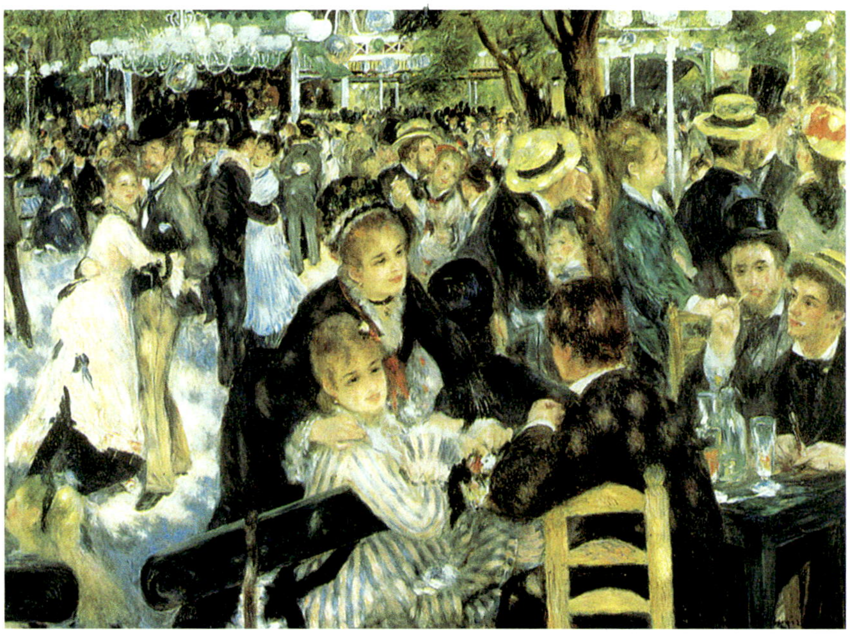

Pierre Auguste Renoir
Moulin de la Galette, 1876
Öl auf Leinwand, 131 x 175 cm
Musée d'Orsay, Paris

Ganz anders gingen einige Landschaftsmaler des frühen 19. Jahrhunderts vor. Sie versuchten den unmittelbaren Eindruck von Licht, Wolken und Natur in schnell hingestrichenen Ölskizzen einzufangen. In Frankreich zogen die Maler von Barbizon hinaus in den Wald von Fontainebleau und machten die Plein-Air-Malerei (Freilichtmalerei) zur Grundlage ihrer Kunst. In England entwickelte der Landschaftsmaler John Constable einen lockeren, andeutenden Malduktus mit unverbundenen Farbtupfern, um wechselnde Lichtstimmungen wiederzugeben.

Solche Ansätze griffen die Impressionisten in der zweiten Jahrhunderthälfte auf: Die farbflirrenden Gemälde von Claude Monet oder Pierre Auguste Renoir lösen die sichtbare Wirklichkeit in einzelne Farbpartikel auf, die sich erst im Auge des Betrachters zu einem Gesamteindruck verbinden. Ihre Motive fanden diese Maler nicht mehr in Literatur und Geschichte, sondern im alltäglichen Umfeld. Eine sommerliche Wiese in den Pariser Vororten, das bunte Treiben in einem Straßencafé oder Bahnhof, das Theaterpublikum oder ein unbekanntes Barmädchen – das waren die Facetten des modernen Lebens, die der Maler Édouard Manet und der befreundete Schriftsteller Émile Zola als zeitgemäße Sujets propagierten. Für den Realisten Gustave Courbet wurde sogar das Hässliche und Gewöhnliche darstellungswürdig. Honoré Daumier zeichnete die Armen und Verachteten, Adolph von Menzel die Arbeiter in der Fabrik. Die Abbildung der Realität des industriellen Zeitalters blieb jedoch ein Randthema. Die Avantgarde des ausgehenden Jahrhunderts revolutionierte die Kunst durch eine radikale Suche nach neuen Ausdrucksmitteln. Vincent van Gogh steigerte die Wirkung der Farbe in seinen leidenschaftlichen Landschaftsbildern bis zum Äußersten, Paul Cézanne fand zu einer klaren, vereinfachten Formensprache, während er wieder und wieder dieselben Motive variierte – eine paar Äpfel oder die Bergsilhouette der Montagne Sainte-Victoire.

Im 19. Jahrhundert war Paris für Künstler noch immer der ›Nabel der Welt‹. Wer etwas werden wollte, kam in die Hauptstadt der Kunst. Die Eisenbahn erleichterte und verbilligte das Reisen, der Austausch der Künstler intensivierte sich. Am Pariser Montmartre entstand eine legendäre Künstlerkolonie. Viele der heute berühmten Maler, wie zum Beispiel Claude Monet, waren lange Außenseiter des Kunstbetriebs. Im Pariser Salon, der zu einer Großveranstaltung mit Hunderten von Bildern und Dutzenden von Ausstellungsräumen geworden war, triumphierten Jahr für Jahr pathetische Historiengemälde, sentimentale Genrebilder und glatte akademische Allegorien. Bereits um die Jahrhundertmitte wurden Künstler, deren Bilder die konservative Jury des Salons abwies, selbst aktiv: Gustave Courbet organisierte 1855 seine programmatische Gegenausstellung ›Le Réalisme‹, zwei Jahrzehnte später taten es ihm die Impressionisten gleich.

Statt im Auftrag adliger Mäzene arbeiteten die Künstler des 19. Jahrhunderts hauptsächlich für den freien Markt, also für ein anonymes Publikum. Galerien ersetzten mehr und mehr den direkten Kontakt zwischen Künstler und Auftraggeber. Schon im deutschen Biedermeier der ersten Jahrhunderthälfte bestimmten bürgerliche Themen und handliche Formate die Kunstproduktion, und auch im ausgehenden Jahrhundert waren es Kunstsammler aus dem großstädtischen Bürgertum, die die Avantgarde durch ihre Ankäufe förderten. Doch nicht immer erkannte der Markt die Bedeutung eines Künstlers: Vincent van Gogh ist das legendäre Beispiel eines zu Lebzeiten verkannten Genies.

Aufbruch der Künstlerinnen

Die Zahl der künstlerisch tätigen Frauen nahm im 19. Jahrhundert stark zu. Eine malende Frau war zwar immer noch kein alltäglicher Anblick, aber doch keine Kuriosität mehr wie in früheren Zeiten. Auch wer nicht aus Künstlerkreisen stammte, konnte nun – Talent, Durchsetzungskraft, finanzielle Mittel und familiäre Unterstützung vorausgesetzt – den Einstieg in dieses Metier schaffen. Oft endeten die kreativen Ambitionen von Frauen allerdings mit der Heirat oder blieben auf Amateurniveau. Denn eine ernsthafte ›Berufskünstlerin‹ hatte immer noch mit erheblichen Widerständen zu rechnen. In der ersten Hälfte des Jahrhunderts gelang es Frauen nur vereinzelt, zum professionellen Studium an einer staatlichen Kunstakademie zugelassen zu werden. Im Allgemeinen nahmen renommierte Institutionen wie die École des Beaux-Arts in Paris oder die Royal Academy in London nur Männer auf. Allerdings gaben bekannte Künstler seit dem ausgehenden 18. Jahrhundert auch Frauen Privatstunden, und bald wurden die ersten Zeichen- und Kunstschulen für Frauen eröffnet. Manche Hochschulen richteten gesonderte Frauenklassen ein. Das Aktzeichnen blieb für Frauen bis in die zweite Jahrhunderthälfte hinein jedoch eine umstrittene Angelegenheit. Als die Pariser École des Beaux-Arts 1897 ihre Tore endlich auch für Studentinnen öffnete, hatten die ehrwürdigen Akademien ihre führende Position längst eingebüßt und waren zu Verwaltern eines konservativen Erbes geworden.

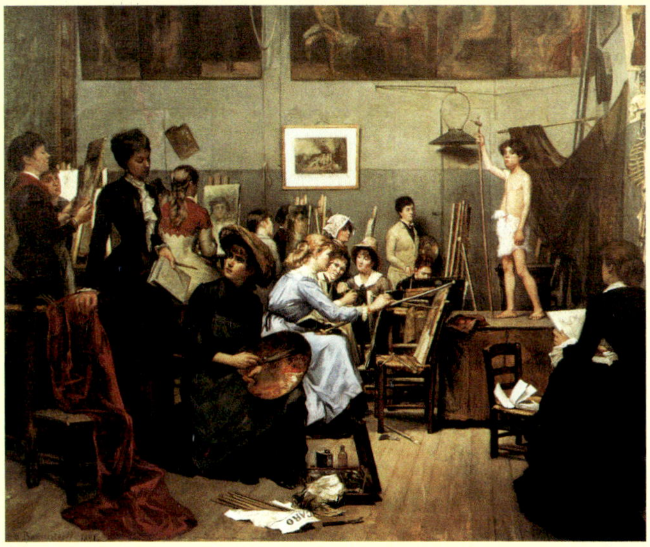

Marie Baschkirzew
In der Akademie Julian, 1880/81
Öl auf Leinwand, 185 x 145 cm
Staatliches Kunstmuseum Dnepropetrowsk, Dnepropetrowsk

Auch im 19. Jahrhundert zog die einstige Kunstmetropole Rom noch zahlreiche Künstler an, darunter auch die Gruppe amerikanischer Bildhauerinnen um Harriet Hosmer, die für ihre neo-klassizistischen Monumentalplastiken bekannt wurde. Später löste Paris die Ewige Stadt als bevorzugtes Reiseziel ab, zumal es an der Seine renommierte private Kunstschulen wie die Akademien Julian oder Colarossi gab, die auch Frauenklassen anboten. Die Niederländerin Thérèse Schwartze, die Schweizerin Louise Breslau, die Polin Anna Bilinska und die Schwedin Hanna Hirsch Pauli – sie alle verbrachten Monate oder Jahre in Paris, um ihre künstlerische Ausbildung zu vertiefen. Die Grundlagen hatten sie sich meist in ihrer Heimat angeeignet.

Die Tagebuchaufzeichnungen der Russin Marie Baschkirzew vermitteln ein lebendiges Bild des Künstlermilieus zu dieser Zeit. In Paris erlebten viele Frauen eine nie gekannte Unabhängigkeit, auch wenn sie sich in der Öffentlichkeit ohne Anstandsbegleitung nicht frei bewegen konnten. Zwar hatten sich die Reisemöglichkeiten und Ausbildungschancen für Frauen nun erheblich verbessert – ein Platz in der Kunstgeschichte war ihnen damit aber längst nicht sicher. Die meisten Künstlerinnen des 19. Jahrhunderts gerieten nach dem Tod in Vergessenheit, auch wenn manche – wie die Dänin Anna Ancher oder die Norwegerin Harriet Backer – in ihrer Heimat zu den bedeutenden Künstlern ihrer Generation gehören.

Kulturkalender für das 19. Jahrhundert

1815
Nach der Völkerschlacht bei Leipzig (1813) wird Napoleon bei Waterloo geschlagen und endgültig nach St. Helena verbannt. Der Wiener Kongress leitet die politische Restauration in Europa ein.

1824
Ludwig van Beethoven vollendet seine *9. Sinfonie*.

1830
Die Juli-Revolution in Frankreich führt zum endgültigen Sturz der Bourbonen.

1848
Revolution in Deutschland, Österreich und Frankreich. Karl Marx veröffentlicht das *Kommunistische Manifest*.

1861–65
Unter der Präsidentschaft Abraham Lincolns wird die Sklaverei abgeschafft und die Abspaltung der Südstaaten im amerikanischen Bürgerkrieg abgewehrt.

1869
Eröffnung des Suez-Kanals, anlässlich derer Giuseppe Verdi *Aida* komponiert (1870).

1871
Nach dem Sieg über Frankreich wird in Versailles das Deutsche Reich gegründet.

1885
Carl Benz baut das erste Automobil.

1889
Vollendung des Eiffelturmes zur Pariser Weltausstellung.

1900
Sigmund Freud veröffentlicht *Die Traumdeutung*.

Constance Mayer

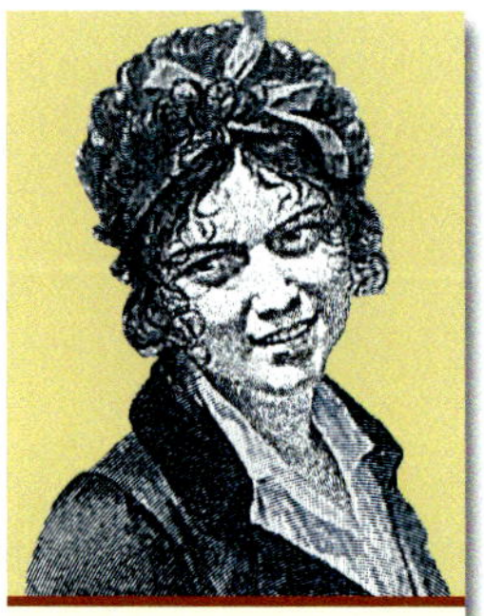

Constance Mayer
*1775 Paris
†26. Mai 1821 Paris

- *künstlerische Ausbildung bei Jean-Baptiste Greuze, Joseph-Benoît Suvée und Jacques-Louis David*
- *malte gefühlvolle Genreszenen, Porträts und Allegorien*
- *stellte ab 1796 regelmäßig im Pariser Salon aus*
- *repräsentiert die klassizistisch geprägte Frühromantik des 19. Jahrhunderts*

Leise gleitet ein Boot über das nachtschwarze Wasser. Darin ruht wie hingegossen eine junge Frau in den Armen ihres Mannes, an ihrer Brust das schlafende Kind. Ruhig und kraftvoll rudert eine weibliche Gestalt das Boot durch die Finsternis, ein kleiner geflügelter Amor greift mit in die Ruder. Im Mondlicht schimmern die Gestalten, als wären sie aus Elfenbein. Die Schlafende ist schön wie eine antike Venus – und reglos wie der Tod. Unwillkürlich wird man an die Sage vom antiken Fährmann Charon erinnert, der die Seelen der Verstorbenen in die Unterwelt geleitet. Es ist ein Bild wie ein sentimentales Gedicht, voller Sehnsucht und Melancholie.

Als die Malerin das Gemälde 1819 im Pariser Salon ausstellte, erläuterte ein umständlicher Titel das Motiv: »Die Liebe und das Glück steuern eine Barke über den Fluss des Lebens, ein junger Mann sitzt im Heck des Bootes und beschützt in den Armen seine Frau und sein schlafendes Kind.« Solche allegorischen Themen und Anspielungen auf die Antike schätzte das Publikum im Klassizismus. Man war damit vertraut, in all den schönen, leicht bekleideten Frauengestalten wahlweise die Liebe, die Wahrheit, die Keuschheit, den Überfluss oder die geschändete Unschuld zu erkennen.

Die persönliche Situation von Constance Mayer sah anders aus als die Familienidylle auf ihrem Gemälde. Doch den Traum, das Glück in der völligen Hingabe an einen Mann zu finden, teilte sie mit vielen Frauen ihrer Zeit. Die Tochter eines Pariser Zollbeamten hatte bei dem bedeutenden Genremaler Jean-Baptiste Greuze gelernt und dann für kurze Zeit im Atelier des gefeierten Jacques-Louis David gearbeitet. Dessen heroischer Stil entsprach ihrem Naturell jedoch weniger als der elegant-liebliche Klassizismus des Malers Pierre-Paul Prud'hon, den sie 1802 kennen lernte. Eigentlich war die Ausbildung der 28-jährigen Malerin zu diesem Zeitpunkt schon abgeschlossen, ihre Bilder hatte sie bereits mehrfach im Salon gezeigt. Doch bei dem 17 Jahre älteren Prud'hon wollte sie noch einmal Schülerin sein. Sie wurde seine Gefährtin, enge Mitarbeiterin und Geliebte. Als Prud'hons Ehefrau nach einem Nervenzusammenbruch 1803 in eine Anstalt eingeliefert wurde, kümmerte sich Constance Mayer um die fünf Kinder und den Haushalt des Malers. In ihrer künstlerischen Arbeit verschmolz sie so sehr mit dem bewunderten und geliebten Meister, dass ihre Individualität nahezu im gemeinsamen Schaffen aufging. Manchmal gelangten Bilder aus ihrer Hand unter seinem Namen an die Öffentlichkeit. Dann wieder – wie beim *Traum des Glücks* – bereitete Prud'hon mit Farbskizzen und Figurenstudien die Komposition bis ins Detail vor und Mayer führte das Gemälde aus. Die Idee dazu ging wahrscheinlich auf eine Zeichnung von Mayers erstem Lehrer Greuze zurück. Solche Anleihen bei anderen Künstlern waren nichts Ungewöhnliches zu einer Zeit, als das Kopieren nach Vorlagen des Meisters ein wesentlicher Bestandteil der Künstlerausbildung war.

Die liebende Selbstaufgabe brachte Constance Mayer letztlich weder Glück noch Erfüllung. Depressionen und Existenzängste stellten sich ein, zumal Prud'hon nicht bereit war, sie nach dem Tod seiner Frau zu heiraten. Am 27. Mai 1821 nahm sich die Malerin das Leben. Schwer erschüttert vollendete Prud'hon ihre letzten Bilder und stellte für den Salon des folgenden Jahres eine Retrospektive ihrer Werke zusammen. Im Jahr danach starb auch er.

Constance Mayer
Der Traum vom Glück, 1819
Öl auf Leinwand, 97 x 146 cm
Musée du Louvre, Paris

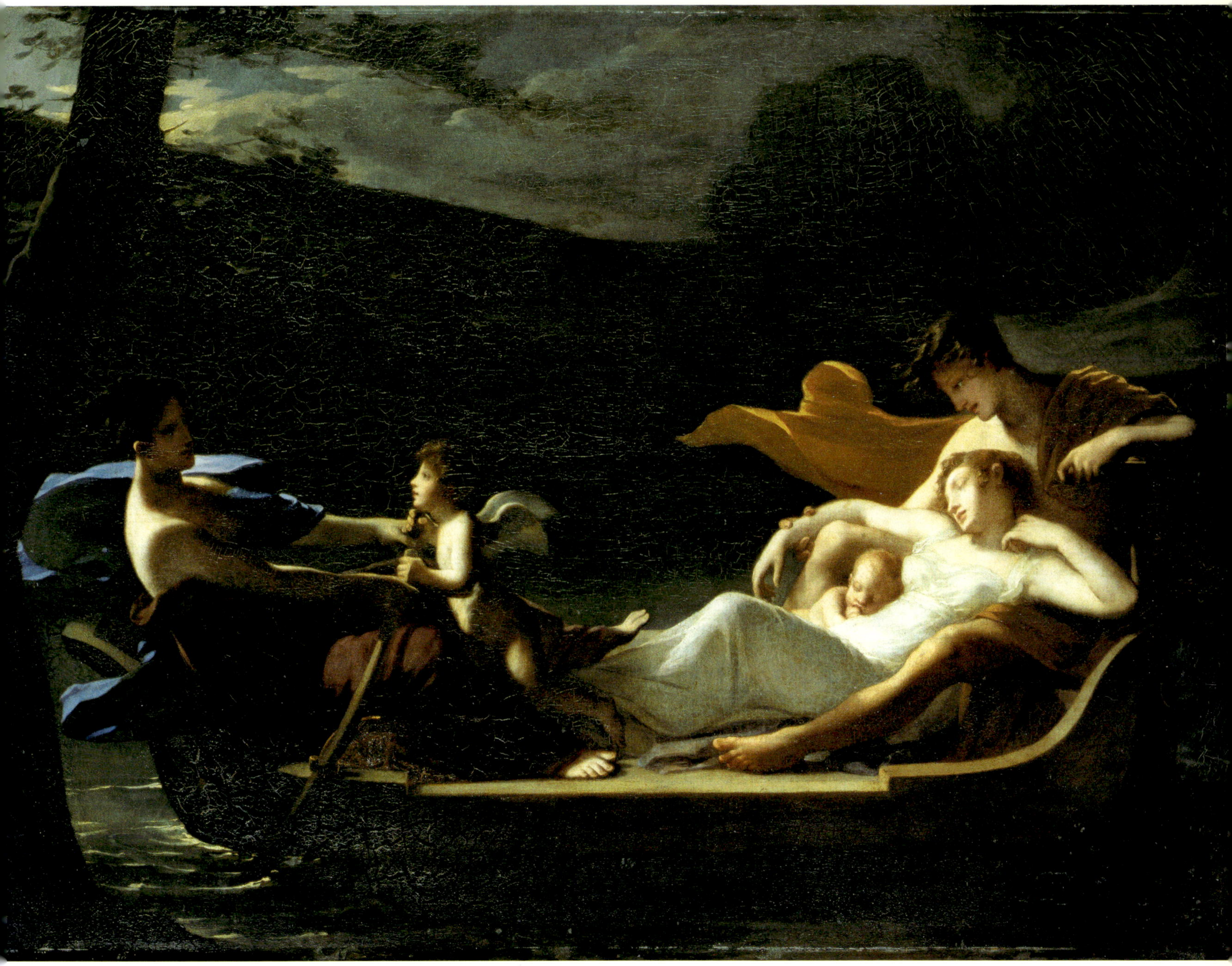

Marie Ellenrieder

Marie Ellenrieder war die erste Frau, die an einer deutschen Kunstakademie zum Studium zugelassen wurde. Dabei war sie durchaus keine kämpferische Natur, sondern eine fromme Frau, die ihre Selbstsicherheit aus dem Glauben schöpfte. In dem Freiherrn von Wessenberg, einem Konstanzer Kirchenmann, fand sie einen einflussreichen Förderer. 1813 konnte sie sich an der Münchener Akademie einschreiben und bereitete damit für viele weitere Frauen den Weg zu einer professionellen Ausbildung an dieser Hochschule – eine in der ersten Hälfte des 19. Jahrhunderts europaweit einzigartige Chance.

In der älteren Kunstgeschichtsschreibung gilt Marie Ellenrieder als bedeutendste deutsche Künstlerin ihrer Zeit. Dass sie später fast völlig in Vergessenheit geriet, liegt nicht zuletzt an ihrem bevorzugten Themengebiet – der religiösen Malerei. Die innigen, liebenswürdigen Darstellungen von Madonnen, Engeln und betenden Kindern erfreuten sich zu ihren Lebzeiten großer Beliebtheit. Heute empfindet man sie oft als süßlich und sentimental. Frisch und unverbraucht wirken dagegen ihre frühen realistisch gemalten Porträts.

Ellenrieder Selbstbildnis aus dem Jahr 1818 zeigt die 27-Jährige als blühende junge Frau, die nach dem Abschluss ihres Studiums selbstbewusst und erwartungsvoll in die Welt schaut. Mit besonderer Begeisterung malte sie damals Kinderporträts wie das Bildnis der fünfjährigen Thekla von Thurn-Valsassina. Der verspielte Griff des Mädchens an die Halskette, der vergnügte Gesichtsausdruck und die kurzen, etwas zerzaust wirkenden Haare geben dem Kind eine Natürlichkeit, die für ein Porträt der Biedermeierzeit ungewöhnlich ist.

Wie von anderer Hand gemalt wirkt das Bild *Maria schreibt das Magnifikat*, das kaum 15 Jahre später entstand und für Ellenrieders spätere Arbeiten typisch ist. Die natürliche Lebensnähe ist verschwunden, ebenso der lockere Pinselstrich und die realistische Licht- und Körperschilderung. Es ist ein christliches Andachtsbild, das sich in die Tradition der italienischen Renaissance stellt und eine der Zeit entrückte Frömmigkeit heraufbeschwört. Die emailartige Glätte der Oberfläche, die reinen Farben und die ruhige, schönlinige Komposition geben dem Gemälde einen stark idealisierten Charakter.

Unter dem Einfluss ihres Mentors Freiherr von Wessenberg gelangte Ellenrieder zu der Überzeugung, dass die religiöse Malerei ihre eigentlich Berufung sei. Der erste große Auftrag für ein Altarbild ermöglichte ihr mit 31 Jahren eine Studienreise nach Rom. Dort kam sie bald mit der Künstlergemeinschaft der Nazarener um Friedrich Overbeck in Kontakt, die eine Erneuerung der religiösen Kunst im Rückgriff auf die Malerei Raffaels anstrebten. Diese idealistische Auffassung machte sich Ellenrieder zu Eigen. Obwohl sie als Koloristin die anderen Künstler des Nazarenerkreises übertraf, wird sie doch in vielen Publikationen über deren Malerei nur am Rande oder gar nicht erwähnt.

Zurück in Deutschland, konzentrierte sich Marie Ellenrieder ganz auf sakrale Sujets. Porträts malte sie nur noch in Ausnahmefällen, so im Auftrag des badischen Großherzogs, der sie 1829 zur Hofmalerin ernannte. Gleichzeitig nahm ihre entsagungsvolle Frömmigkeit selbstquälerische Züge an. Sie hatte Depressionen, hinzu kam eine zunehmende Schwerhörigkeit. Die Malerin zog sich aus dem gesellschaftlichen Leben mehr und mehr zurück. Ihre Arbeiten erschöpften sich schließlich in Variationen von Jesuskindern und Heiligen.

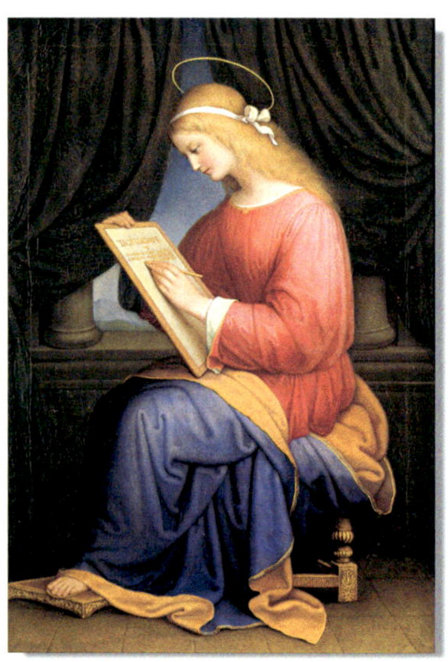

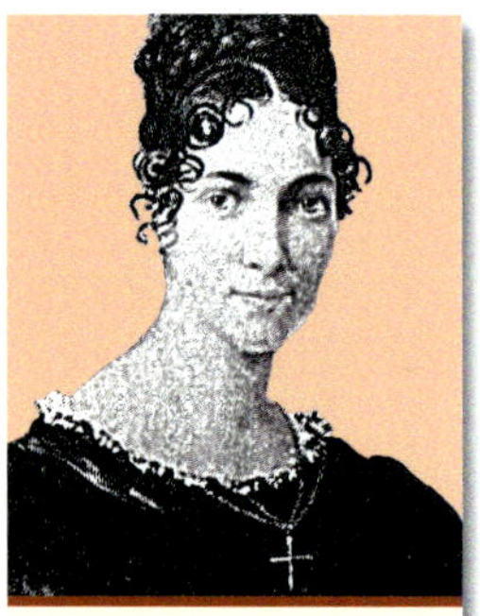

Marie Ellenrieder
*20. März 1791 Konstanz
†5. Juni 1863 Konstanz

- *in der Miniaturmalerei ausgebildet*
- *studierte 1813–1816 als erste Frau an der Münchener Akademie unter Johann Peter von Langer*
- *schuf ein realistisch geprägtes Frühwerk und wandte sich später der religiösen Malerei zu*
- *bedeutende Künstlerin des Nazarenerkreises*

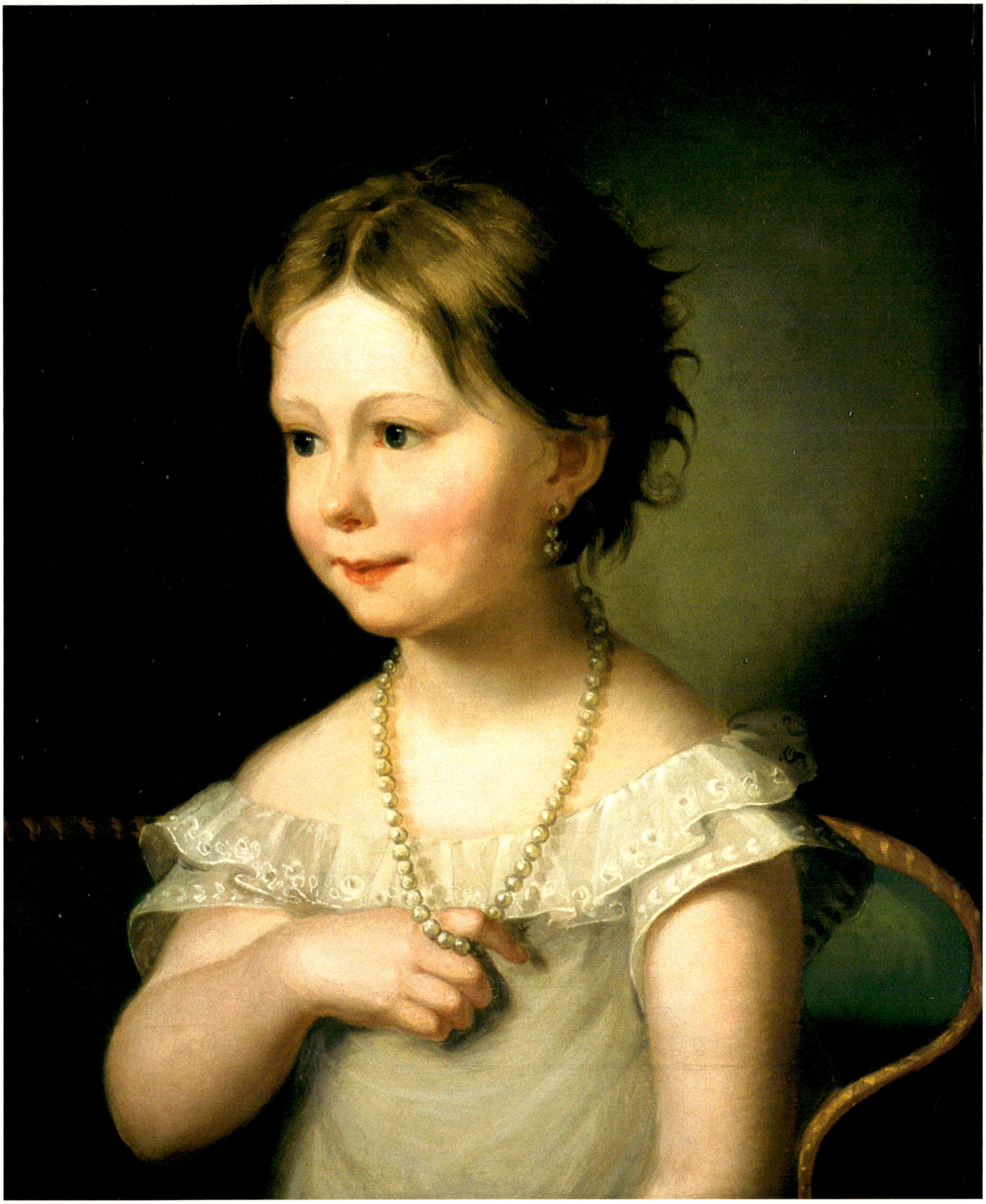

gegenüber
Marie Ellenrieder
Marie schreibt das Magnifikat, 1833
Öl auf Leinwand, 64,8 x 46,2 cm
Kunsthalle, Karlsruhe

oben
Marie Ellenrieder
Kinderbildnis Thekla Maria Auguste von Thurn-Valsassina, sig. 1818
Öl auf Leinwand, 45 x 40 cm
Privatsammlung, Schloss Bruchhausen, Sauerland

Rosa Bonheur

Kaum einer der vielen Touristen, die jedes Jahr das französische Königsschloss Fontainebleau besuchen, kennt den Namen von Rosa Bonheur. Dabei liegt ihr einstiger Wohnsitz, das Château By, am Rand des königlichen Waldes von Fontainebleau. Zu ihren Lebzeiten war Bonheur die berühmteste Künstlerin Frankreichs. Heute erinnert man sich eher an ihre Zeitgenossen Camille Corot, Théodore Rousseau oder Charles Daubigny, die ab 1830 im nahen Barbizon die unberührte Natur des Waldes malten und als Vorläufer des Impressionismus gelten. Rosa Bonheurs detailgetreuer Realismus zählt dagegen zu den konservativen Kunstströmungen des 19. Jahrhunderts, die mit dem Siegeszug der Moderne in Vergessenheit gerieten.

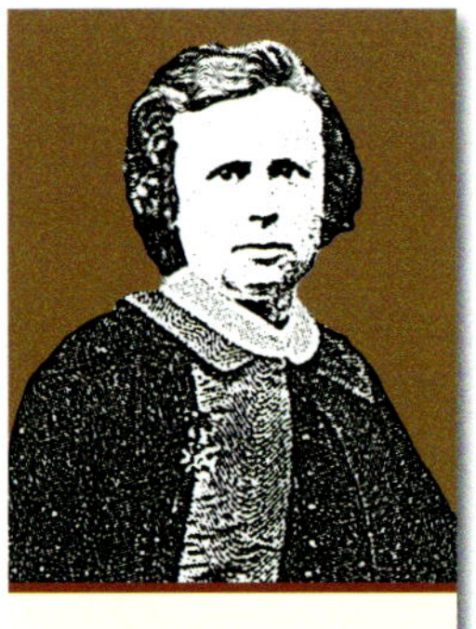

Rosa Bonheur
*16. März 1822 Bordeaux
†25. Mai 1899 Château de By, Seine-et-Marne

- *Schülerin ihres Vaters Raymond Bonheur, eines Zeichenlehrers und Landschaftsmalers*
- *leitete 1848–1859 eine Zeichenschule für junge Frauen*
- *Ehrenpräsidentin der französischen Künstlerinnen-Union*
- 1908 *erschien ihre Biographie, verfasst von der amerikanischen Malerin Anna Klumpke*

Scheinbar unberührt hängt noch heute in ihrem Atelier im Château By Rosa Bonheurs breiter Hut über einer Stuhllehne, liegen Skizzen, Pinsel und Paletten bereit, dazwischen Jagdtrophäen und ausgestopfte Tiere – so wie am 25. Mai 1899, als die Malerin im Alter von 77 Jahren starb. Aus eigenen Mitteln hatte die erfolgreiche Künstlerin das Haus 1860 erworben, um sich hier, fernab der Pariser Gesellschaft, mit ihrer Lebensgefährtin Nathalie Micas und deren Mutter ein Leben ganz nach ihren Vorstellungen einzurichten. Um Küche und Haushalt kümmerte sich die Mutter, während sich die exzentrische Nathalie Micas mit Erfindungen wie einer neuartigen Bremsvorrichtung für Eisenbahnen beschäftigte. Rosa Bonheur widmete sich ungestört der Malerei – und ihren Tieren. Schon in ihrem Pariser Atelier hatte sie Hunde und Eichhörnchen gehalten. Hier auf dem Lande verwandelte sich ihr Domizil in eine wahre Menagerie mit Ziegen, Papageien, Pferden, Wildschweinen und sogar Löwen.

Bereits als junges Mädchen hatte sie alles darangesetzt, Tiere zu studieren, wo immer sich die Gelegenheit bot. Sie zeichnete im Park, im Schlachthof und auf dem Pariser Pferdemarkt. Um den zudringlichen Blicken und Bemerkungen der Arbeiter zu entgehen, schlüpfte sie – mit Sondergenehmigung der Polizei – in Männerkleidung. Bald bevorzugte sie auch im Atelier bequeme Hosen und Kittelblusen anstelle der taillierten, bodenlangen Kleider, die für Frauen üblich waren. Schon als Kind trug sie die Haare kurz geschnitten und war nach eigenen Angaben ein eigensinniges, wildes Kind. Der Vater, der sich für sozialreformerische Ideen begeisterte und alles Konventionelle ablehnte, legte sie nie streng auf weibliches Rollenverhalten fest. Trotz seiner bescheidenen Einkünfte als Zeichenlehrer sorgte er dafür, dass seine vier Kinder ihr künst-

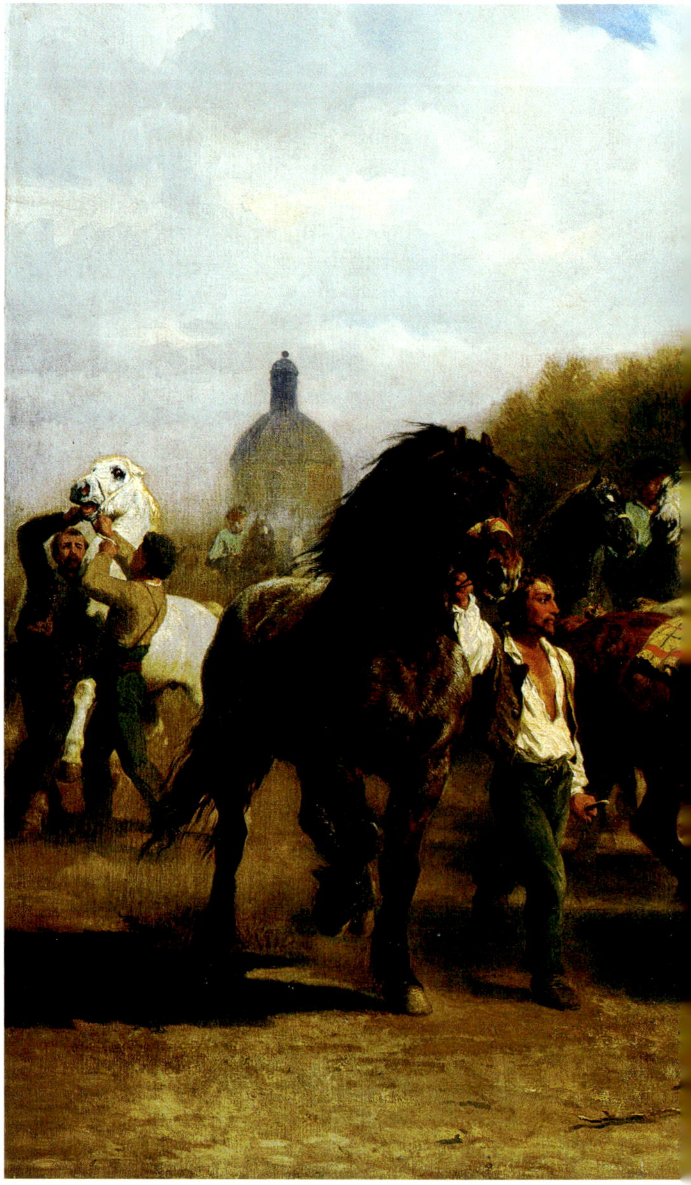

lerisches Talent als Maler oder Bildhauer verwirklichen konnten.

Rosa, die Älteste, übertraf sie alle. 1853 reichte sie das monumentale, über fünf Meter breite Gemälde *Der Pferdemarkt* zum Pariser Salon ein. Die Komposition wird von den überaus lebendig und kraftvoll dargestellten Pferden beherrscht, die dicht gedrängt in rasanter Bewegung an den Augen des Betrachters vorüberziehen. Verstärkt wird die Stimmung durch den dramatisch gezeichneten Himmel, der mit dem dunklen Hintergrund des Waldes kontrastiert. Die packend choreografierte Szene begeisterte das zeitgenössische Publikum. Der Kunsthändler Ernest Gambart erwarb das Bild zum Preis von 40 000 Francs für seine Londoner Galerie, ließ es im Kupferstich vervielfältigen und machte Bonheur damit in England und später auch in den USA bekannt. 1865 heftete die Kaiserin Eugénie mit den Worten »Genie hat kein Geschlecht« der Malerin – als erster Frau – persönlich das Kreuz der französischen Ehrenlegion an die Brust.

Rosa Bonheur
Pferdemarkt, 1853
Öl auf Leinwand, 120 x 254,5 cm
National Gallery, London

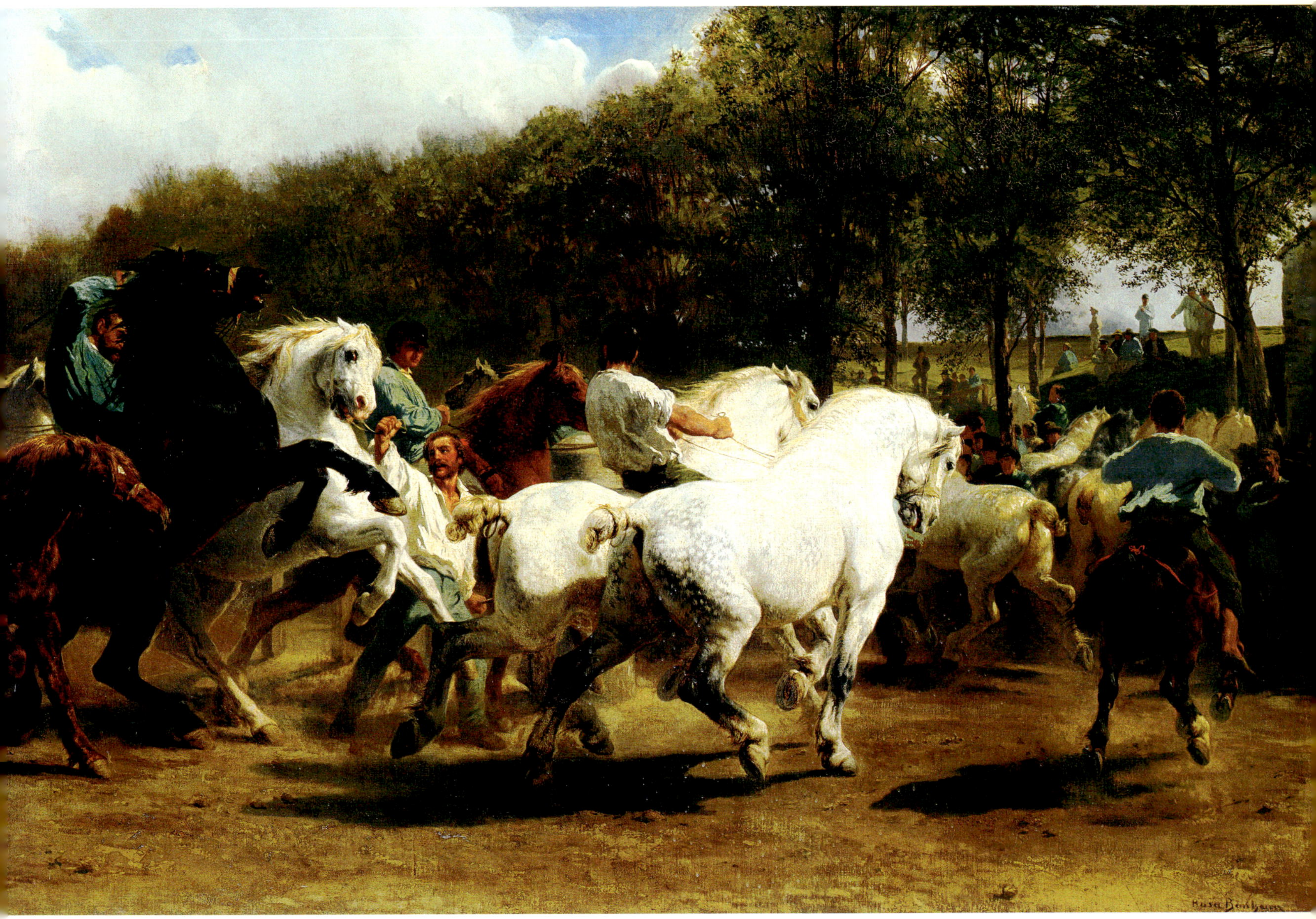

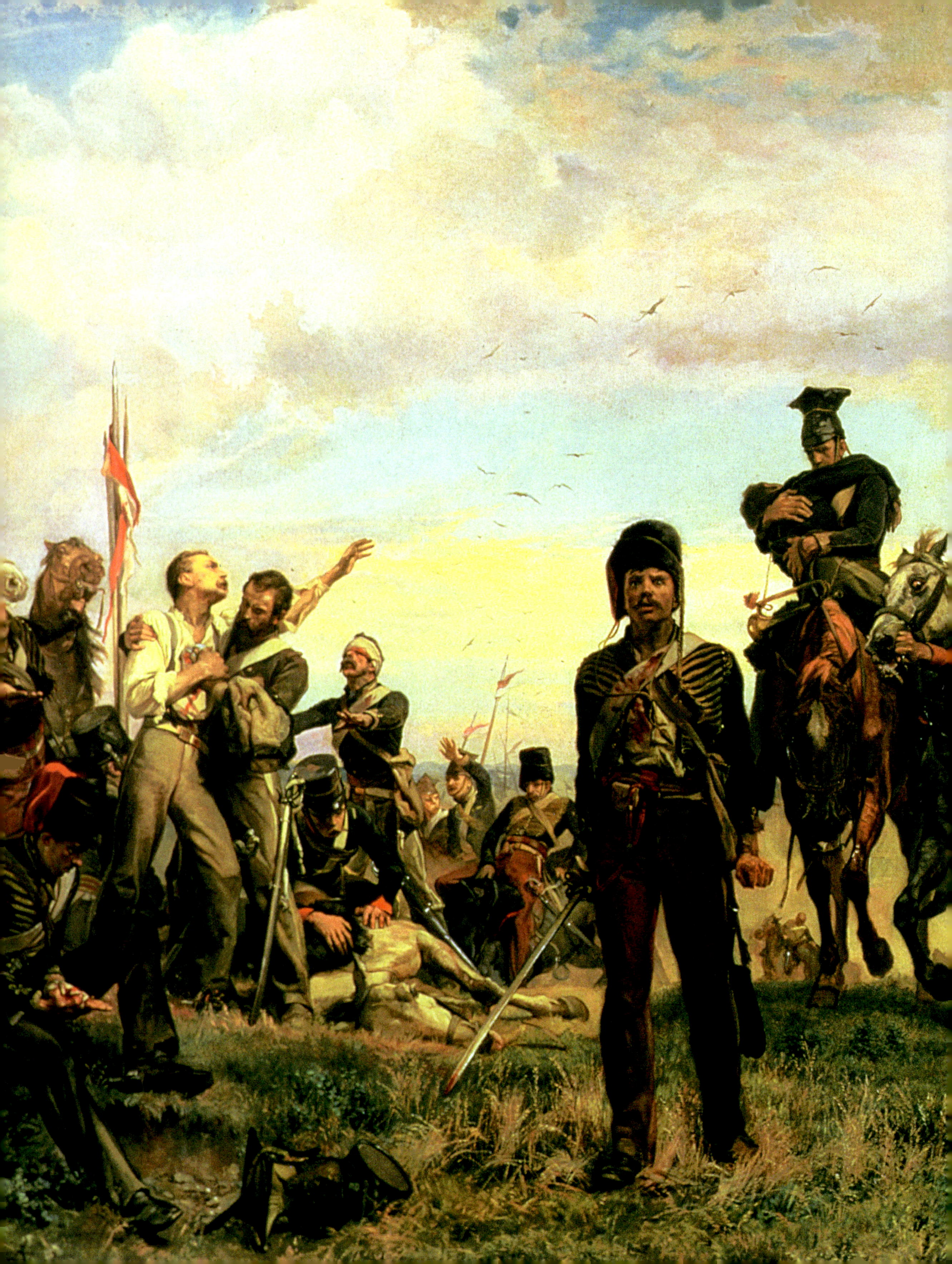

Elizabeth Butler

Die Schlacht ist vorbei. Geschlagen, verwundet, zu Tode erschöpft, mit leerem Blick kehren die Soldaten aus einem Kampf zurück, der von Beginn an aussichtslos war. Der britische Kommandeur hatte seine leichte Reiterbrigade, eine Eliteeinheit, gegen eine Stellung der überlegenen russischen Artillerie ins Feld geschickt. Als ›Todesritt von Balaclava‹ ging diese Episode aus dem Krimkrieg in die Geschichte ein. Obwohl ihr Einsatz sinnlos war, wurden die Überlebenden als Helden gefeiert.

Als sich diese Schlacht 1854 ereignete, war Elizabeth Thompson gerade acht Jahre alt. Entstanden ist das Bild gut 20 Jahre später. Zu diesem Zeitpunkt war die Malerin, die 1846 als Kind britischer Eltern in der französischen Schweiz geboren wurde, bereits eine berühmte Schlachtenmalerin. Sie kam aus einer begüterten, kultivierten Familie und profitierte von den neuen Ausbildungsmöglichkeiten für Frauen. Im Londoner Stadtteil Kensington besuchte sie die Female School of Art, wo sie Antiken- und Aktstudien betreiben konnte.

Den Krieg hat Elizabeth Butler – wie viele Schlachtenmaler – nie selbst erlebt. Aber sie hat alles Militärische so eingehend studiert, dass ihre detailgetreuen Schilderungen die Zeitgenossen in Erstaunen versetzten. Sie befragte Kriegsveteranen, ließ historische Uniformen rekonstruieren und echte Soldaten sowie Statisten in voller Montur Modell stehen. Einmal kaufte sie eigens ein Kornfeld, um es wie ein Schlachtfeld zertrampeln zu lassen.

Mit ihrem 1874 fertig gestellten *Appell nach dem Gefecht*, ebenfalls eine Szene aus dem Krimkrieg, wurde die 28-Jährige über Nacht berühmt. Das von dem eindringlichen Realismus beeindruckte Publikum drängte sich in der Royal Academy vor dem Bild derart, dass man einen Polizisten zum Schutz des Gemäldes abstellen musste.

Wenige Jahre später heiratete die Malerin den Major und späteren General Lord William Butler, der ihre Malerei sehr bewunderte und ihr Studien bei Militärmanövern ermöglichte.

Die Schlachtenmalerei – ein im 19. Jahrhundert hoch geschätztes Genre – war der letzte Bereich der Kunst, in den Frauen bis dato noch nicht vorgedrungen waren. Schließlich war das Kriegführen Männersache. Höchstens mit den Folgen des Krieges hatten die Frauen zu kämpfen: als trauernde Mütter, Ehefrauen und Schwestern, und nicht zuletzt als Krankenpflegerinnen. Im Krimkrieg begründete die britische Krankenschwester Florence Nightingale mit ihrem Einsatz für die Verletzten die moderne Verwundetenfürsorge. Auf den Bildern von Elizabeth Butler spielen Frauen jedoch keine Rolle.

Sie blieb die einzige bekannte Schlachtenmalerin der Kunstgeschichte. Ihre Bilder beschönigen die Schrecken des Krieges nicht, aber man darf sie auch nicht als Antikriegspropaganda missverstehen. Ein wenig ratlos steht die feministische Forschung vor dem Œuvre der 1933 verstorbenen Künstlerin. Bis heute gibt es keine umfassende Darstellung über das Werk von Elizabeth Butler, doch von Militaria-Sammlern werden Reproduktionen ihrer Werke noch heute hoch geschätzt. Die bislang einzige größere Einzelausstellung veranstaltete kein Kunstmuseum, sondern das National Army Museum in London.

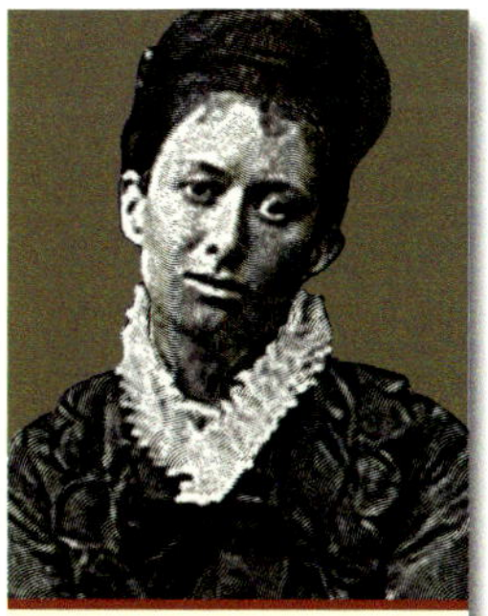

Elizabeth Butler
*3. November 1846 Lausanne, Schweiz
†2. Oktober 1933 Gormanston Castle, England

- *einzige namhafte Schlachtenmalerin der Kunstgeschichte*
- *Ausstellungen ab 1867*
- *ihr Gemälde »Truppenappell nach einem Einsatz im Krimkrieg« wurde von Queen Victoria angekauft*
- *1879 verfehlte sie bei der Wahl zum Mitglied der Londoner Akademie knapp die Mehrheit*

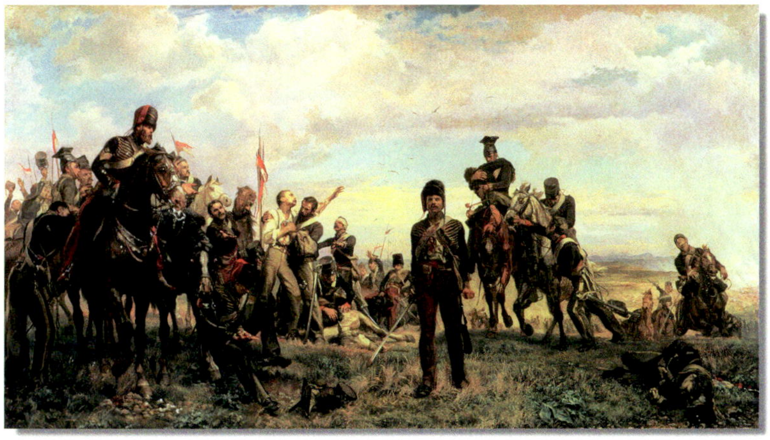

Elizabeth Butler
Balaclava, 1876
Öl auf Leinwand, 76,2 x 41,9 cm
City Art Gallery, Manchester

Berthe Morisot

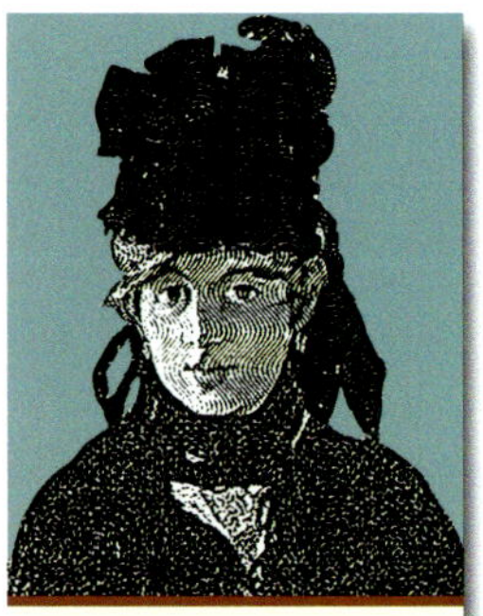

Berthe Morisot
*14. Januar 1841
Bourges
† 2. März 1895 Passy bei Paris

- *Unterricht bei verschiedenen Malern, u. a.* Camille Corot
- *stellte* 1864–1873 *regelmäßig im Pariser Salon aus*
- 1892 *erste Einzelausstellung in der Galerie Boussod et Valadon, Paris*
- *neben* Mary Cassatt *die bedeutendste impressionistische Malerin*
- *schuf neben häuslichen Szenen und Porträts auch Landschaftsbilder*

Versonnen schaut die junge Mutter auf ihr schlafendes Kind in der Wiege. Sie stützt ihr Kinn nachdenklich auf die Hand – die klassische Pose der Melancholie – und hält mit ihrer Rechten den Schleier fest, der das schlafende Kind abschirmt. Durch den hauchdünnen Tüll ist sein Gesichtchen nur vage zu erkennen, umhüllt von schimmerndem Licht und zartem Stoff. Deutlich sind die locker aufgesetzten Pinselstriche zu erkennen, die rosafarbenen und blauen Akzente, das dünn aufgetragene Weiß, das den ockerfarbenen Malgrund durchscheinen lässt. Diese bewusst skizzenhafte Malweise gibt dem Bild eine spontane, unmittelbare Wirkung. Aber die ausgewogene Komposition des Bildes mit den großzügig schwingenden Linien und der reduzierten Farbigkeit verleiht ihm eine zeitlose Gültigkeit über eine Augenblicksbeobachtung hinaus.

Berthe Morisot hat mit diesem impressionistischen Gemälde dem altbekannten Mutter-Kind-Thema, das sich im 19. Jahrhundert großer Beliebtheit erfreute, eine ganz neue, unsentimentale Wendung gegeben. Die junge Mutter ist Edma, die Schwester der Malerin. Berthe Morisot hat sie unzählige Male dargestellt: als Hochschwangere auf dem Sofa, beim Fangen von Schmetterlingen, mit ihrer spielenden Tochter und beim Spaziergang im Park. In ihrer Kindheit und Jugend waren Berthe und die zwei Jahre ältere Edma unzertrennlich. Gemeinsam überredeten sie die begüterten Eltern, ihnen nicht nur den für junge Mädchen üblichen Zeichen- und Musikunterricht zu ermöglichen, sondern ernsthafte Malstudien unter Anleitung eines Künstlers. Begleitet von ihrer Mutter als Anstandsdame, stellten sie ihre Staffeleien zum Kopieren im Louvre auf, wo eine Vielzahl junger Maler die alten Meister studierte. Und von dem berühmten Landschaftsmaler Camille Corot ließen sie sich in die Freiluftmalerei einführen. Mit Erfolg reichten die Schwestern 1864 ihre ersten Gemälde zum Salon ein. Doch dann lernte Edma einen Marineoffizier kennen, heiratete und gab die Malerei auf.

Berthe Morisot blieb der Kunst treu – und wurde eine der bedeutendsten Malerinnen des Jahrhunderts. 1868 lernte sie beim Kopieren im Louvre den Maler Édouard Manet kennen. Zwischen beiden entwickelte sich eine anregende Freundschaft. Morisots Pinselführung wurde lockerer, sie gab ihre gedeckte Farbpalette zugunsten einer freieren Farbigkeit auf. Manet wiederum wurde von ihr zur Freilichtmalerei angeregt. Allerdings war es für Berthe Morisot als unverheiratete junge Frau aus besseren Kreisen undenkbar, die Cafés und Ateliers zu besuchen, wo die Impressionisten ihre neuesten Ideen diskutierten. Also lud Morisots Familie Maler wie Manet oder Edgar Degas zu ihren Salons und Gesellschaften ein.

1874 heiratete Berthe Morisot Eugène Manet, den jüngeren Bruder des Malers. Im selben Jahr sorgte die erste unabhängige Impressionisten-Ausstellung beim Pariser Kunstpublikum für Aufruhr. Morisot war mit neun Bildern, darunter der *Wiege*, vertreten, obwohl ihr Manet davon abgeraten hatte. Die konservativen Kunstkritiker hatten für die Gemälde der Impressionisten nur Häme und Spott übrig und bezeichneten sie als unfertige Skizzen und dilettantische Schmierereien.

Berthe Morisot war jedoch von der neuen, unakademischen Malerei überzeugt und gehörte nun gemeinsam mit Claude Monet, Pierre Auguste Renoir oder Edgar Degas zum Kern der Impressionistengruppe. Die Bedeutung der Künstlerin liegt nicht zuletzt darin, dass sie die impressionistische Malweise auf ihren persönlichen Themenkreis anwandte: auf das häusliche Milieu, den Alltag einer Frau aus dem gehobenen Bürgertum.

Berthe Morisot
Die Wiege, 1872
Öl auf Leinwand, 46 x 56 cm
Musée d'Orsay, Paris

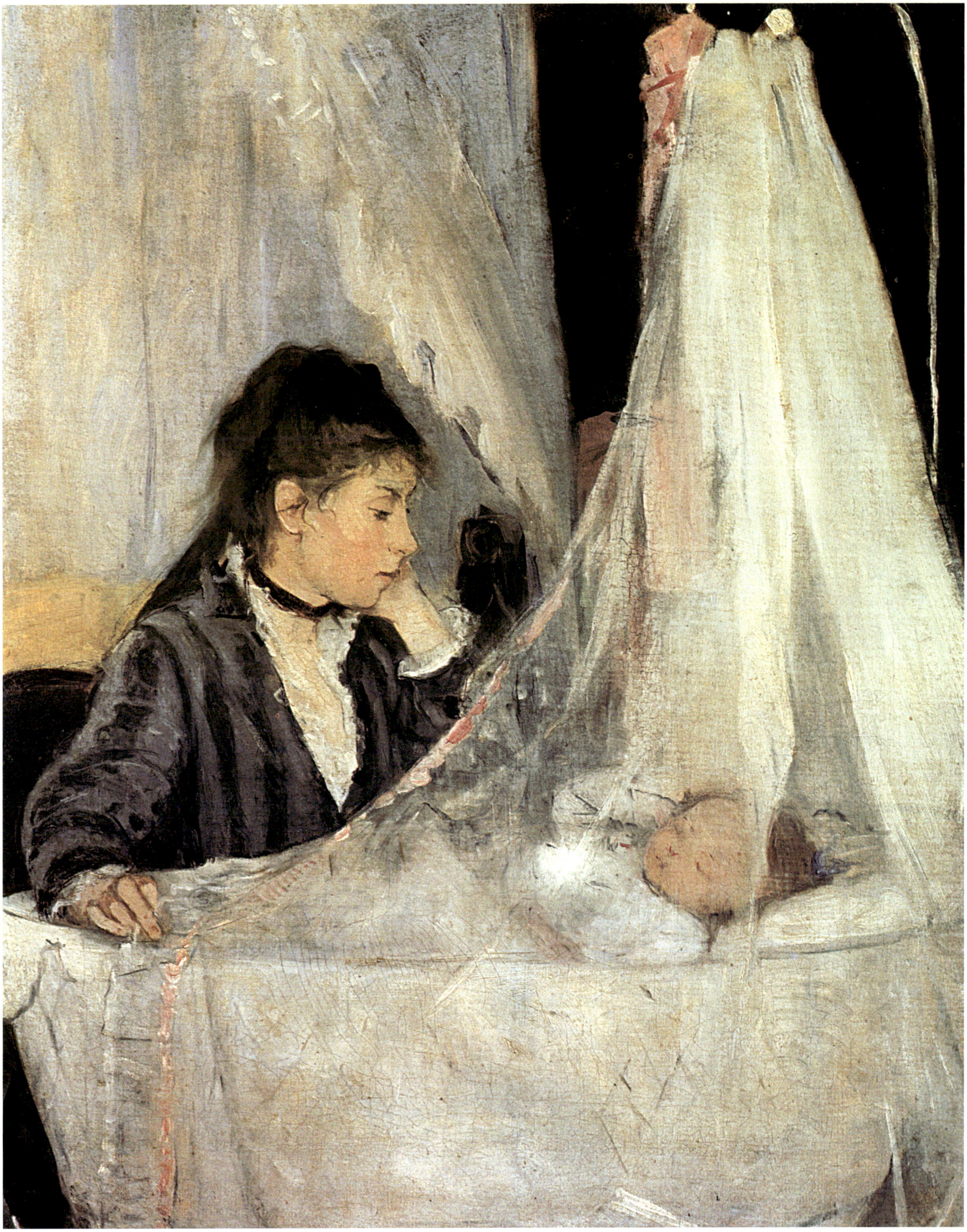

Mary Cassatt

Im Herbst 1875 mietete die 31-jährige Amerikanerin Mary Cassatt ein Atelier am Pariser Montmartre nahe der Place Pigalle an. Zuvor hatte die Tochter eines reichen Bankiers die Academy of Fine Arts in Philadelphia besucht und war dann nach Europa aufgebrochen. In den damals maßgeblichen Kunstzentren wollte sie ihre Malstudien fortsetzen – immer in Begleitung, wie es der Anstand erforderte. Jahrelang bereiste sie Italien, Holland, Spanien und Frankreich, kopierte die Alten Meister und arbeitete bei verschiedenen Malern. Seit 1868 beschickte sie die Pariser Salonausstellungen.

Doch sie empfand einen Großteil der Bilder, die dort zu sehen waren, zunehmend als matt und leblos. Jahr für Jahr mussten Künstler wie Paul Cézanne, Claude Monet oder Edgar Degas erleben, wie die konservative Salonjury ihre Gemälde zurückwies. Auch die beiden Bilder, die Mary Cassatt 1877 einreichte, wurden abgelehnt. Auf Anregung von Degas schloss sich die Malerin daraufhin den Impressionisten an und zeigte auf deren folgender Ausstellung zwölf Bilder, darunter das als ›Studie‹ bezeichnete Gemälde *In der Oper*. Mit seinen großzügig behandelten Farbflächen war das Bild wohl selbst für impressionistische Maßstäbe zu skizzenhaft angelegt, um als vollwertiges Gemälde zu gelten. Thema des Bildes ist eine Szene des modernen Großstadtlebens, wie sie die Impressionisten bevorzugten. Die Vergnügungslokale der Demimonde, in denen Künstler wie Renoir, Manet und Toulouse-Lautrec ihre Motive fanden, waren für eine ›anständige‹ Frau jedoch tabu. Also beobachtete Cassatt das Treiben des eleganten Bürgertums in der Oper.

Von ihrer Loge aus betrachtet eine junge Dame im hochgeschlossenen Kostüm durch ihr Opernglas konzentriert das Geschehen auf der Bühne. Was sie sieht, bleibt ausgeblendet. Dafür wird der Betrachter zum Zeugen, wie sich in einer anderen Loge ein Herr über die Brüstung lehnt, um die Frau seinerseits durch das Fernglas zu mustern. Pointiert und spannungsvoll fängt Cassatt das Spiel des Sehens und Gesehen-Werdens ein: die Frau ist aktive Beobachterin und Objekt zugleich. Niemals konnte sich eine Frau zur damaligen Zeit in der Öffentlichkeit unbeobachtet fühlen, und es war für sie alles andere als selbstverständlich, ihrer Umwelt mit offenem, selbstbewusstem Blick zu begegnen. Éva Gonzales, eine Schülerin Édouard Manets, hat diese Situation 1874 ebenfalls behandelt. Auf ihrem Bild eines Paares in der Theaterloge bezieht sie den Betrachter direkt in das Spiel der Blicke mit ein. Die junge Frau im Zentrum des Bildes erscheint so nah, als habe man selbst ein Opernglas zur Hand. Im Werk von Mary Cassatt blieben Szenen des öffentlichen Lebens die Ausnahme. Wie ihre Freundin Berthe Morisot wurde sie zur Chronistin des bürgerlichen Frauenalltags, der sich vorrangig im häuslichen Millieu abspielte. Intensiv beschäftigte sie sich mit der Darstellung von Müttern mit Kind, denen sie die Würde moderner Madonnen verlieh. Diese Bilder waren in Frankreich und Amerika sehr erfolgreich und Cassatt schuf seit den 1880er-Jahren – auch auf Drängen ihrer Kunsthändler – immer neue Varianten des Themas.

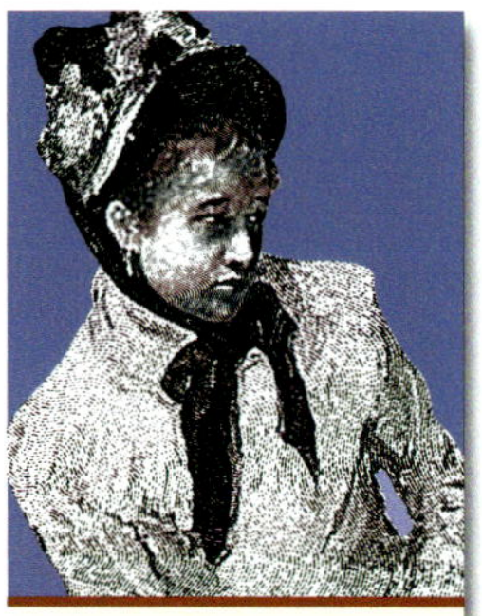

MARY CASSATT
*22. Mai 1844 Pittsburgh, Pennsylvania
†14. Juni 1926 in Mesnil-Beaufresne

- *nahm ab 1879 an den Impressionisten-Ausstellungen in Paris teil*
- *beeinflusste maßgeblich die Verbreitung des Impressionismus in den USA*
- *gehörte zu den wichtigsten amerikanischen Künstlern ihrer Zeit*
- *hinterließ auch ein bedeutendes graphisches Werk*
- *erhielt 1904 das Kreuz der Französischen Ehrenlegion*

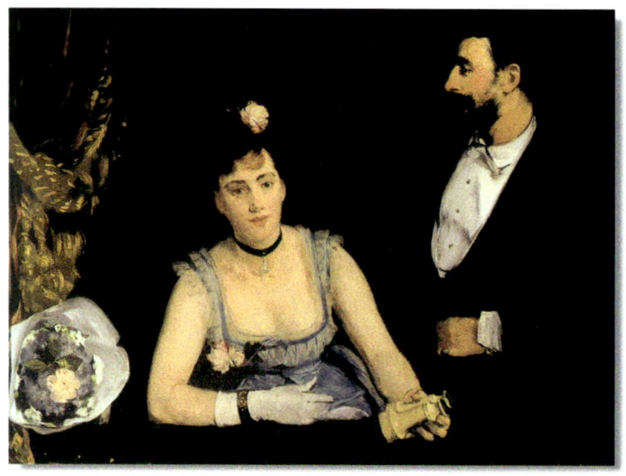

oben
Éva Gonzales
Eine Loge im Théâtre des Italiens, 1874
Öl auf Leinwand, 98 x 130 cm
Musée d'Orsay, Paris

gegenüber
Mary Cassatt
In der Oper, 1879/1880
Öl auf Leinwand, 81 x 66 cm
Museum of Fine Arts, Boston

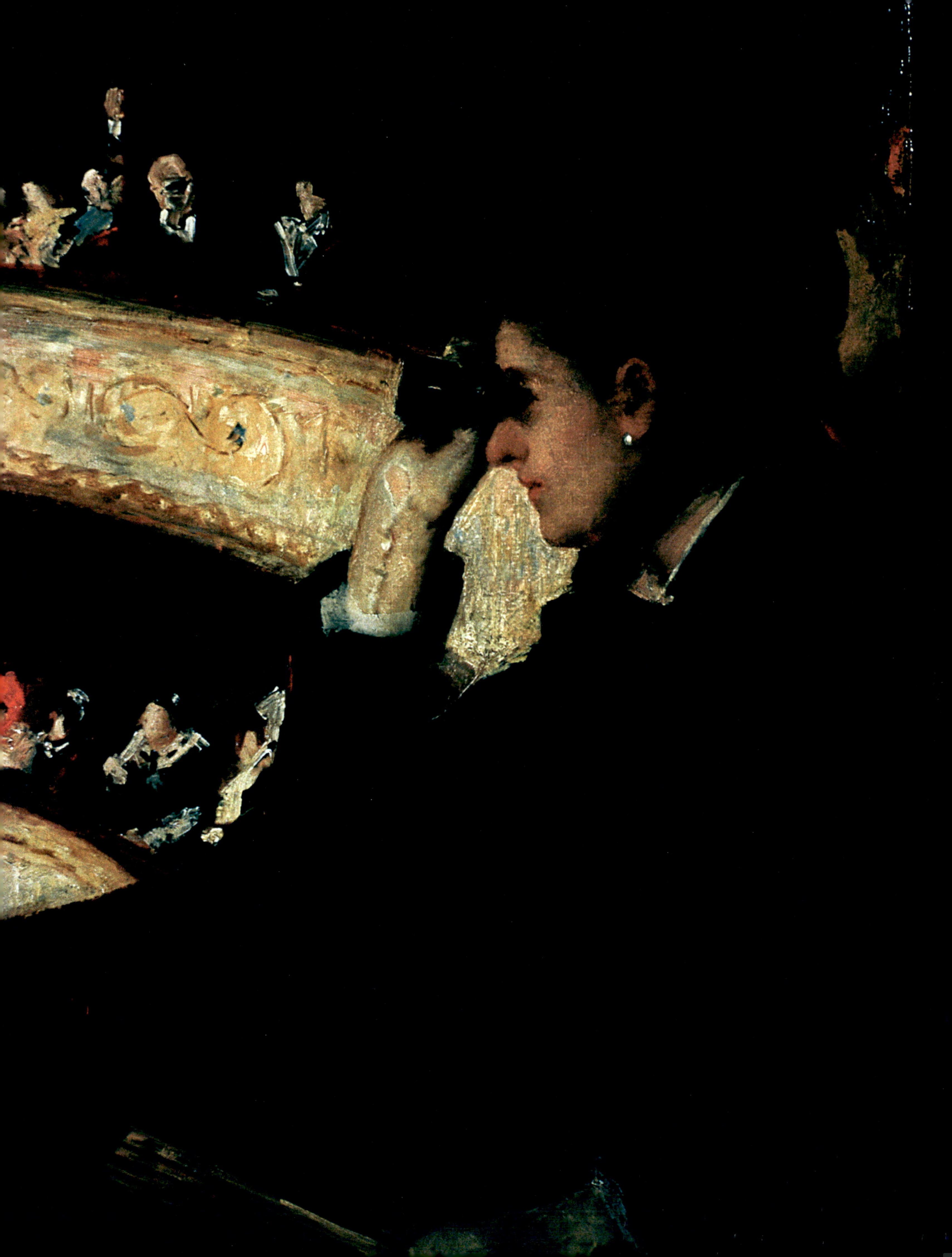

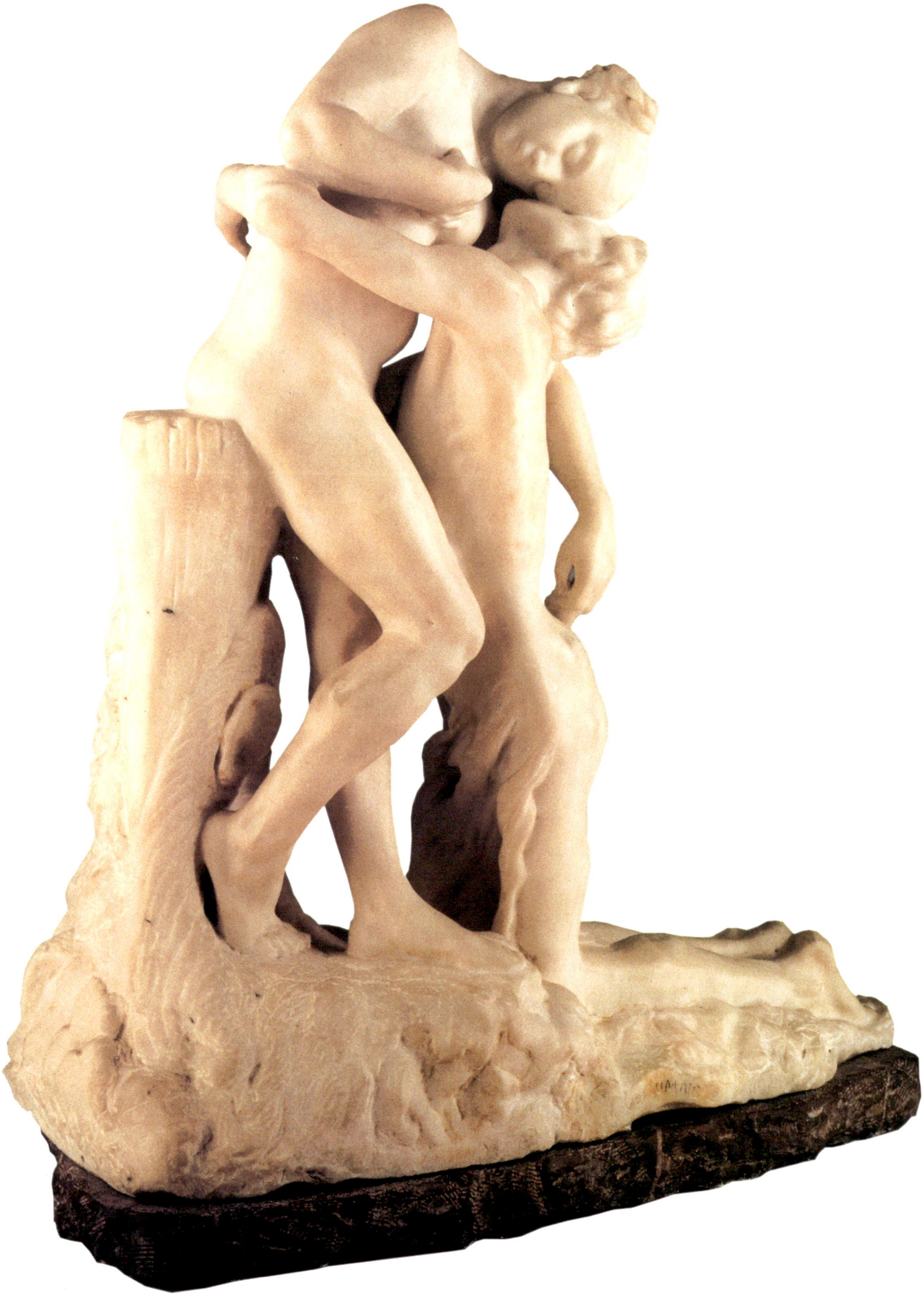

Camille Claudel

Das Leben von Camille Claudel wurde verfilmt und in Romanen verarbeitet; Ausstellungen ihrer Werke ziehen das Publikum in Scharen an. Vor allem die Geschichte ihrer unglücklichen Liebe zu Auguste Rodin sicherte der Bildhauerin breite Aufmerksamkeit. Dabei besitzt ihr Werk – bei aller Nähe zu Rodin – Kraft und Eigenständigkeit. Ihre Skulpturen gestalten existenzielle Erfahrungen wie Liebe, Sehnsucht, Tod und Alter mit großer Unmittelbarkeit und Intensität.

Als Tochter eines Staatsbeamten wurde Camille Claudel 1864 in der französischen Champagne geboren und entdeckte schon als Kind ihre Begeisterung für das Modellieren in Ton. Die temperamentvolle junge Frau konnte ihren Wunsch nach einer künstlerischen Ausbildung durchsetzen, als die Familie 1881 nach Paris zog. Unterstützt von dem Bildhauer Alfred Boucher, schrieb sie sich an der bekannten Privatakademie Colarossi ein und stellte erste Werke im Salon aus. Mit 19 Jahren machte sie die Bekanntschaft des mehr als doppelt so alten Bildhauers Auguste Rodin. Unter seiner Anleitung modellierte sie Porträtbüsten und weibliche Aktfiguren, arbeitete in Marmor, stand für ihn Modell und wurde zur Mitarbeiterin seines Werkstattbetriebs. Aus der engen Arbeitsbeziehung entwickelte sich bald eine leidenschaftliche Liebe, die von Beginn an voller Konflikte und Eifersuchtsdramen war. Es war eine ungleiche Beziehung: Für einen Mann wie Rodin stellte eine illegitime Beziehung kein Karrierehindernis dar, für eine junge Frau aus gutem Hause bedeutete es den Bruch mit allen gesellschaftlichen Konventionen. 1888 bezog Claudel ihre erste eigene Atelierwohnung, Rodin mietete unweit davon ein Haus als gemeinsames Atelier und Rückzugsort an.

In dieser Phase entstand ihre Plastik *Sakountala*, zu der sie von einer indischen Literaturvorlage angeregt wurde und die die Begegnung eines lange getrennten Liebespaares darstellt. Claudel zeigt das alte Thema der Liebenden in einer unkonventionellen Pose, einer ganz persönlichen Interpretation. Der Mann kniet vor seiner Geliebten, die ihm von oben in die Arme sinkt und sich mit geschlossenen Augen ganz ihren Gefühlen überlässt. Die Skulptur ist bestimmt von diesem freien, fließenden Gefühlsausdruck, die Oberfläche ist weich und lebendig, durchpulst von Leben. Rodins nur wenig früher entstandene Plastik *Der Kuss* ist – bei aller Ähnlichkeit der künstlerischen Auffassung – in der Pose konventioneller, emotional weniger expressiv und stärker an herrschenden Schönheitsidealen orientiert.

Als die Künstlerin 17 Jahre später die Gelegenheit erhielt, ihre – anfangs nur in Gips erstellte – *Sakountala* in Marmor auszuführen, war die glückliche Zeit mit Rodin längst vorbei. Ihren Ruf als Protegée und Schülerin des einflussreichen Rodin konnte sie auch nach der Trennung nicht abschütteln. Die Bildhauerin versuchte, sich auch künstlerisch stärker von ihm zu lösen, wandte sich neuen Themen zu und gestaltete kleinfigurige Szenen wie die *Schwätzerinnen* oder die in Onyx ausgeführte *Woge* mit einer Gruppe badender Frauen. Doch der jahrelange Kampf um Anerkennung, um die materielle Existenz blieben nicht ohne Folgen. Claudels Schöpferkraft versiegte, ihre psychische Verfassung verschlechterte sich, sie glaubte sich von Rodin und aller Welt verfolgt. Besucher berichteten von ihrer zunehmenden Verwahrlosung und Anfällen von Verzweiflung, in denen sie ihre Werke zerstörte.

Nur wenige Tage nach dem Tod ihres Vaters veranlasste ihr Bruder, der Schriftsteller Paul Claudel, 1913 ihre Einweisung in eine psychiatrische Klinik. Vergeblich versuchte die Künstlerin in den folgenden Jahren, ihre Familie zu einer Rückkehr ins normale Leben zu überreden. Am 19. Oktober 1943 starb Camille Claudel nach 30 Jahren in der geschlossenen Anstalt. Ein Großteil ihrer Werke ist heute im Pariser Musée Rodin zu sehen.

Camille Claudel
Sakountala oder Die Hingabe, 1905
Marmor, Musée Rodin, Paris

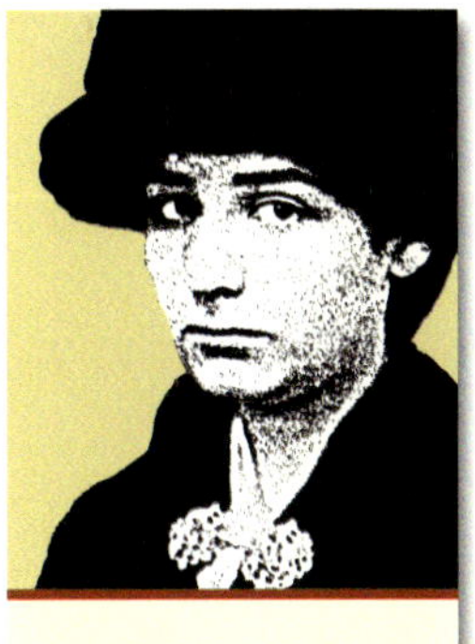

Camille Claudel
*8. Dezember 1864
Fère-en-Tardenois, Aisne
†19. Oktober 1943 Montdevergues bei Avignon

- *bedeutende Bildhauerin aus dem Umkreis Rodins*
- *stellte ab 1882 im Pariser Salon aus*
- *Gemeinschaftsatelier mit der Bildhauerin Jessie Lipscomb*
- *ihre Schaffenszeit umfasst rund 20 Jahre*

Suzanne Valadon

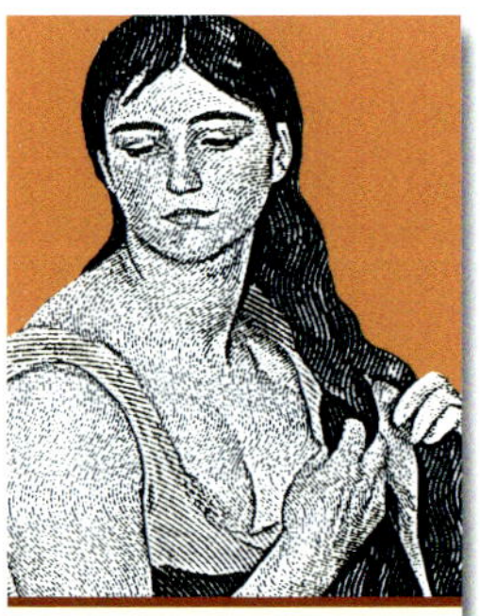

Suzanne Valadon
*23. September 1865
Bessines-sur-Gartempe, Haute Vienne
†7. April 1938 Paris

- *die Autodidaktin wurde vor allem durch unkonventionelle Frauenbilder und Aktdarstellungen berühmt*
- 1911 *erste Einzelausstellung in der Galerie Clovis Sagot, später bei Berthe Weill u. a.*
- *Mitglied des Vereins der ›Femmes Artistes Modernes‹* 1933
- 1932 *fand eine Retrospektive in der Galerie Georges Petit, Paris, statt*

Suzanne Valadon ist auf vielen Gemälden des ausgehenden 19. Jahrhunderts zu sehen: Sie stand Modell für den Impressionisten Auguste Renoir, den Symbolisten Puvis de Chavannes, für Toulouse-Lautrec, aber auch akademische Maler. Schon als halbwüchsiges Mädchen musste sich die uneheliche Tochter einer Näherin selbst durchschlagen. Ihren Lebensunterhalt verdiente sie als Ladengehilfin, Serviererin und Zirkusartistin im Künstlerviertel am Montmartre. Mit ihrer markanten Schönheit und ihrem ungezügelten Wesen wurde Marie-Clémentine Valadon, die sich später Suzanne nannte, zu einem bekannten Modell und – wie viele Frauen in dieser Situation – zur Geliebten der Künstler. Bürgerliche Moralvorstellungen und Anstandsregeln spielten für Valadon ohnehin keine Rolle. Als sie mit 18 Jahren ihren Sohn Maurice Utrillo zur Welt brachte, wusste sie möglicherweise selbst nicht genau, wer der Vater war. Der Junge wuchs bei der Großmutter auf, während Suzanne Valadon als Modell arbeitete. Später erlangte Utrillo als Maler von Pariser Stadtansichten Berühmtheit.

Suzanne Valadon besuchte nie eine Akademie und absolvierte auch keine Ausbildung bei einem Maler. Aber sie beobachtete die Künstler, für die sie Modell stand, sehr genau bei der Arbeit und prägte sich ein, wie sie die Farben wählten, Kompositionen strukturierten und Linien zogen. Lange bevor sie sich mit 28 Jahren 1892 selbst an die Ölmalerei wagte, begann sie zu zeichnen – nach eigenen Worten »wie eine Rasende«: ihren Sohn, die betagte Mutter, Straßenmädchen aus der Nachbarschaft und mit Vorliebe weibliche Akte, die sie mit festen, ausdrucksvollen Konturen gestaltete. Edgar Degas zeigte sich beeindruckt von ihrem eigenwilligen Talent, kaufte ihr als Erster Zeichnungen ab und wurde ein enger Freund der Künstlerin.

Erst in der zweiten Hälfte ihres Lebens widmete Valadon sich ernsthaft der Ölmalerei. Das Gemälde *Adam und Eva* entstand 1909, in dem Jahr, in dem die über 40-jährige Künstlerin ihren ersten Ehemann, einen wohlhabenden Prokuristen, verließ, um mit dem 21 Jahre jüngeren André Utter zusammenzuleben. Er stand ihr für die Figur des Adam Modell, ihren ersten Männerakt. Ähnlich wie Paul Gauguin stilisiert Valadon die Körperformen durch prägnante schwarze Umrisslinien. Deutlich kontrastiert sie die eckigen Formen des Männerkörpers mit den weichen Rundungen der Eva und verbindet beide auf harmonische Weise miteinander. Die biblische Sünderin erscheint hier nicht als Verführerin des Mannes wie auf älteren Darstellungen des Themas, vielmehr ist Adam aktiv am Pflücken der lockenden Frucht beteiligt, und beide umarmen sich in zärtlicher Gemeinschaft. Um das Bild ausstellen zu können, musste Valadon die Blöße Adams mit Weinlaub übermalen.

1914 heiratete sie den jungen Maler Utter. Von nun an bildeten sie – zusammen mit dem trunksüchtigen Sohn der Künstlerin – die ›trinité maudite‹, das verfluchte Trio, wie sie sich selbst nannten: eine krisengeschüttelte Lebens- und Arbeitsgemeinschaft jenseits aller bürgerlichen Konventionen. Mal verkauften sich ihre Gemälde gut und das Geld wurde mit vollen Händen ausgegeben, dann herrschte wieder bittere Armut. Als Valadon mit 73 Jahren starb, war sie als eine der bedeutendsten Malerinnen ihrer Zeit und über die Grenzen Frankreichs hinaus anerkannt. An ihrem ausgeprägten, persönlichen Stil hielt sie bis an ihr Lebensende fest, ungeachtet neuerer künstlerischer Strömungen wie dem Kubismus oder der abstrakten Malerei.

Suzanne Valadon
Adam und Eva, 1909
Öl auf Leinwand, 162 x 131 cm
Musée National d'Art Moderne, Centre Georges Pompidou, Paris

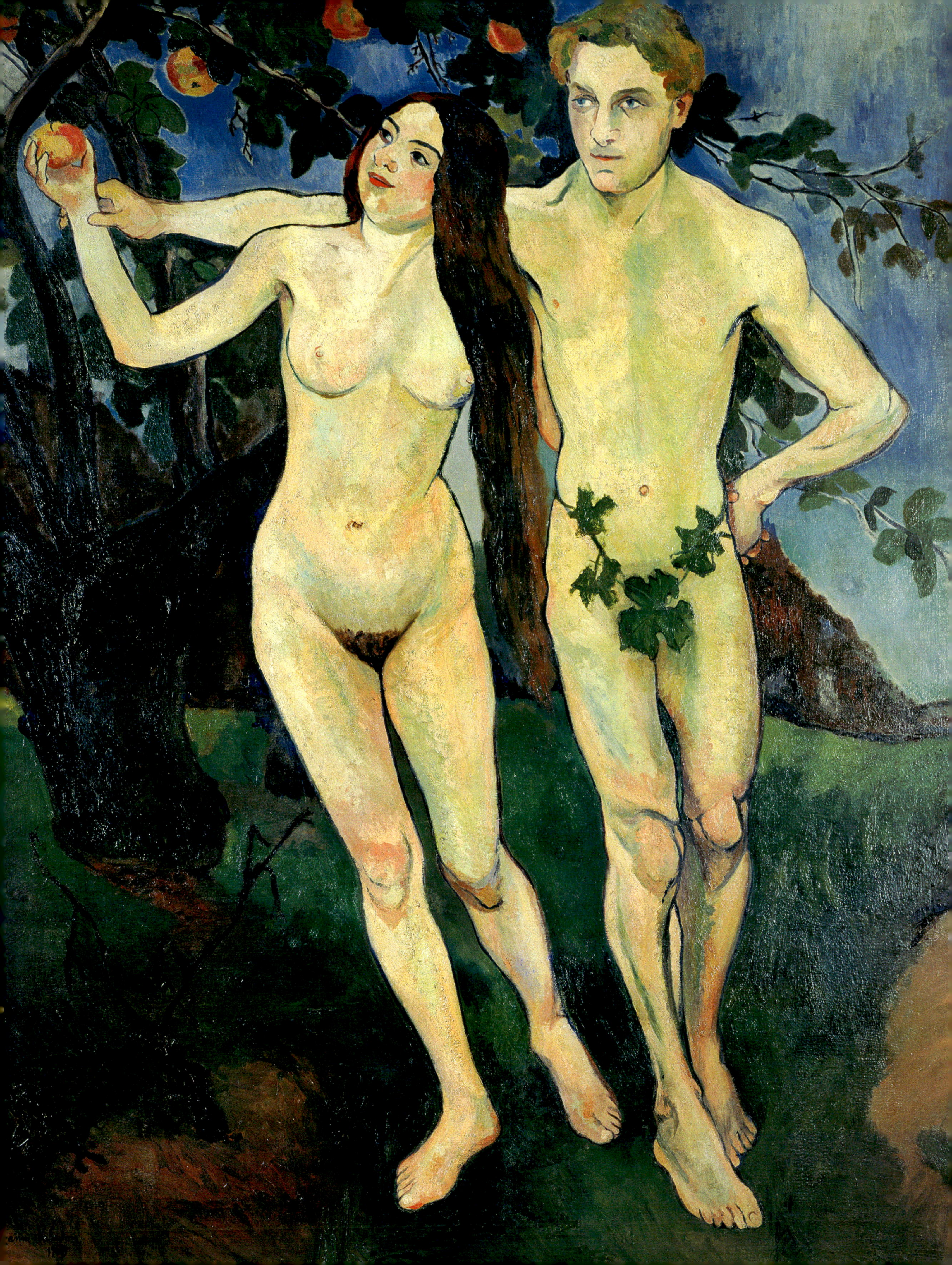

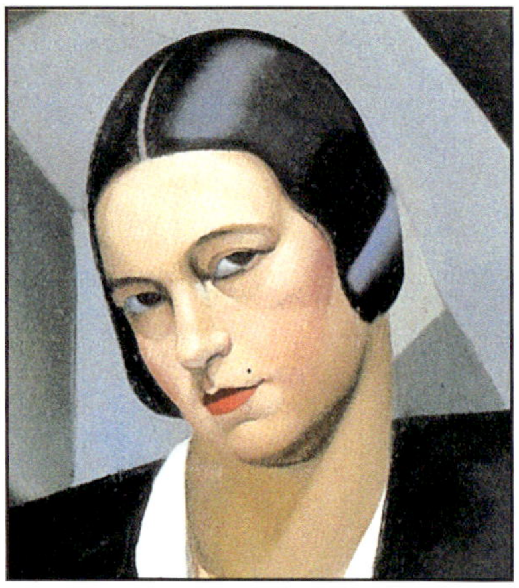

Das 20. Jahrhundert

vor 1945

Gwen John

Paula Modersohn-Becker

Gabriele Münter

Natalja Gontscharowa

Sonia Delaunay

Hannah Höch

Käthe Kollwitz

Tamara de Lempicka

Georgia O'Keeffe

Frida Kahlo

Meret Oppenheim

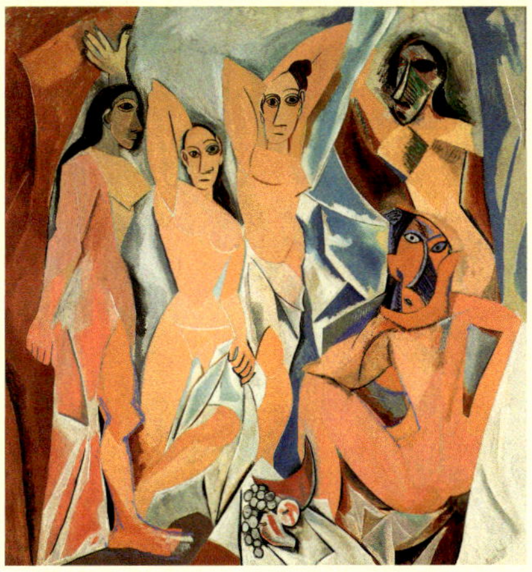 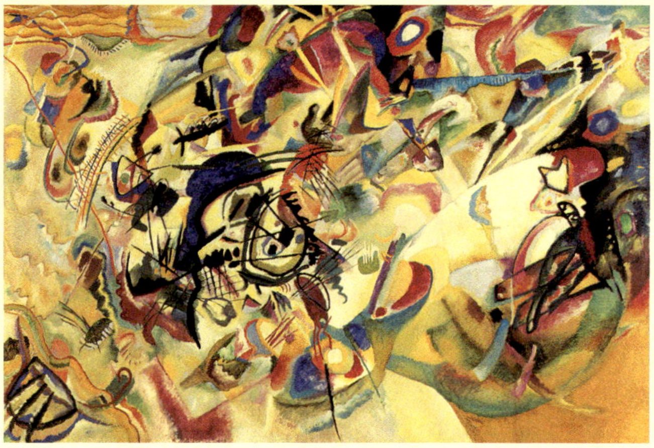 

eorges Braque Umberto Boccioni Erich Heckel Amedeo Modigliani Max Beckmann Kurt Schwitters Otto Dix George Grosz René Magritte Salvador Dalí

Niemals zuvor gab es eine solche Fülle an Ansätzen, Stilrichtungen und widerstreitenden Tendenzen wie in der Kunst des 20. Jahrhunderts. In einer Zeit des immer schnelleren Informationsaustausches, der verbesserten Reisemöglichkeiten und internationaler Kontakte verbreiteten sich künstlerische Neuerungen rascher als in den vorangegangenen Epochen – und wurden ebenso bald von anderen Entwicklungen überholt. Die erste Hälfte des Jahrhunderts gilt als das Zeitalter der ›klassischen Moderne‹. Dieser Begriff bezeichnet keinen bestimmten Stil, sondern eine künstlerische Grundhaltung, die durch die Abwendung von überkommenen Traditionen gekennzeichnet ist. Nicht mehr die exakte Darstellung von Körper und Proportionen, die realistische Farb- und Lichtwiedergabe, die ›korrekte‹ Zeichnung waren Qualitätskriterien, sondern die Glaubwürdigkeit und Stärke des individuellen künstlerischen Ausdrucks.

Symbolismus und Jugendstil prägten mit ihren hochstilisierten, verträumten Fantasien die Kunst der Jahrhundertwende; zugleich aber wurde der Impressionismus – ausgehend von Frankreich – international zum Synonym für progressive Kunst. Aus Protest gegen den etablierten, akademischen Kunstbetrieb gründeten Künstler wie die deutschen Impressionisten Max Liebermann und der österreichische Jugendstilmaler Gustav Klimt freie Künstlergemeinschaften, um ein Forum für neue Ideen zu schaffen, die ›Secessionen‹. Doch schon bald erwiesen sie sich selbst als konservativ gegenüber aktuellen Strömungen wie dem Expressionismus, der als Gegentendenz zur lichten Farbmalerei des Impressionismus in Europa entstand. Dazu zählten die Pariser ›Fauves‹ um Henri Matisse und die Künstler der Dresdener ›Brücke‹ wie Ernst Ludwig Kirchner und Erich Heckel, aber auch der norddeutsche Einzelgänger Emil Nolde oder die Wiener Expressionisten Egon Schiele und Oskar Kokoschka. Ihnen ging es weniger um die Wiedergabe eines Eindrucks, eines Seherlebnisses, sondern um einen intensiven Gefühlsausdruck, den sie mittels gesteigerter Farbigkeit und einer vereinfachten Formensprache zu realisieren versuchten – in der Tradition von Vincent van Gogh, Paul Gauguin oder Paul Cézanne. In München schlossen sich Maler wie Franz Marc, Wassily Kandinsky und Gabriele Münter zum ›Blauen Reiter‹ zusammen und schufen Bilder in kräftig leuchtenden Farben, die sich immer stärker vom Naturvorbild entfernten. Kandinsky gelangte auf diesem Weg zu seinen ersten gegenstandslosen Arbeiten, deren improvisierte For-

oben links
Pablo Picasso
Les Demoiselles d'Avignon
1907
Öl auf Leinwand
243,9 x 233,7 cm
Museum of Modern Art, New York

oben Mitte
Wassily Kandinsky
Komposition VII, 1913
Öl auf Leinwand,
200 x 300 cm
Staatliche Tretjakow-Galerie, Moskau

oben rechts
Kasimir Malewitsch
Schwarzes Quadrat, 1914/15
Öl auf Leinwand
79,5 x 79,5 cm
Staatliche Tretjakow-Galerie, Moskau

menwelt nur noch entfernt Anklänge an Landschaftsformationen oder menschliche Figuren enthielt.

Auf der Suche nach einem ursprünglichen, starken Ausdruck fanden viele Anregungen in der Volkskunst und ›primitiven‹ Stammeskunst Afrikas oder Ozeaniens. Auch für den Spanier Pablo Picasso, der in Paris ab 1901 die melancholischen Bilder seiner ›Blauen‹ und ›Rosa Periode‹ geschaffen hatte, waren afrikanische Masken und Holzskulpturen eine wichtige Inspirationsquelle. In seinem Gemälde *Les Desmoiselles d'Avignon* von 1907, einem Schlüsselbild der Moderne, verlieh er den unbekleideten Frauengestalten blockhaft reduzierte Formen und maskenhaft deformierte Gesichter. Dieses Bild markierte den ersten Schritt in der Entwicklung des Kubismus, den Picasso in engem Austausch mit dem Franzosen Georges Braque schuf, der die Bildgegenstände in kleine Partikel aufsplitterte. In Italien entstand parallel dazu ab 1910 der Futurismus, vertreten durch Künstler wie Giacomo Balla und Umberto Boccioni, bei denen Geschwindigkeitsillusion und Bewegungswiedergabe eine zentrale Rolle spielten.

In Russland bildete sich in der Zeit vor dem Ersten Weltkrieg ebenfalls eine vielfältige Avantgardebewegung heraus, die westliche Stiltendenzen mit der russischen Volkskunst verknüpfte, z. B. im Neoprimitivismus und Kubo-Futurismus von Natalja Gontscharowa und Michail Larionow. Einen entscheidenden Beitrag zur Genese der abstrakten Kunst leistete Kasimir Malewitsch mit seinen radikal reduzierten, rein geometrischen Bildern wie *Schwarzes Quadrat*, für die er den Begriff ›Suprematismus‹ prägte. Die gegenstandslose Avantgardekunst wurde nach der russischen Oktoberrevolution von 1917 zum Signum der gesellschaftlichen Erneuerung. Konstruktivisten wie Alexander Rodtschenko, Wladimir Tatlin oder El Lissitzky machten die abstrakt-geometrische Formenwelt für Industrie, Technik, Architektur und Design nutzbar. In Holland gründeten Maler und Architekten um Piet Mondrian die ›De-Stijl‹-Gruppe. In Deutschland entwickelte sich das 1919 von dem Architekten Walter Gropius gegründete Bauhaus als Schule für Gestaltung, wo Künstler wie Lyonel Feininger und Paul Klee lehrten, zu einem wichtigen Experimentierfeld.

In den 20er Jahren gewannen aber auch realistische und gegenständliche Tendenzen wieder neue Brisanz. Der Erste Weltkrieg hatte die Gesellschaftsordnungen Europas in ihren Grundfesten erschüttert, was auch in der Kunstwelt nicht ohne Folgen blieb. Noch während des Krieges entstand 1916 in Zürich die ›Dada-Bewegung‹, der sich in Köln, Berlin, New York und Paris bald Mitstreiter wie George Grosz, Marcel Duchamp, Man Ray oder Kurt Schwitters anschlossen. Mit anarchischer Zerstörungslust attackierten sie die traditionellen Werte von Kunst und Moral in ätzenden Bildsatiren, Collagen, Lautgedichten und Objektmontagen. Viele der Dadaisten wie der Bildhauer Hans Arp oder der Maler Max Ernst schlossen sich in den 20er Jahren den Pariser Surrealisten um den Schriftsteller André Breton an. Angeregt durch die psychoanalytischen Theorien Sigmund Freuds, machten sie das Unbewusste zur Grundlage ihres Kunstschaffens. Erotik und Sexualität spielen in den surrealistischen Phantasiewelten von Künstlern wie Salvador Dalí, René Magritte oder Giorgio de Chirico eine wichtige Rolle; oft erinnern ihre Gemälde an Traumbilder.

Die Künstler der Neuen Sachlichkeit und Realisten wie Otto Dix richteten ihren Blick dagegen auf die gesellschaftliche und politische Situation der Gegenwart. Auch die amerikanischen Präzisionisten und Regionalisten setzten sich als Maler und Fotografen mit der Lebenswirklichkeit in den Städten und auf dem Lande auseinander; so thematisierte Edward Hopper die Isolation des Einzelnen in der Massengesellschaft.

Im nationalsozialistischen Deutschland ab 1933 und in der kommunistischen Sowjetunion war das Kunstschaffen durch die staatliche Doktrin bestimmt und propagandistischen Zwecken untergeordnet, was eine freie Entwicklung der Kunst unmöglich machte. Jüdische und oppositionelle Künstler mussten das Land verlassen; einige deutsche Künstler wählten die ›innere Emigration‹. Viele von ihnen gingen in die USA, wo sie als Lehrer an den Kunsthochschulen eine neue Generation amerikanischer Künstler prägten. Nach dem Ende des Zweiten Weltkriegs sollte nicht mehr Europa, sondern Amerika das Zentrum der Kunstwelt sein.

Die russische Avantgarde

In keiner anderen künstlerischen Bewegung der Moderne sind Frauen so selbstverständlich und maßgeblich beteiligt gewesen wie an der der Avantgarde im vorrevolutionären Russland. Dabei bildeten diese ›Amazonen der Avantgarde‹, wie sie der zeitgenössische Dichter Benedikt Livsiz nannte, keineswegs eine einheitliche Gruppe: Sie vertraten weder denselben Stil noch die gleichen sozialen oder politischen Ziele. Doch waren sie zur gleichen Zeit am selben Ort tätig und kannten - einander. Offenbar arbeiteten sie auch mit ihren männlichen Kollegen konstruktiv und harmonisch zusammen. Es entstanden kreative Partnerschaften zwischen Natalja Gontscharowa und Michail Larionow, Warwara Stepanowa und Alexander Rodtschenko, Nadeshda Udalzowa und Alexander Drewin sowie zwischen Olga Rosanowa und dem Dichter Alexej Krutschonych.

Die Künstlerinnen kamen aus gut situierten, oft sogar adligen Familien, was ihnen ein Studium ermöglichte und – vor allem am Beginn ihrer Laufbahn – eine gewisse Selbstsicherheit im Umgang mit den männlichen Mitstreitern verlieh, die oft aus bescheideneren Verhältnissen kamen. Sie profitierten auch davon, dass die Akademien in St. Petersburg und Moskau weibliche Studenten bereits ab 1871 zum Kunststudium zugelassen hatten: Eine erste Generation von Berufskünstlerinnen hatte also bereits vor ihnen von sich reden

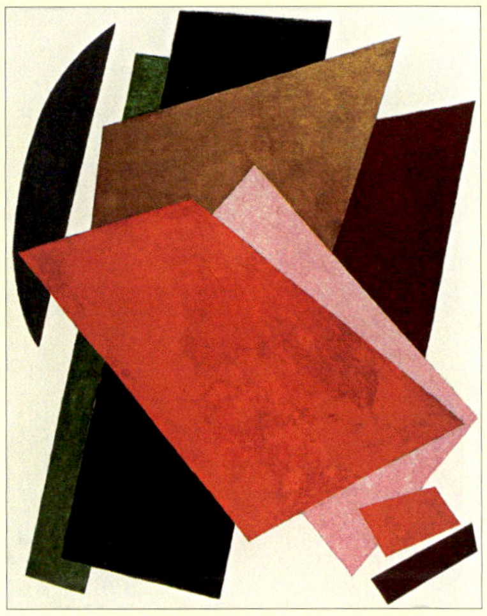

Ljubow Popowa, ***Malerische Architektonik,*** **1917**
Öl auf Leinwand, 107 x 88 cm
Kowalenko-Kunstmuseum, Krasnodar

gemacht. Die relativ große Freiheit, die die Malerinnen der Avantgarde in ihrem Beruf und in der persönlichen Lebensgestaltung genossen, war allerdings eine Ausnahme im damaligen Russland. Ein Großteil der Bevölkerung lebte auf dem Land unter patriarchalischen Verhältnissen, meist in großer Armut, und auch im städtischen Milieu hatten die Frauen durchaus keine gleichberechtigte Stellung. Allerdings profitierten die Künstlerinnen von der gesellschaftlichen Aufbruchsstimmung, die etwa zwischen 1910 und 1925 unter Intellektuellen und Künstlern herrschte.

Im Austausch zwischen Westeuropa und den russischen Kunstzentren spielten Künstlerinnen wie Alexandra Exter eine Vermittlerrolle. Sie bereiste schon mit 25 Jahren Paris und andere europäische Städte, knüpfte Kontakte zu Pablo Picasso, Guillaume Apollinaire, Ardengo Soffici und brachte den französischen Kubismus und italienischen Futurismus in ihre Heimat. Aus kubisch abstrahierten Stadtlandschaften entwickelte sie gegenstandslose Farbkompositionen, die sie auch in Bühnenbildentwürfen umsetzte. Ljubow Popowa und Nadeshda Udalzowa beschäftigten sich in Paris ebenfalls mit der kubistischen Malerei und loteten deren Möglichkeiten aus. Später wandte sich Popowa in Zusammenarbeit mit Kasimir Malewitsch der abstrakt-geometrischen Welt des Suprematismus zu und schuf Bilder wie *Malerische Architektonik* aus dem Jahr 1917, das ihre kraftvoll-dynamische Formensprache zeigt. Bald übertrug sie die neue Formenwelt auch auf die Gebrauchskunst, zumal die Leinwandmalerei in der Phase des gesellschaftlichen Aufbruchs nach der Oktoberrevolution 1917 als überholt galt. Andere Künstlerinnen wie Olga Rosanowa oder Warwara Stepanowa widmeten sich ebenfalls intensiv dem Textil-, Bühnen-, Plakat- und Buchdesign. Natalja Gontscharowa dagegen kehrte nach der Revolution nicht mehr nach Russland zurück und auch Alexandra Exter ging 1924 ins Exil, als sich die repressive Politik der Stalinära abzuzeichnen begann.

Kulturkalender für das 20. Jahrhundert vor 1945

1905
Albert Einstein veröffentlicht die *Spezielle Relativitätstheorie.*

1914
Das Attentat auf den österreichisch-ungarischen Thronfolger in Sarajevo löst den Ersten Weltkrieg aus.

1916
Im Zürcher ›Café Voltaire‹ wird der Dadaismus begründet.

1917
Die Oktoberrevolution in Russland führt zum Sturz des Zaren.

1918
Ausrufung der Weimarer Republik. Gründung des Bauhauses. Beginn der Prohibition in den USA.

1922
Mussolinis ›Marsch auf Rom‹ und Ernennung zum Ministerpräsidenten.

1927
Charles Lindbergh überfliegt den Atlantik.

1929
Der Zusammenbruch der New Yorker Börse löst die Weltwirtschaftskrise aus. Das Museum of Modern Art in New York wird gegründet.

1933
Hitler wird Reichskanzler.

1939
Mit dem Überfall auf Polen beginnt der Zweite Weltkrieg.

1945
Ende des Zweiten Weltkriegs: Berlin wird von sowjetischen Truppen eingenommen; Deutschland kapituliert. Amerikanische Flugzeuge werfen Atombomben auf Hiroshima und Nagasaki. Die UNO wird gegründet.

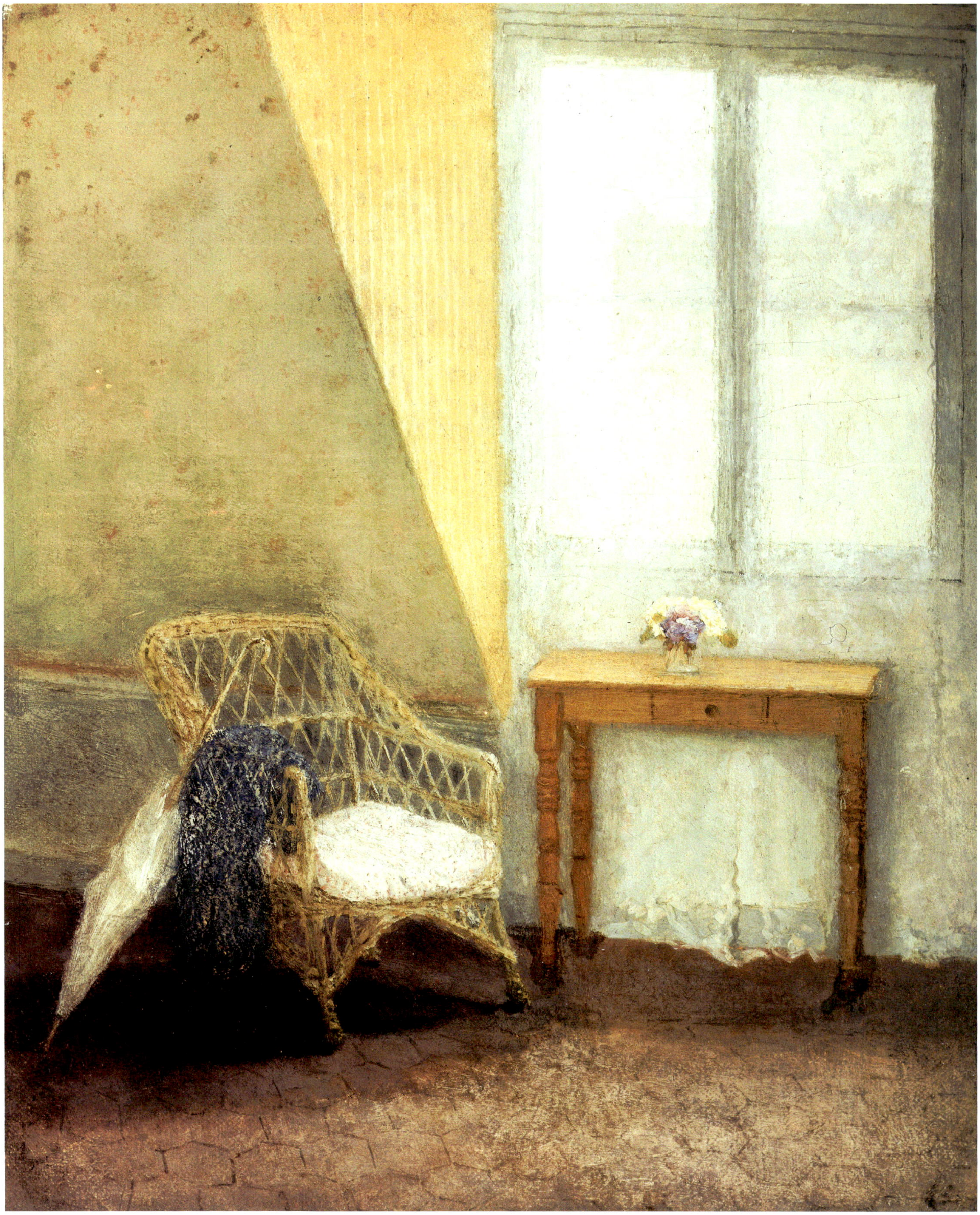

Gwen John

Virginia Woolf schildert in ihrem Essay A *Room of One's Own* von 1929, wie wenig selbstverständlich ein Rückzugsort für Frauen zu ihrer Zeit war – und wie wichtig als Voraussetzung für eine kreative Tätigkeit und geistige Unabhängigkeit. Auch für die Malerinnen, die um die Jahrhundertwende zum Studium nach Paris kamen, war ihr kleines Pensionszimmer oder die bescheidene, möblierte Atelierwohnung oft ein persönliches Refugium, dessen Ungestörtheit sie genossen und brauchten. Niemand hat dies so intensiv im Bild eingefangen wie die Malerin Gwen John, die 1904 mit 27 Jahren von England nach Paris kam und dort fast ihr Leben lang blieb.

Mehrfach hat sie ihr Mansardenzimmer in der Rue du Cherche-Midi 87 gemalt, das sie im Frühjahr 1907 bezog – mal mit geöffnetem Fenster und Blick auf das Mietshaus gegenüber, mal still und mit geschlossenen Gardinen. Ein Korbstuhl und ein schmaler Tisch, ein weißer Stockschirm und ein über der Armlehne hängendes Kleidungsstück erinnern an die Bewohnerin des Zimmers, die nicht anwesend und doch präsent ist. Trotz des unscheinbaren alltäglichen Motivs besitzt das Gemälde eine große künstlerische Kraft. Die Oberfläche des Bildes ist rau, die wenigen warmen Farbtöne sind harmonisch aufeinander abgestimmt. Ausgewogen hat die Künstlerin die Gegenstände wie eine abstrakt-geometrische Komposition auf der Bildfläche angeordnet: die abfallende Kante der Dachschräge, die gegenläufigen Linien von Schirm und Stuhl, das helle Rechteck des Fensters und die schräg angeschnittene braune Fußbodenfläche.

Der zeitgenössische Maler Amedeo Modigliani und auch Giorgio Morandi mit seinen reduzierten Stillleben haben eine ähnlich meditative und zeitlose Stimmung in ihren Bildern geschaffen. Gwen John ging es vor allem darum, ihrem »inneren Leben«, wie sie es nannte, ihren persönlichen Empfindungen Ausdruck zu verleihen. All ihre Werke zeichnen sich durch eine ungewöhnliche formale Strenge und Konzentration der Bildmittel aus. Beharrlich variierte sie wieder und wieder ihre bevorzugten Themen: schlanke Mädchengestalten, ernste Nonnen, lesende Frauen, schlichte Stillleben, menschenleere Interieurs. Männer spielen in ihrem Schaffen als Motiv kaum eine Rolle.

Um ihren Lebensunterhalt zu finanzieren, arbeitete Gwen John als Künstlermodell, unter anderem für Auguste Rodin – und wurde seine Geliebte, so wie bereits Jahre zuvor die Bildhauerin Camille Claudel. Auch Gwen John führte die ungleiche Liebesbeziehung in eine persönliche Krise, fast zehn Jahre lang bedrängte sie den weit älteren Rodin in Hunderten von Briefen, zog in den Vorort Meudon, wo auch er lebte, und fand schließlich Trost im Katholizismus. Obwohl sie sehr zurückgezogen lebte, beobachtete Gwen John das aktuelle Pariser Kunstgeschehen sehr genau, traf Pablo Picasso und Georges Braque, bewunderte Paul Cézanne und nahm auch an Ausstellungen in Europa und den USA teil. Der Erfolg bedeutete ihr jedoch wenig. Ab 1910 sicherte der amerikanische Sammler John Quinn ihr durch Gemäldeankäufe den Lebensunterhalt und förderte ihre Arbeit.

Zu Lebzeiten war die Künstlerin vor allem als Schwester des erfolgreichen Malers Augustus John bekannt. Heute sind ihre Bilder in den großen Kunstsammlungen der Moderne vertreten – vom New Yorker Metropolitan Museum bis zur Londoner Tate Gallery.

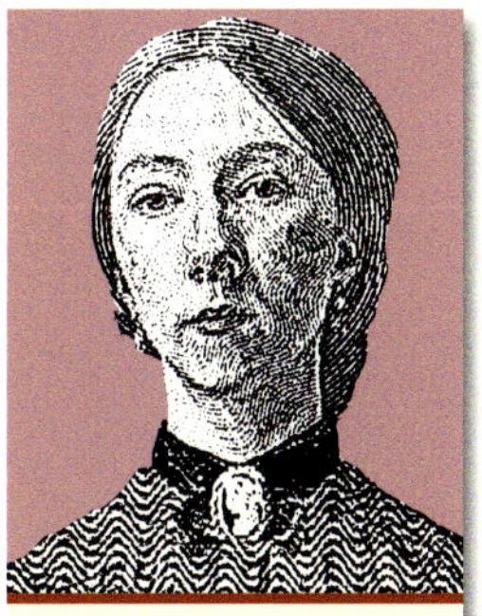

Gwen John
*22. Juni 1876
Haverfordwest, Wales
†18.September 1939
Dieppe, Frankreich

- *studierte an der Slade School of Art in London und bei James McNeill Whistler in Paris*
- 1897 *Melvill-Nettleship-Preis*
- 1913 *auf der Ausstellung ›Armory Show‹ in New York vertreten*
- *schuf etwa* 200 *Gemälde und weit über* 1000 *Zeichnungen*

Gwen John
Eine Ecke im Zimmer der Künstlerin in Paris, 1907–1909
Öl auf Leinwand, 31,8 x 26,7 cm
Sheffield City Art Galleries, Sheffield

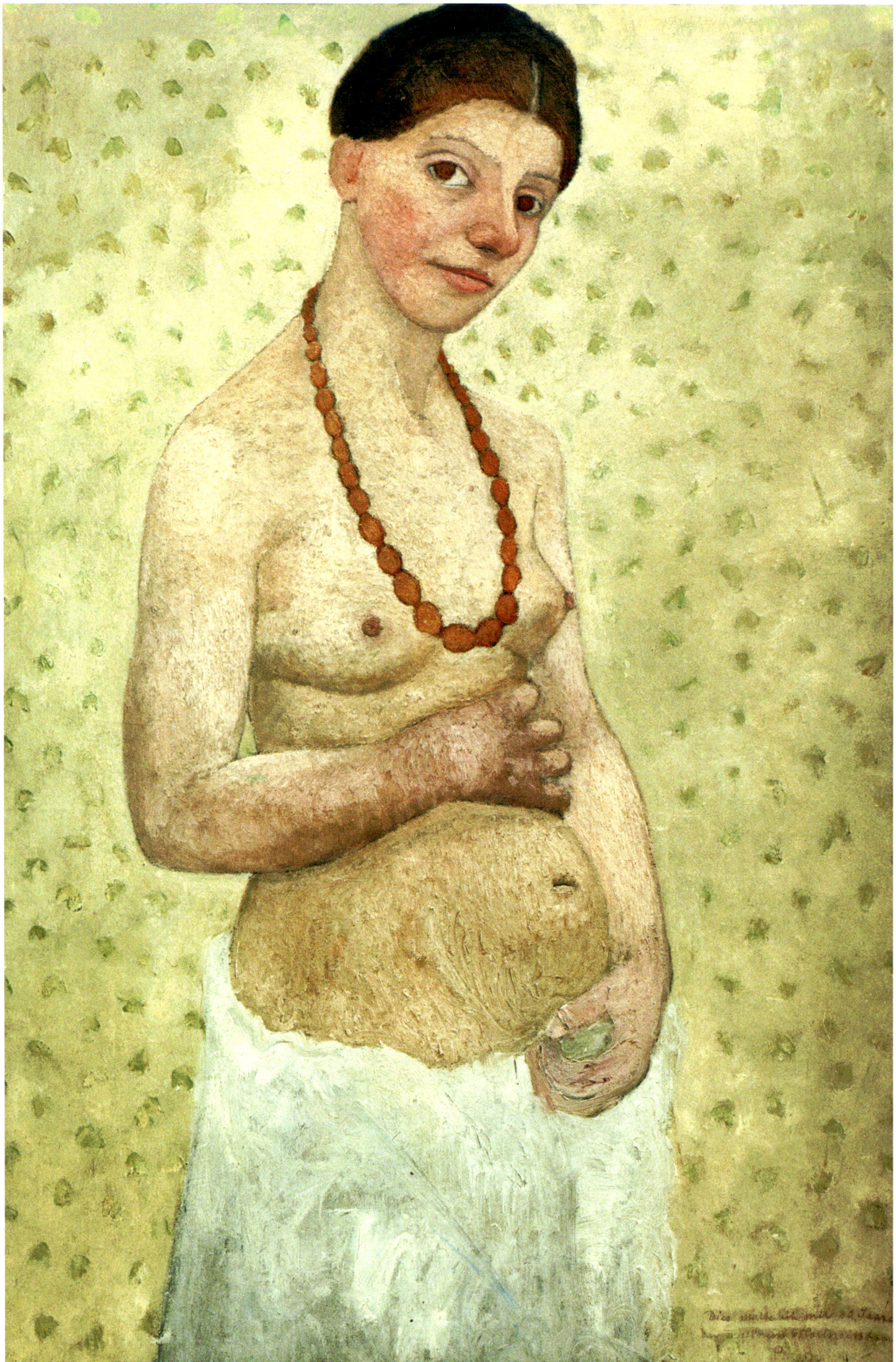

Paula Modersohn-Becker

Worpswede war um die Jahrhundertwende ein entlegenes Dorf auf dem flachen Land in der Nähe von Bremen. Einfache Bauern und Torfstecher lebten hier; Felder, einzeln stehende Birken und Moorgebiete prägten die karge Landschaft.

Um 1895 hatten sich dort einige junge Künstler niedergelassen, um fernab des akademischen Kunstbetriebes die schlichte, unverfälschte Natur zu malen. Ihnen schloss sich 1898 die 22-jährige Paula Becker an, nachdem sie an der Schule des Berliner Künstlerinnenvereins studiert hatte, die Frauen eine professionelle Ausbildung bot. Drei Jahre darauf heiratete sie den Worpsweder Landschaftsmaler Otto Modersohn. Die angehende Bildhauerin Clara Westhoff und spätere Frau Rainer Maria Rilkes wurde eine enge Freundin. Eine Gegenwelt zu dem engen Künstlerkreis in Worpswede fand die Malerin in Paris, wo sie ab 1900 mehrfach einige Monate verbrachte und Kurse an der Académie Colarossi und der École des Beaux-Arts besuchte. Hier erhielt sie eine Fülle von Anregungen: Die Südseebilder Paul Gauguins, die formstrengen Stillleben Cézannes, aber auch die antike und altägyptische Kunst im Louvre prägten ihren Stil.

Zunehmend strebte Modersohn-Becker in ihrer Malerei nach Größe und Einfachheit. Sie reduzierte die Farben, fasste die Formen großzügig zu Flächen zusammen und betonte die Umrisse durch breite, fast grob wirkende dunkle Konturlinien. Die Suche nach dem Einfachen, Ursprünglichen, ja Primitiven faszinierte viele Künstler des frühen 20. Jahrhunderts, die sich bewusst von der verfeinerten, als dekadent empfundenen Kultur des Fin de Siècle abwandten. Sie entdeckten die europäische Volkskunst und afrikanische Plastik, zogen aufs Land oder in die Südsee. Paula Modersohn-Becker fand ihre Motive und Modelle unter den einfachen Landfrauen, Kindern und verarmten Bauernwitwen in Worpswede.

Frauen bilden das zentrale Thema ihrer Malerei, die Künstlerin verlieh ihnen Würde und Monumentalität – schön, erotisch oder anmutig wirken sie nicht. Auch Kinder malte sie weder niedlich noch besonders hübsch; ernst und fremd blicken sie aus ihren Bildern. Diese völlige Abkehr von den herrschenden Schönheitsidealen stieß bei den Zeitgenossen auf harte Kritik und wurde als Dilettantismus oder ›Kult des Hässlichen‹ missverstanden. Dabei ging es Modersohn-Becker darum, zeitlose, klare Ausdrucksformen zu finden und Sinnbilder für die menschliche Existenz zu schaffen. Auch bei ihren zahlreichen Selbstbildnissen verzichtete sie auf eine realistische Wiedergabe und stilisierte ihr Äußeres zu verknappter, ausdrucksvoller Gestalt. Die eindringlichen Selbstbefragungen zeigen sie nicht als Malerin, sondern als ›Frau‹ – ohne Attribute ihrer Kunst. Mehrfach hat sie sich als Akt porträtiert, was damals für eine Frau sehr ungewöhnlich war. Nachdenklich blickt sie auf ihrem am 6. Hochzeitstag entstandenen Bildnis, den Oberkörper bis zu den Hüften entblößt, die Hände auf den Leib gelegt, dem Betrachter entgegen. Der Bauch ist vorgewölbt und lässt an eine Schwangerschaft denken. Die Künstlerin hatte sich in dieser Zeit – privat wie künstlerisch – mit dem Thema Mutterschaft auseinandergesetzt, schwanger war sie jedoch nicht. Als im darauf folgenden Jahr (1907) ihr erstes Kind zur Welt kam, starb die Malerin kurz nach der Geburt an einer Embolie. Sie war erst 31 Jahre alt.

Im Laufe ihres kurzen Lebens schuf Modersohn-Becker rund 750 Gemälde, 1000 Zeichnungen und ein Dutzend Druckgraphiken. Wie van Gogh starb sie zu jung, um den Erfolg ihrer Kunst noch miterleben zu können. Zu Lebzeiten verkaufte sie nicht mehr als zwei oder drei Gemälde. Heute zählt sie zu den bedeutenden Künstlern der klassischen Moderne – und hat ihre einst erfolgreicheren Worpsweder Künstlerkollegen an Berühmtheit übertroffen.

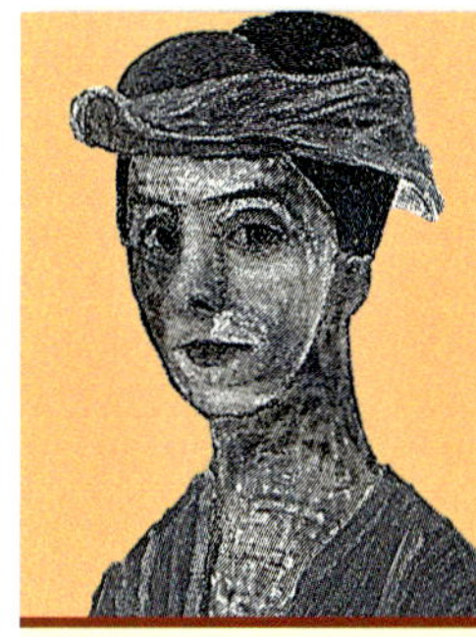

Paula Modersohn-Becker
*8. Februar 1876
Dresden
† 21.November 1907
Worpswede

- 1892 *erster Zeichenunterricht in London*
- *beeinflusst von der Pariser Avantgarde und altägyptischer Kunst*
- *zu Lebzeiten wurden ihre Bilder nur zweimal in der Bremer Kunsthalle ausgestellt*
- *ihre Werke wurden von den Nationalsozialisten als ›entartet‹ diffamiert*

Paula Modersohn-Becker
Selbstbildnis am 6. Hochzeitstag, 1906
Öl auf Pappe, 101,8 x 70,2 cm
Paula-Becker-Modersohn-Haus, Bremen

Gabriele Münter

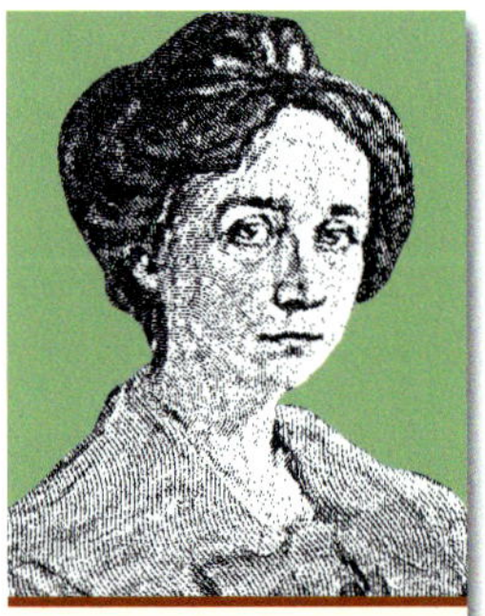

Gabriele Münter
*19. Februar 1877 Berlin
†19. Mai 1962 Murnau

- *erster Kunstunterricht in Düsseldorf bei Ernst Bosch und Willy Platz*
- *malte inspiriert durch die bayrische Volkskunst auch Hinterglasbilder*
- *zählt mit ihren farbintensiven Landschaften und Stillleben zu den wichtigsten Künstlerinnen des Expressionismus*
- *ihr Ehemann Johannes Eichner verfasste ihre erste Biographie*

Wolken jagen über den Himmel, Bäume biegen sich im Wind. Auf dem Gemälde Gabriele Münters scheinen selbst die Berggipfel, Hausdächer und Gartenmauern die Bewegung des Sturms nachzuvollziehen, der über die Landschaft hinwegjagt. Alle Linien schwingen in einem großen, übergreifenden Rhythmus, doch trotz des dynamischen Gesamteindrucks wirkt die Komposition in sich stabil, jeder Gegenstand unverrückbar. Schwarze Umrisslinien geben den Dingen Festigkeit, eine eindeutige Form – und bilden das Grundgerüst des Bildgefüges. Hart stoßen die klaren Farbflächen in Blau, Rot, Ocker und Grün aneinander. Gabriele Münter verarbeitete in diesem Bild einen konkreten Landschaftseindruck, den sie an einem stürmischen Tag des Jahres 1910 in den Voralpen bei Murnau erlebte. Dabei verzichtete sie auf alles Unwesentliche, auf störende Details, naturalistische Schattierungen, Farbnuancen und steigerte so den Ausdruck des Bildes. *Wolken und Wind* ist charakteristisch für Gabriele Münters Stil in den Jahren 1908–1910, einer äußerst produktiven und entscheidenden Phase in ihrer Entwicklung.

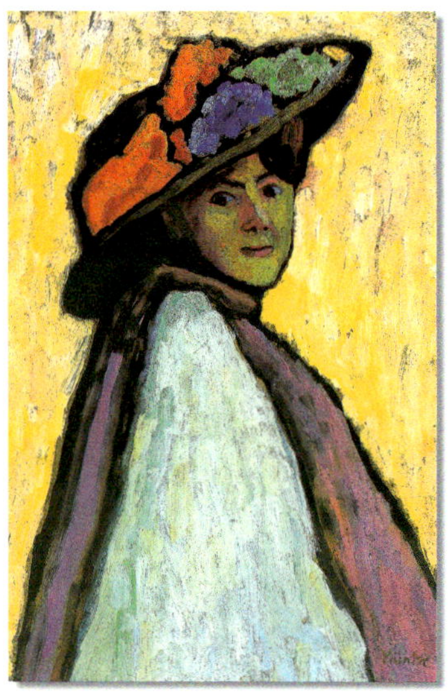

Sie arbeitete damals eng mit Wassily Kandinsky zusammen, den sie als Schülerin seiner neu gegründeten Phalanx-Kunstschule 1902 in München kennen gelernt hatte. Der russische Maler stand zu dieser Zeit selbst am Beginn seiner Laufbahn, experimentierte mit impressionistischer Plein-Air-Malerei und war von dem Durchbruch zur Abstraktion noch weit entfernt. Als unverheiratetes Paar ließen sie sich nach langen Reisen 1908 in Murnau nieder, wo Münter ein Haus erwarb. Der befreundete Maler Alexej Jawlensky berichtete ihnen von den neuesten Kunstströmungen in Paris, insbesondere der vibrierend-kräftigen Farbmalerei von Henri Matisse. Jawlenskys charismatische Partnerin Marianne von Werefkin fachte die Diskussionen mit ihren Ideen über eine neu zu schaffende, »wahre« Kunst an. Es herrschte Aufbruchsstimmung: Im künstlerischen Wettstreit schufen Münter und Kandinsky Landschaftsbilder in leuchtenden Farben, die sich immer mehr vom Naturvorbild lösten. Bei Kandinsky führte dieser Weg um 1910 zur abstrakten Malerei, für Münter jedoch blieb die Auseinandersetzung mit der sichtbaren Wirklichkeit unverzichtbar. 1911 formulierte sie in einer Tagebucheintragung ihr künstlerisches Ziel: »vom Naturabmalen ... – zum Fühlen eines Inhalts – zum Abstrahieren – zum Geben eines Extraktes«.

Mit Franz Marc und anderen schlossen sich Kandinsky und Münter zur expressionistischen Bewegung ›Blauer Reiter‹ zusammen – einer kurzlebigen, aber äußerst einflussreichen Künstlergemeinschaft, deren hochfliegende Pläne durch den Ausbruch des Ersten Weltkriegs zunichte gemacht wurden.

Kandinsky musste 1914 als russischer Staatsbürger in seine Heimat zurückkehren. Obwohl die Beziehung durch wachsende Spannungen belastet war, rechnete Münter mit seiner Rückkehr, berief sich auf sein einstiges Heiratsversprechen und erwartete ihn ab 1915 im neutralen Schweden. Kandinsky jedoch heiratete 1917 in Moskau eine junge Russin, was Münter erst wesentlich später erfuhr. Sie verfiel in tiefe Depressionen und geriet in eine Schaffenskrise. Erst lange danach nahm sie auf Drängen ihres späteren Lebenspartners, des Privatgelehrten Johannes Eichner, die Malerei wieder auf. Die Gemälde Kandinskys, die bei ihr zurückgeblieben waren, stiftete sie 1957 zusammen mit eigenen Arbeiten dem Münchener Lenbachhaus. Ihr Haus in Murnau ist heute ein Museum.

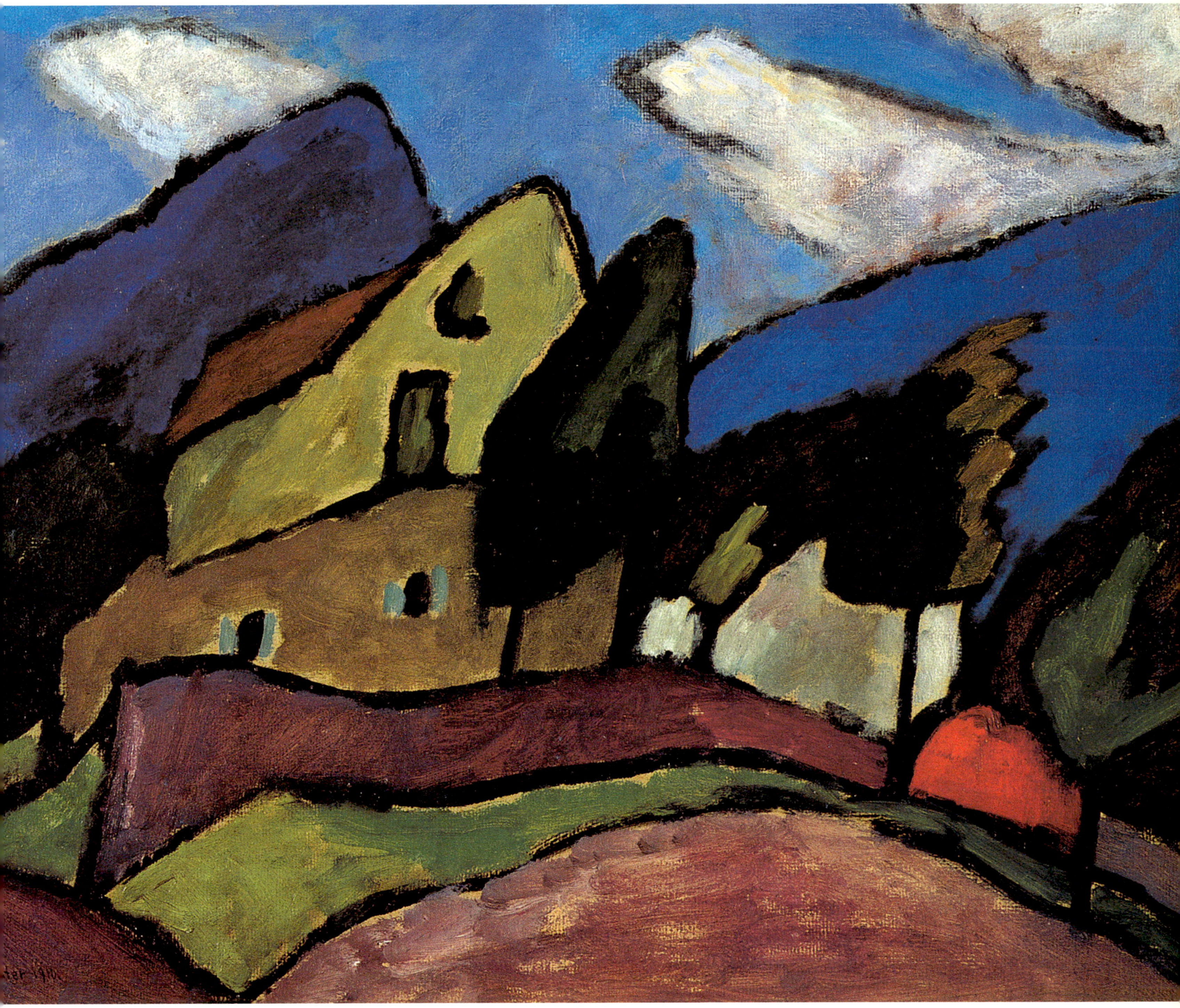

gegenüber
Gabriele Münter
Porträt Marianne von Werefkin, 1909
Öl auf Pappe, 81 x 55 cm
Städtische Galerie im Lenbachhaus, München

oben
Gabriele Münter
Wind und Wolken, 1910
Öl auf Pappe, 50 x 65 cm
Sprengel Museum, Hannover

Natalja Gontscharowa

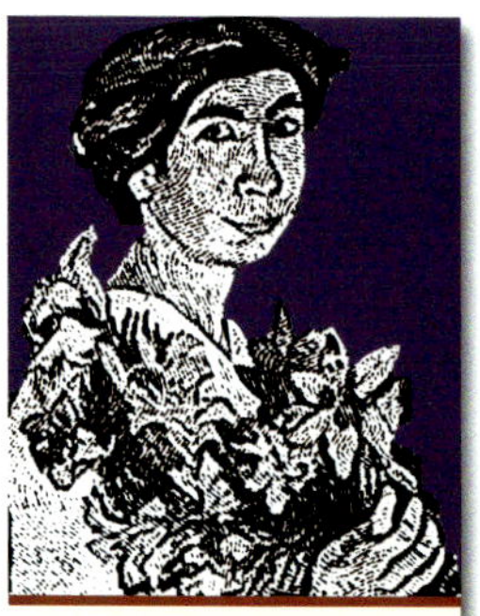

Natalja Gontscharowa
*21. Juni (bzw. neuer Kalender: 4. Juli) 1881 Negajew, Russland
†17. Oktober 1962 Paris

- *studierte an der Moskauer Kunstschule 1898–1910 Bildhauerei und Malerei*
- *Hauptvertreterin der russischen Avantgarde*
- *gestaltete auch Druckgraphiken*
- *große Retrospektive ihrer Arbeit 1963 in Paris*

Natalja Gontscharowa war 32 Jahre alt, als in Moskau 1913 eine große Retrospektive ihres Werkes mit über 700 Arbeiten eröffnet wurde. Die Ausstellung wurde ein spektakulärer Erfolg, auch wenn sie bei der Kritik heftig umstritten blieb. Gontscharowa war auf dem Höhepunkt ihrer Laufbahn als Malerin der russischen Avantgarde. Auch in Westeuropa hatte sie bereits ausgestellt: 1907 in Paris, 1912 mit dem ›Blauen Reiter‹ in München und 1913 auf dem legendären ›Herbstsalon‹ von Herwarth Walden in Berlin – zusammen mit Künstlern wie Wassily Kandinsky, Gabriele Münter oder Paul Klee.

Zwei Pole bestimmten das Leben und Schaffen von Natalja Gontscharowa: ihre russische Herkunft und die westlich geprägte Moderne. Sie stammte aus dem gebildeten, liberal eingestellten Adel und wuchs auf den Landgütern ihrer Familie in der russischen Provinz auf. An der Kunstakademie in Moskau lernte sie um 1900 den gleichaltrigen Michail Larionow kennen, mit dem sie eine dauerhafte Liebes- und Arbeitsbeziehung einging. In der Moskauer Boheme spielten die beiden eine zentrale Rolle. Sie schockierten das bürgerliche Publikum mit ihrem unkonventionellen Verhalten, stellten mit der Gruppe ›Karo-Bube‹ aus und diskutierten leidenschaftlich die neuesten Tendenzen der Pariser Avantgarde.

Gontscharowa griff die Anregungen aus dem Westen unmittelbar auf – und verband sie mit der russischen Tradition: Anfangs malte sie im Stil des Impressionismus, entdeckte aber bald die Malerei Paul Gauguins und Paul Cézannes für sich. Schließlich entwickelte sie in Auseinandersetzung mit dem Kubismus den so genannten Neoprimitivismus, der durch blockhafte Formen, kräftige Farben und Motive aus dem bäuerlichen Leben gekennzeichnet ist. Erklärte Vorbilder Gontscharowas waren dabei die russische Volkskunst mit ihren groben Holzschnitten und dekorativen Mustern sowie die byzantinische Ikonenmalerei.

Ihr Porträt von Michail Larionow, das 1913 entstand, repräsentiert bereits eine neue Station in ihrer künstlerischen Entwicklung: den Rayonismus. Dieser basierte auf einer Theorie, die Larionow in dem von Gontscharowa unterzeichneten ›Rayonistischen Manifest‹ aus demselben Jahr umriss. Demnach gehen von allen Gegenständen Strahlen aus, die auf eine vierte Dimension der Wirklichkeit verweisen und in der Malerei sichtbar gemacht werden sollen. Das Bildnis Larionows zeigt die charakteristischen aufgesplitterten Farbformationen vor allem in den Randbereichen. Das Gesicht scheint in der Fläche wie auseinandergefaltet und in verschiedene Facetten aufgefächert. Anklänge an die Formenzerlegung des Kubismus von Pablo Picasso und Georges Braque sowie an die dynamischen Rhythmen des italienischen Futurismus sind offensichtlich – auch wenn Gontscharowa und Larionow mit dem Rayonismus einen originären russischen Avantgardestil schaffen wollten.

Die Künstlerin wandte sich aber bald wieder neuen Herausforderungen zu. Der bedeutende Impresario Sergej Diaghilew, der in Paris das Russische Ballett gegründet hatte, lud sie ein, Bühnenbilder für seine Inszenierung von *Der goldene Hahn* (nach Nikolai Rimski-Korsakow) zu entwerfen. Von nun an bildete die Theaterarbeit den Schwerpunkt ihres künstlerischen Schaffens. Sie gestaltete leuchtend bunte, folkloristisch-orientalisch anmutende und zugleich ultramoderne Kostüm- und Bühnenentwürfe zur Musik von Debussy oder Strawinsky und reiste mit der Truppe der ›Ballets Russes‹ durch Frankreich, Italien und Spanien. Nur noch einmal, 1915, kehrte sie in ihre Heimat zurück, wurde dann französische Staatsbürgerin und starb 1962 in Paris – zwei Jahre vor ihrem Lebensgefährten Larionow.

Natalja Gontscharowa
Porträt von Larionow, 1913
Öl auf Leinwand, 105 x 78 cm
Museum Ludwig, Köln

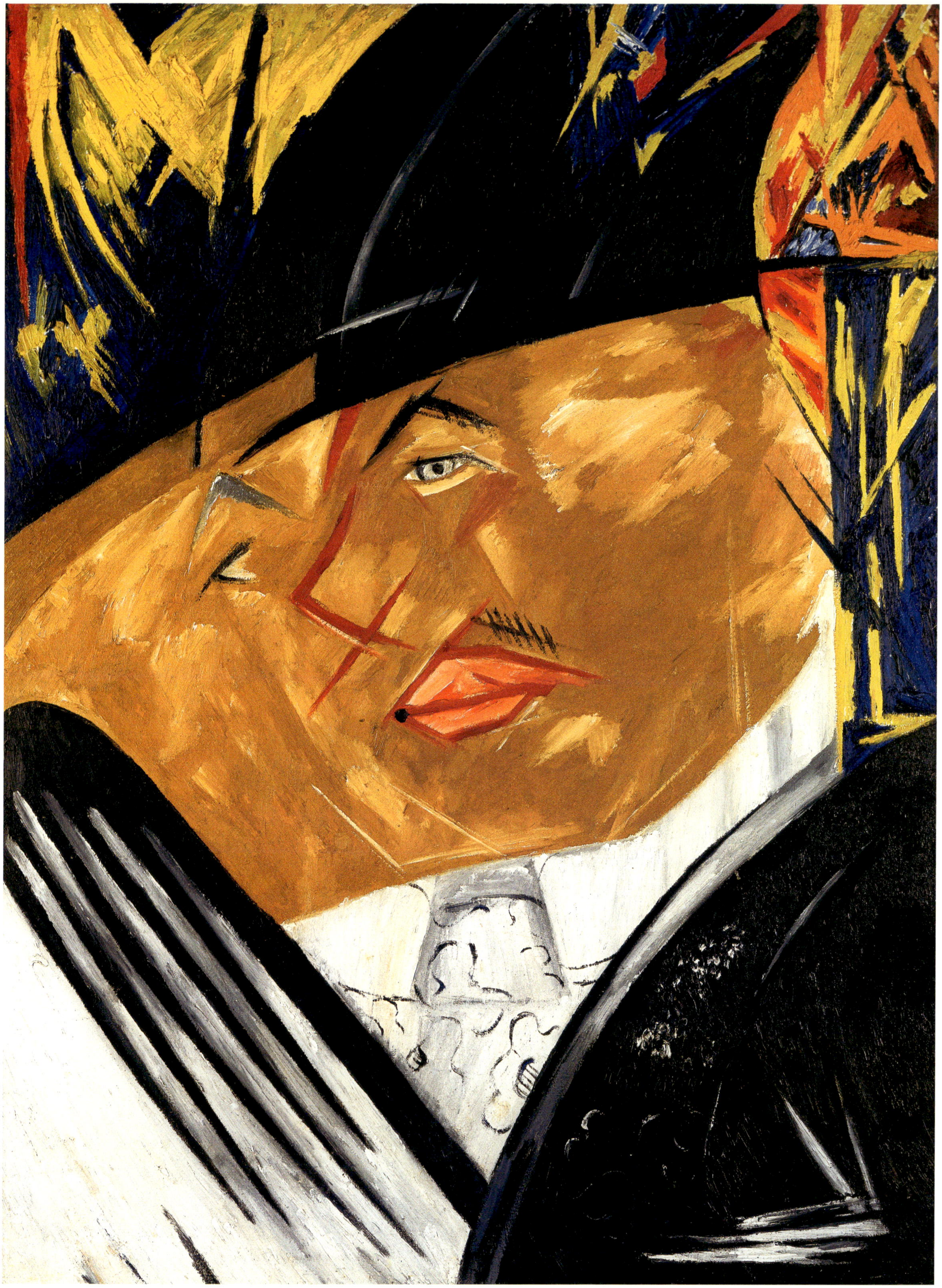

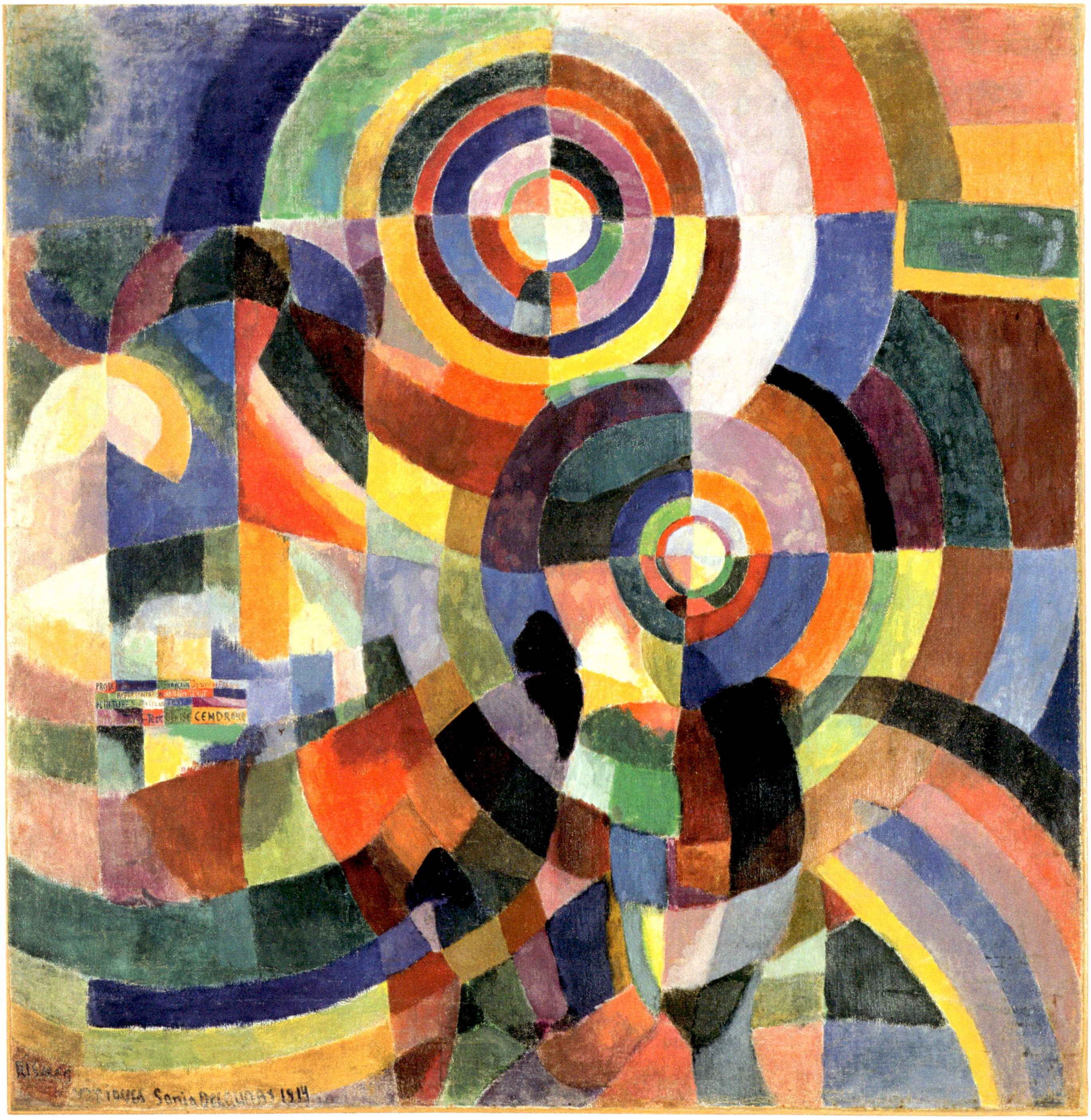
PROSE
REPRESENTATION
PEINTURE
TEXT
BLAISE CENDRARS
1914

Sonia Delaunay

Das Werk von Sonia Delaunay lebt ganz aus der Farbe. Sie besaß ein intuitives Gespür für Farbkombinationen, das sie nicht nur in Gemälden, sondern auch in Stoffmustern, Modeentwürfen und Innendekorationen umsetzte; für sie war die Grenze zwischen Kunst und Kunsthandwerk fließend. Über die ersten 20 Jahre ihres Lebens ist nicht allzuviel bekannt: Im ukrainischen Gradzik als Sarah Stern geboren, kam sie schon als kleines Kind in die Obhut ihres wohlhabenden Onkels Henri Terk und seiner Frau nach St. Petersburg und nahm auch deren Familiennamen an. 1905 reiste sie nach Paris und schrieb sich an der progressiven Privatakademie ›La Palette‹ ein. Eine Rückkehr nach Russland kam für sie nicht mehr in Frage. Nach einer kurzen Ehe mit dem Kunsthändler Wilhelm Uhde heiratete sie 1910 den gleichaltrigen Maler Robert Delaunay. Künstlerisch inspirierten sich die beiden gegenseitig – der eher theoretisch interessierte, schnell aufbrausende Robert und die spontan arbeitende, optimistische Sonia. Während er seine berühmte Serie der Eiffelturmbilder in dynamisch-großzügigen Formen schuf, widmete sich Sonia zunächst vorrangig der Gestaltung der alltäglichen Umgebung: Ihr erstes abstraktes Kunstwerk war eine Babydecke für ihren Sohn Charles, eine leuchtend bunte Komposition aus Stoffresten. Wenig später setzte sie solch kraftvolle Farbkontraste auch in der Malerei um, und es entstanden freie, rhythmisch bewegte Gemälde an der Grenze zur Gegenstandslosigkeit.

›Simultanismus‹ war das Schlagwort für die neue Kunstrichtung, die sie und ihr Mann entwickelten: eine Malerei der simultan, also zusammen und unmittelbar wirkenden Farbkontraste. Gemeinsam beobachteten sie auf nächtlichen Spaziergängen über den Boulevard Saint-Michel die Lichteffekte der neuen elektrischen Straßenlaternen und ließen sich davon zu Farbexperimenten anregen. Sonia Delaunay schuf in dieser Phase eine ihrer berühmtesten Arbeiten, das Gemälde *Elektrische Prismen* von 1914. Das ganze Bild wird von Bögen und Kreisformen aus leuchtenden Farben beherrscht, die sich um helle, runde Lichtzentren ausbreiten. Die Künstlerin setzt kräftige Farbklänge wie Rot, Blau, Grün und Gelb unvermischt nebeneinander und erzielt so ein lebhaftes Spiel von räumlichen und flächigen Effekten. Scheibenformationen und Kreissegmente wurden von nun an geradezu ein Markenzeichen ihrer und Robert Delaunays Kunst. Sie sagte sich jedoch nie dogmatisch von der gegenständlichen Malerei los und verband Abstraktes oft mit Figurativem.

Wie viele Künstlerehefrauen stellte Sonia Delaunay ihr eigenes Schaffen zugunsten ihres Mannes zurück, den sie für bedeutender hielt. Da die Familie von der avantgardistischen Malerei nicht leben konnte, begann Sonia, kommerziell Bucheinbände, Kissenbezüge, Kleider und Stoffe herzustellen. Die luxuriösen, kompromisslos modernen Entwürfe fanden in den 20er Jahren begeisterte Abnehmer, und ihr Pariser Modeatelier entwickelte sich zu einem florierenden Unternehmen mit bis zu 30 Mitarbeitern und Filialen in London und Rio de Janeiro. Doch im Zuge der Weltwirtschaftskrise schwand Anfang der 30er Jahre die Nachfrage und Sonias Malerei kam wieder mehr zu ihrem Recht.

Nach dem Tod Robert Delaunays 1941 sah sie ihre wichtigste Aufgabe darin, seinem Werk mit Ausstellungen und Veröffentlichungen Anerkennung zu verschaffen. Erst ab den 50er Jahren malte sie noch einmal eine Vielzahl abstrakter Kompositionen, häufig in Temperafarbe auf Papier, mit klaren Farbflächen und geometrischen Grundformen. 1979 schuf Sonia Delaunay im Alter von 94 Jahren ihr letztes Bild: eine heiter wirkende Gouache in leuchtendem Rot, Blau und Grün.

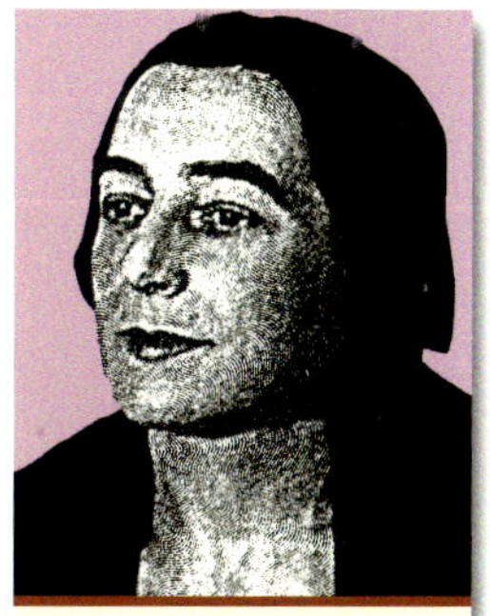

Sonia Delaunay
*14. November 1885
Gradzik, Ukraine
†5. Dezember 1979 Paris

- *studierte an Kunstschulen in Karlsruhe und Paris*
- *von Paul Gauguin, Vincent van Gogh und den Fauves beeinflusst*
- *mit den Dichtern Blaise Cendrars und Guillaume Apollinaire befreundet*
- *gestaltete mit ihrem Mann 1937 zwei Pavillons für die Pariser Weltausstellung*
- *1975 Ernennung zum Offizier der Französischen Ehrenlegion*

Sonia Delaunay
Elektrische Prismen, 1914
Öl auf Leinwand, 250 x 250 cm
Musée National d'Art Moderne, Paris

Hannah Höch

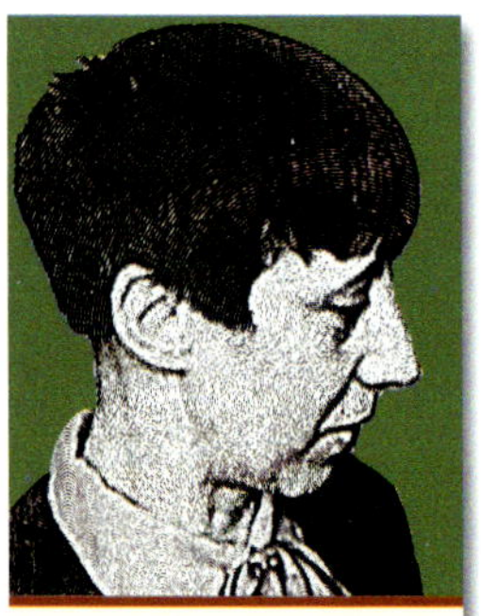

Hannah Höch
*1. November 1889 Gotha
†31. Mai 1978 Berlin

- *studierte Glasdesign an der Berliner Kunstgewerbeschule und später Graphik unter Emil Orlik*
- *Kontakt mit Kurt Schwitters, Piet Mondrian und der ›De-Stijl‹-Gruppe*
- *lebte 1938–1942 mit dem Pianisten und Volkswirt Kurt Matthies zusammen*
- *1971 Retrospektive in der Berliner Akademie der Künste*

Schnitt mit dem Küchenmesser Dada durch die letzte Weimarer Bierbauchkulturepoche Deutschlands – diese großformatige Collage von Hannah Höch ist eines der Schlüsselwerke der Berliner Dada-Bewegung und zugleich ein frühes Meisterwerk der künstlerischen Fotomontage. Schon der Titel ist programmatisch und in seiner provokant-spielerischen Formulierung typisch für den Sprachgebrauch der Dadaisten. Aus Zeitungen, Illustrierten und Fotografien hatte Hannah Höch die Elemente für ihr Klebebild ausgeschnitten. Neben Wortfetzen und Schlagzeilen, Abbildungen von Maschinenteilen, Verkehrsmitteln und Großstadtszenen sind in dem vielteiligen Gewirr mehr als 50 Personen auszumachen, bei denen Kopf und Körper allerdings selten zusammenpassen. Unter ihnen sind bekannte Persönlichkeiten wie der Physiker Albert Einstein, Kaiser Wilhelm II., der Theaterregisseur Max Reinhardt, die Schauspielerin Asta Nielsen, der Revolutionär Lenin sowie Vertreter des Dadaismus, Hannah Höchs Lebensgefährte Raoul Hausmann, der Maler George Grosz, die Brüder John Heartfield und Wieland Herzfelde. Im Zentrum der scheinbar chaotischen Komposition jongliert eine Tänzerin munter mit dem Kopf von Käthe Kollwitz. Ebenso frei und spielerisch hat Hannah Höch die Elemente ihrer Collage zusammengefügt und ein satirisches Spiegelbild der Weimarer Republik mit ihren überkommenen und sinnentleerten Traditionen geschaffen, so wie die Dadaisten sie sahen und in ihren Arbeiten attackierten.

Auf der ›Ersten Internationalen Dadamesse‹ in Berlin war die Collage 1920 erstmals zu sehen – zwischen polemischen Wandsprüchen, Arbeiten von George Grosz, Raoul Hausmann, Max Ernst, Francis Picabia sowie einem ausgestopften Soldaten mit Schweinskopf und anderen Exponaten, die geeignet waren, das bürgerliche Publikum zu provozieren. Dies gelang auch erwartungsgemäß: Die Presse reagierte heftig und die Obrigkeit strengte einen Prozess wegen Beleidigung des Militärs an. Die 176 Werke umfassende Ausstellung war Höhepunkt und zugleich Resümee der Dada-Bewegung, die ab 1916 als Reaktion auf den Ersten Weltkrieg in Zürich, Paris, New York und Berlin entstanden war. Hannah Höch gehörte in Berlin zusammen mit ihrem Freund Raoul Hausmann, den sie 1915 während des Kunstgewerbestudiums kennen gelernt hatte, zu den Dadaisten der ersten Stunde. Allerdings fühlte sie sich, wie sie später bekannte, bisweilen wie das fünfte Rad am Wagen dieses von Männern dominierten Aktionsbündnisses und kam bei deren lautstarken, tumultuarischen Auftritten so gut wie nie auf die Bühne. Subtiler als alle anderen nutzte sie die Möglichkeiten der Collage, kreierte ihre berühmten Dada-Puppen und übertrug die neuen Montageeffekte auch auf die Malerei.

Bereits Anfang der 20er Jahre begann der ›Club Dada‹ sich aufzulösen, die Protagonisten – allesamt extreme Individualisten – zerstritten sich und schlugen unterschiedliche Richtungen ein. Auch die Beziehung von Hannah Höch und Raoul Hausmann war 1922 nach zahllosen Trennungsversuchen und Versöhnungen endgültig zerrüttet. Zwischen 1926 und 1929 verbrachte sie längere Zeit in den Niederlanden, wo sie in der Avantgarde-Dichterin Til Brugmann eine neue Lebensgefährtin fand und Kontakt zu der ›De-Stijl‹-Gruppe hatte. Nach Deutschland zurückgekehrt, überstand sie die NS-Zeit völlig zurückgezogen in dem grünen Berliner Vorort Heiligensee; sie malte, collagierte und widmete sich ihrem wild wuchernden Garten. Erst Ende der 60er Jahre wurde die betagte Künstlerin wiederentdeckt. Obwohl ihr Schaffen vielfältig und umfangreich war, blieb Hannah Höch in den Augen des Publikums immer die Dadaistin, die sie als junge Frau gewesen war.

Hannah Höch
Schnitt mit dem Küchenmesser Dada durch die letzte Weimarer Bierbauchkulturepoche Deutschlands, 1919/20
Photomontage, 114 x 90 cm
Staatliche Museen – Preußischer Kulturbesitz, Neue Nationalgalerie, Berlin

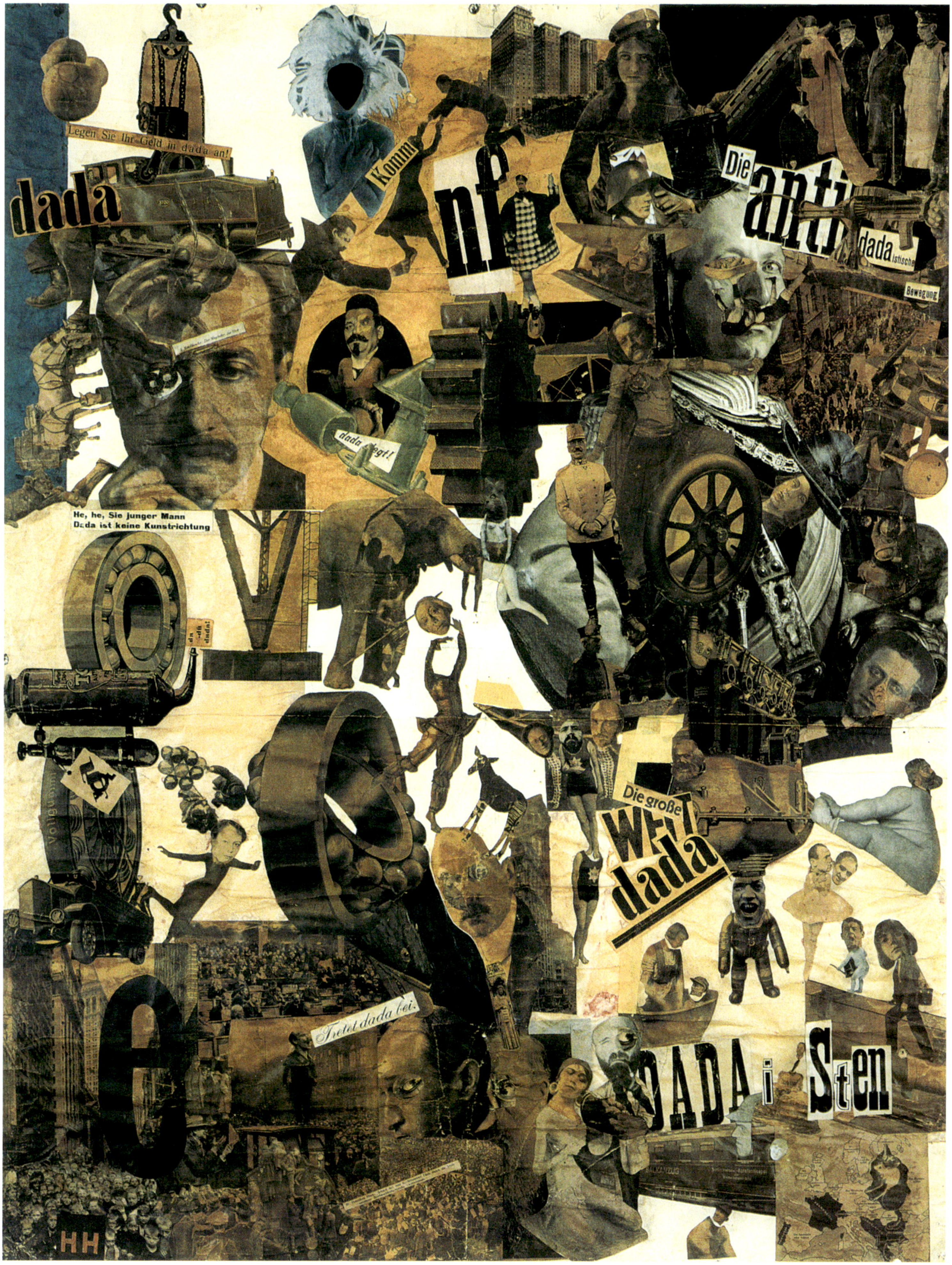
Legen Sie Ihr Geld in dada an!
dada
Komm
nf
Die
anti
dada istische
Bewegung
He, he, Sie junger Mann
Dada ist keine Kunstrichtung
Die große
WELT
dada
Tretet dada bei.
DADA
i
Sten
HH

Käthe Kollwitz

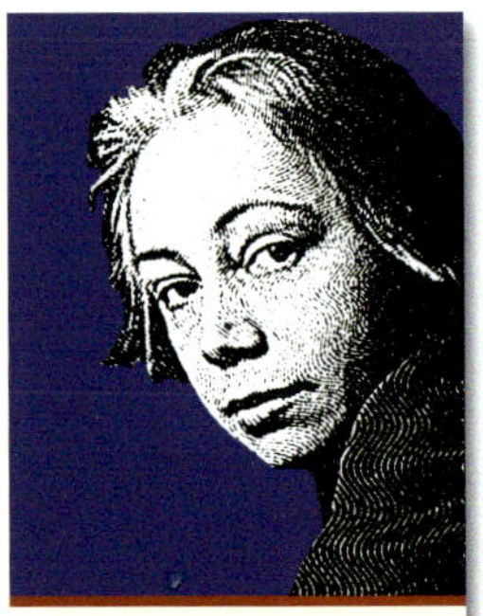

Käthe Kollwitz
*8. Juli 1867 Königsberg
†22. April 1945 Moritzburg bei Dresden

- *Studium an der Schule des Berliner Künstlerinnenvereins*
- 1904 *besuchte sie die Bildhauerklasse der Pariser Akademie Julian*
- 1919 *Professorin an der Preußischen Akademie der Künste in Berlin*
- *bedeutendste deutsche Grafikerin des* 20. *Jahrhunderts*

Das Leben von Käthe Kollwitz umspannt mehr als ein Dreivierteljahrhundert voller politischer Umbrüche, Turbulenzen, Kriege und Revolutionen: Vier Jahre nach ihrer Geburt wurde das Deutsche Kaiserreich ausgerufen – zwei Wochen nach ihrem Tod endete der Zweite Weltkrieg. Früh entschied sich die in Königsberg geborene Künstlerin für die Druckgraphik als bevorzugtes Medium. Dies entsprach ihrer überragenden zeichnerischen Begabung und machte ihre Werke auch für ein breites Publikum zugänglich und erschwinglich. Eine auf sich selbst bezogene Kunst war nie ihre Sache: »Ich will wirken in dieser Zeit, in der die Menschen so ratlos und hilfsbedürftig sind.«

Im Berliner Arbeiterviertel am Prenzlauer Berg, wo sie mit ihrem Mann, dem Arzt Karl Kollwitz, wohnte, erlebte sie Alltag, Not und Elend der Menschen aus nächster Nähe. Anfangs wählte sie historische Themen wie den schlesischen Weberaufstand oder den Bauernkrieg des 16. Jahrhunderts für ihre Graphikzyklen. Darin schilderte sie das Leid und den Widerstand des einfachen Volkes in packenden, realistischen Szenen, die der jungen Künstlerin rasch große Anerkennung brachten. Später konzentrierte sich Kollwitz auf aktuelle soziale und politische Themen: Arbeitslosigkeit, Hunger, Kindersterblichkeit, Gewalt und Krieg. Schon durch ihren Vater, einen Maurermeister und Prediger, sowie den Bruder war sie mit sozialistischem Gedankengut in Kontakt gekommen. 1919 entwarf sie ein Gedenkblatt für den ermordeten Sozialistenführer Karl Liebknecht und nahm an Arbeiterkunstausstellungen teil – parteipolitisch gebunden war sie jedoch nie.

Die Lithographie *Saatfrüchte sollen nicht vermahlen werden* – ein Zitat aus Goethes *Wilhelm Meisters Lehrjahre* – war ihre letzte druckgraphische Arbeit. Das Blatt entstand Anfang 1942, zu einer Zeit, als Käthe Kollwitz unter dem NS-Regime nicht mehr öffentlich ausstellen durfte. Entschlossen breitet eine Frau die kräftigen Arme und Hände über ihre Kinder, die mit großen Augen unter dem Mantel der Mutter hervorlugen. Das Motiv erinnert in seinem symmetrischen Aufbau an mittelalterliche Schutzmantelmadonnen, doch diese Mutter schützt die Kinder nicht nur vor Angriffen von außen, sondern auch vor deren eigenem Tatendrang. Es sind »Jungen, richtige Berliner Jungen, die wie junge Pferde gierig nach draußen wittern«, schrieb die Künstlerin. Bereits 1914 war ihr 18-jähriger Sohn Peter als Kriegsfreiwilliger in Flandern gefallen. Der älteste Enkel der Künstlerin kam im Zweiten Weltkrieg ums Leben, wenige Monate nachdem die Künstlerin ihre Lithographie fertig gestellt hatte. Zwei Jahre später wurden tatsächlich Jugendliche zum Volkssturm einberufen.

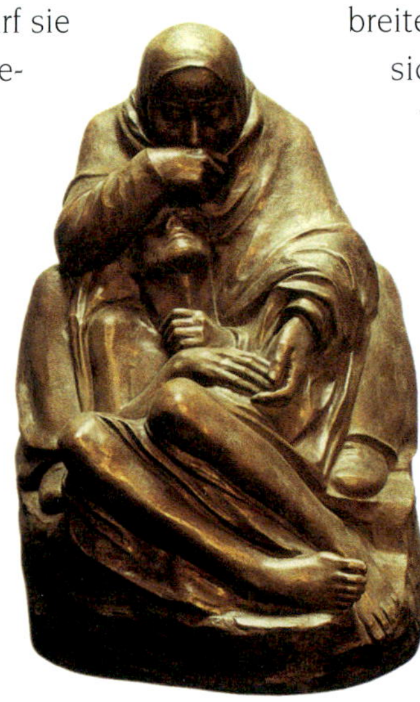

Immer wieder hat Käthe Kollwitz das Thema der Mutter als Beschützende, Trauernde und Kämpfende behandelt, nicht nur in Holzschnitten und Lithographien, sondern auch als Bildhauerin. Ihre 1937/38 entstandene Plastik *Pietà* wurde 1993 stark vergrößert in der Berliner Neuen Wache von Karl Friedrich Schinkel aufgestellt – als Mahnmal gegen Krieg und Gewaltherrschaft.

Mit ihrer klaren, ausdrucksstarken Bildsprache und den allgemein verständlichen, sozialkritischen Themen haben ihre Werke stets ein breites Echo gefunden. Stilistisch entwickelte sich Käthe Kollwitz' Schaffen unabhängig von den wechselnden Strömungen der Moderne und blieb immer auf den Gegenstand bezogen. Die eindringliche Botschaft ihrer Arbeiten lässt den Betrachter bisweilen vergessen, wie virtuos sie ihre künstlerischen Mittel einsetzte, um dem Inhalt eine möglichst überzeugende Gestalt zu verleihen.

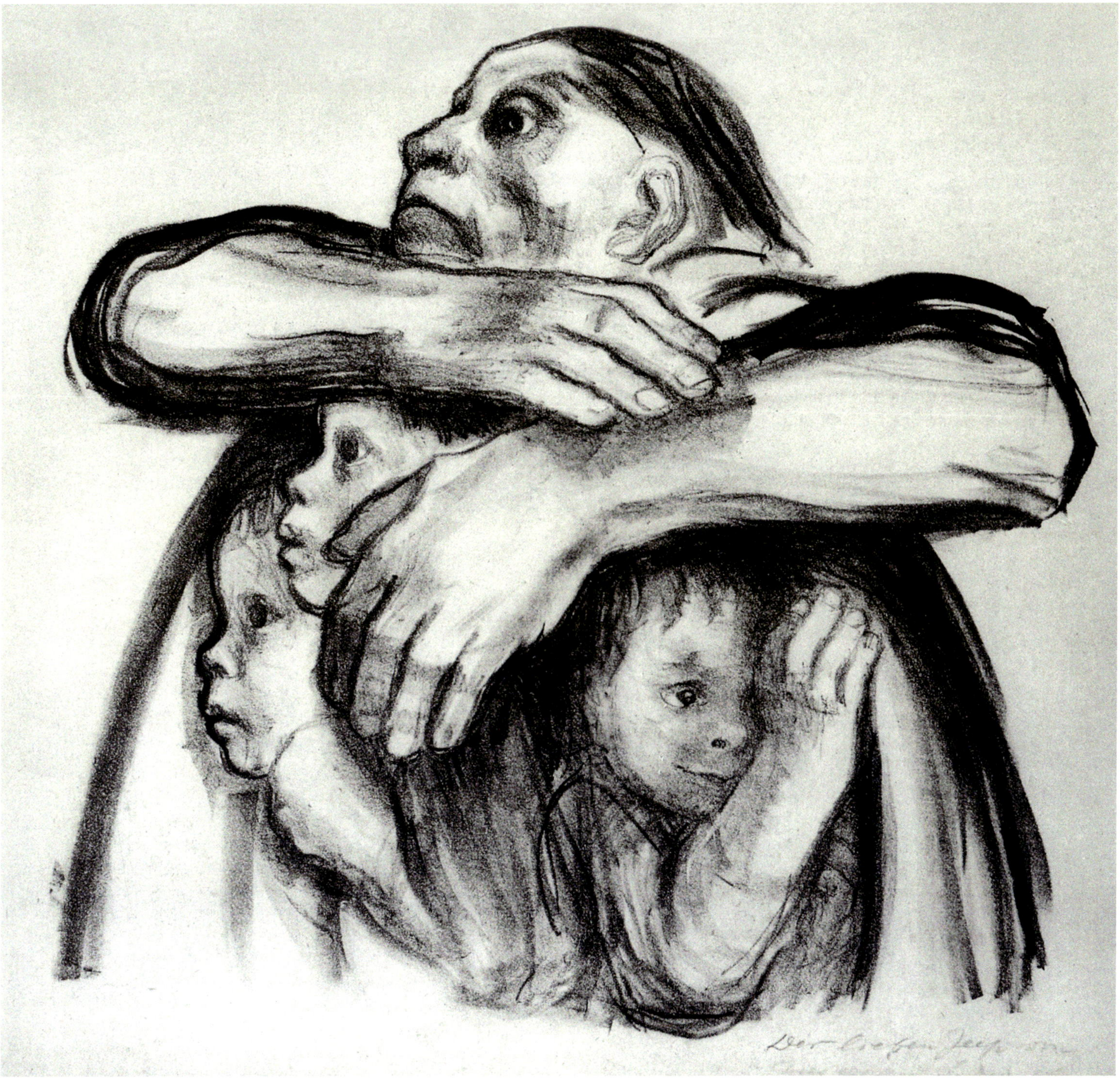

gegenüber
Käthe Kollwitz
Pietà, 1937/38
Bronze, Höhe 36,8 cm
Käthe-Kollwitz-Museum, Köln

oben
Käthe Kollwitz
Saatfrüchte sollen nicht vermahlen werden, 1941/42
Kreidelithographie, 37 x 39,5 cm
Käthe-Kollwitz-Museum, Berlin

Tamara de Lempicka

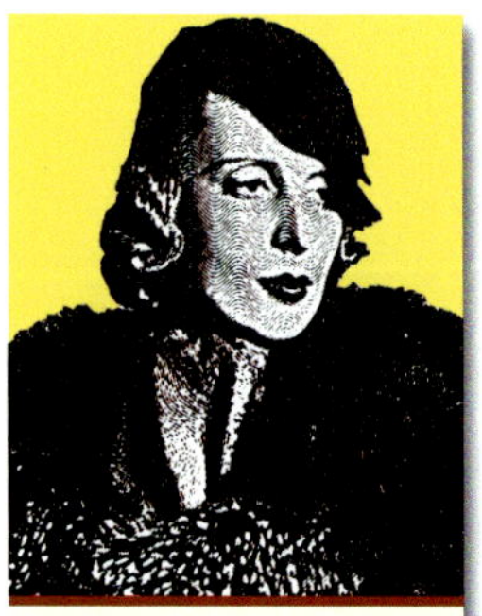

Tamara de Lempicka
*16. Mai 1898 Warschau
†18. März 1980 Cuernavaca, Mexico

- *erste Einzelausstellung 1925 in Mailand*
- *beteiligte sich in den 20er Jahren regelmäßig an Ausstellungen wie dem Salon des Indépendants*
- *stand mit dem italienischen Dichter Gabriele d'Annunzio in Kontakt*
- *1927 Erster Preis auf der Exposition Internationale des Beaux-Arts in Bordeaux*

Ihre Gemälde zieren Hochglanzkalender, Postkarten und Buchumschläge, ihre Frauenporträts sind populäre Ikonen der 20er Jahre wie die legendären Stahlrohrmöbel und Bauhauslampen. Dabei war die Künstlerin so gut wie vergessen, bevor ihr Werk 1972 durch eine große Retrospektive wiederentdeckt wurde.

Tamara de Lempicka war eine schillernde Gestalt der Kunstgeschichte, über die viele Legenden kursieren, aber wenig genauere Untersuchungen vorliegen. Auf Porträtfotos erscheint sie glamourös wie ein Filmstar, mit sinnlich-melancholischem Augenaufschlag à la Greta Garbo oder Marlene Dietrich. Sie besaß einen ausgeprägten Hang zur Selbstinszenierung: Stets extravagant gekleidet, empfing sie ihre Kundschaft aus der Pariser High Society in einem Atelier, das sie perfekt arrangiert hatte – mit viel Chrom und Aluminium, ›neusachlichen‹ Möbeln und einer amerikanischen Bar. Sie frequentierte die verruchten, schicken Nachtklubs der Stadt und war für ihre zahlreichen Affären mit Männern und Frauen bekannt.

Als Emigrantin war die gebürtige Polin 1918 nach der Oktoberrevolution in die französische Hauptstadt gekommen. Sie stammte aus der Großbourgeoisie und hatte zwei Jahre zuvor den Anwalt Tadeusz Lempicki geheiratet. Geadelt hat sie sich durch Hinzufügung des französischen ›de‹ zu ihrem Namen wohl kurzerhand selbst. Anfangs besuchte sie die private Académie de la Grande Chaumière; prägender für sie wurde jedoch der Unterricht bei dem Symbolisten Maurice Denis und bei André Lhote, der den Kubismus von Picasso und Braque mit einem eleganten Neoklassizismus verband.

Tamara de Lempicka entwickelte einen unverkennbaren Stil, der perfekt zu dem luxuriösen Art déco der Zwischenkriegszeit passte. Anregungen fand sie nicht nur in der Malerei von Jean Auguste Dominique Ingres oder Rosalba Carriera, sondern auch in Film, Fotografie und Werbegrafik. Einige ihrer berühmtesten Bilder, darunter das Selbstbildnis am Steuer eines Bugatti, entstanden als Titelbilder für die Frauenzeitschrift *Die Dame*.

Das Bildnis der Duchesse de la Salle gehört zu ihren bedeutendsten Arbeiten. Das ganzfigurige, lebensgroße Porträt orientiert sich in Aufbau und Bildtypus an Herrscherbildern des 16. und 17. Jahrhunderts. Das schwarze Reitkostüm und die selbstbewusst-raumgreifende Pose verleihen der Herzogin ausgesprochen androgyne Züge, ihr glatt sitzendes, violettschwarzes Haar ist kurz geschnitten – nur die feine, gepflegte Hand und die rot geschminkten Lippen betonen ihre Weiblichkeit. Hinter der beherrschten Fassade werden verhaltene Sinnlichkeit und Aggressivität spürbar.

Dominant erhebt sich die Gestalt hoch über den verwinkelten Häusern einer Stadt – eine Kulisse, wie Lempicka sie häufiger verwendete. Die Frau selbst ist realistischer gemalt als ihre ›kubistische‹ Umgebung, doch sie ist in einer für Lempicka charakteristischen Weise stilisiert: Die Körperform wirkt betont plastisch, die Umrisse sind scharfkantig, die Oberfläche fest und glatt, geradezu metallisch. In ihrer ganzen Erscheinung entspricht die Duchesse de la Salle dem Typus der ›Neuen Frau‹, wie er in der Literatur der 20er Jahre, aber auch in Werbung und Modegrafik propagiert wurde.

Den Höhepunkt ihrer Karriere hatte Lempicka Ende der 30er Jahre bereits erreicht. Als Baronin Kufner ging sie mit ihrem zweiten Ehemann 1939 in die USA und konnte mit ihrem späteren Schaffen nie mehr an ihre Vorkriegserfolge anknüpfen. 1980 starb sie im Alter von 81 Jahren in Mexiko, wo sie die letzte Zeit ihres Lebens verbracht hatte.

Tamara de Lempicka
Porträt der Duchesse de la Salle, 1925
Öl auf Leinwand, 161 x 96 cm
Privatsammlung

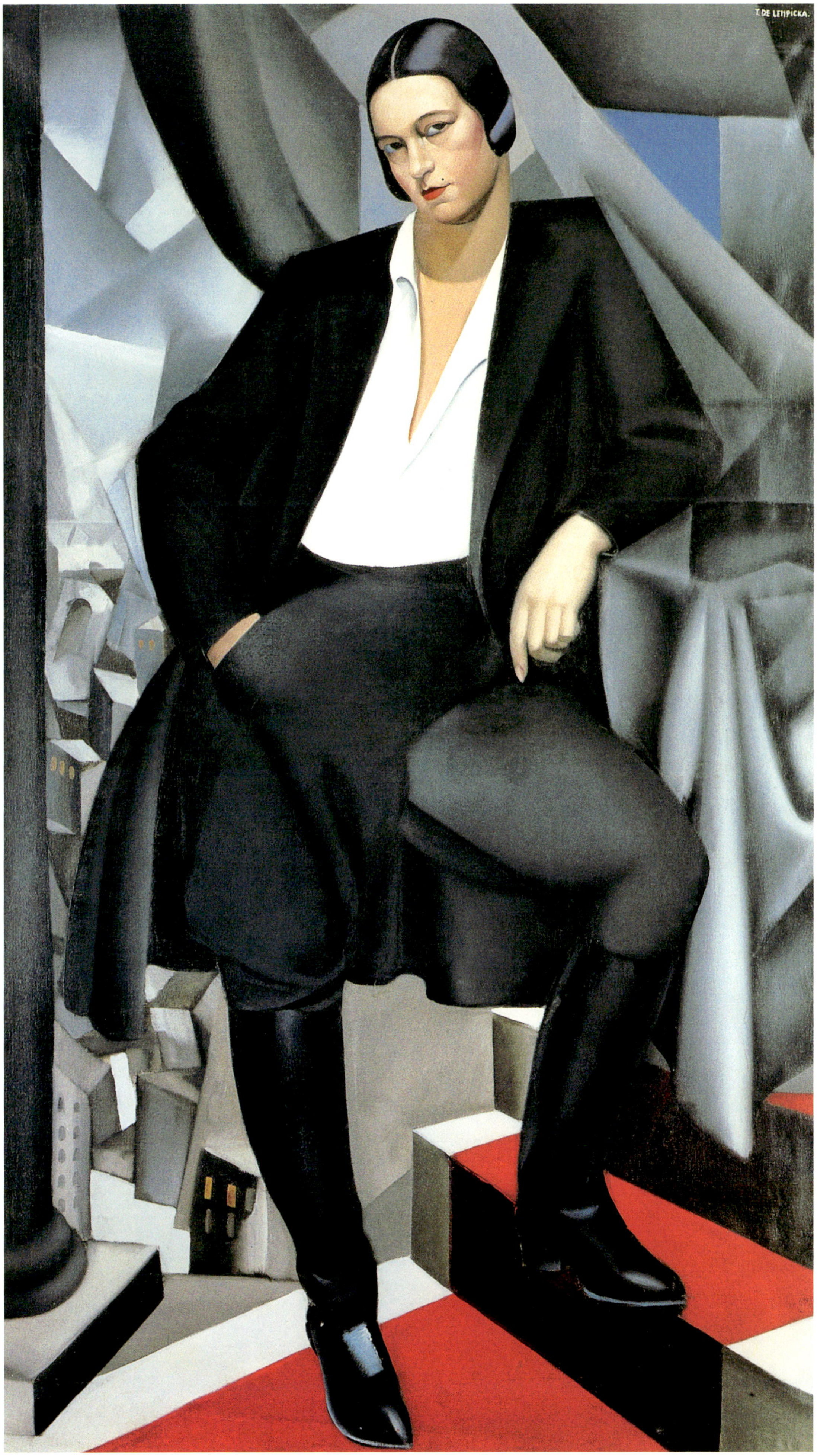
T. DE LEMPICKA.

Georgia O'Keeffe

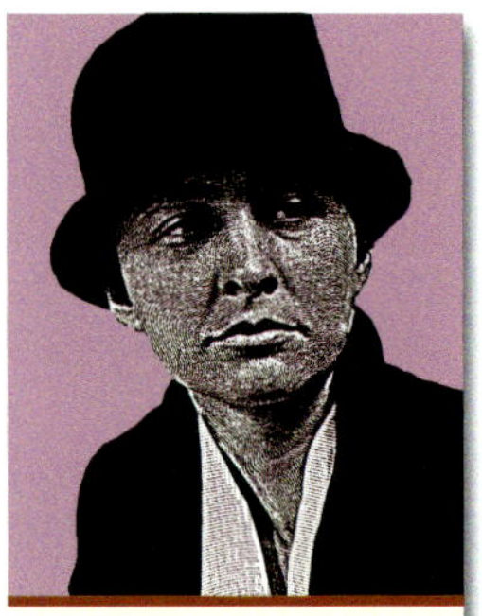

Georgia O'Keeffe
*15. November 1887 bei Sun Prairie, Wisconsin
†6. März 1986 Santa Fe, New Mexico

- *Vertreterin der ersten amerikanischen Avantgardebewegung neben* Edward Hopper *und* Marsden Hartley
- 1977 *Freiheitsmedaille, höchste Auszeichnung der* USA
- *zahlreiche Ehrendoktorwürden und Lehraufträge*
- *Mitglied der American Academy of Arts and Letter* (1962) *und der American Academy of Arts and Sciences* (1963)

Georgia O'Keeffe hat Blumen auf eine Weise gemalt, wie kein Künstler vor ihr: Extrem nah rückte sie die offenen Blütenkelche in den Vordergrund und vergrößerte sie überdimensional. Durch die Nahsicht erhalten Blumen wie die Orchidee eine geradezu beunruhigende Präsenz. Die glatte Maloberfläche mit den dichten Pinselstrichen lässt keine Materialillusion aufkommen, die geschwungenen Formen wirken verfremdet und abstrahiert. Zugleich erinnern sie an Details des weiblichen Körpers und wecken erotische Assoziationen. Diese Qualität der Arbeiten O'Keeffes ist von Kritikern und Publikum stets hervorgehoben worden – die Künstlerin selbst hat solche Deutungen jedoch von sich gewiesen. Ihre Absichten formulierte sie vielmehr ganz lapidar: »Eine Blume ist verhältnismäßig klein … Aber ich werde sie groß malen und so die Leute dazu bringen, sich Zeit zu nehmen, sie zu betrachten. Ich werde sogar die geschäftigen New Yorker dazu bringen …«

In einer kinderreichen Farmersfamilie wuchs Georgia O'Keeffe auf einer Ranch im Bundesstaat Wisconsin auf. Im Alter von 17 Jahren schrieb sie sich, unterstützt von ihrer Kunstlehrerin, an dem angesehenen Art Institute of Chicago ein, um – wie viele künstlerisch begabte Frauen damals – Zeichenlehrerin zu werden. Ab 1907 studierte sie an der angesehenen, aber konservativen Art Students League in New York. Zu dieser Zeit war die amerikanische Kunstszene stark an Europa orientiert.

Mit der Kunst der Moderne kam O'Keeffe erstmals in der New Yorker Galerie 291 des Fotografen Alfred Stieglitz in Berührung, die Werke von Cézanne, Matisse oder Picasso zeigte. 1915 entschloss sich O'Keeffe zu einem künstlerischen Neuanfang, vernichtete ihre früheren Bilder und schuf, inspiriert von Wassily Kandinskys Schrift *Über das Geistige in der Kunst* eine Reihe von abstrakt-organischen Arbeiten mit schwarzer Zeichenkohle. Alfred Stieglitz war begeistert und stellte die Blätter 1916 ohne Wissen der Künstlerin in seiner Galerie aus. Er wurde zum entscheidenden Förderer der fast 30-jährigen O'Keeffe; beinahe jedes Jahr zeigte er von nun an ihre Bilder und ermutigte sie, ihre bisherige Lehrtätigkeit aufzugeben. Bald wurde aus dem beruflichen Kontakt eine Liebesbeziehung, 1924 heirateten sie. Geradezu obsessiv fotografierte der 23 Jahre ältere Stieglitz seine Partnerin, hielt jedes Detail ihres Körpers in Hunderten von Aufnahmen fest und prägte auf diese Weise ihr Image als freizügige, unkonventionelle Frau. O'Keeffes Schaffen blieb von der Fotografie nicht unberührt: Ihre formatfüllenden Blumen erinnern an Detailvergrößerungen oder an Nahaufnahmen, wie sie der befreundete Fotograf Paul Strand machte.

Nach dem Tod ihres Mannes 1946 zog sich Georgia O'Keeffe in die Wüste New Mexicos zurück, wo sie schon seit den 30er Jahren oft einen Großteil des Jahres verbracht hatte. Auf ihrer Hazienda inmitten der kargen, felsigen Hochebene bei Abiquiu widmete sie sich ganz ihrer Malerei. Seit jeher war die Natur die Quelle ihrer künstlerischen Inspiration gewesen: Stundenlang streifte sie nun durch die Wüste, betrachtete die Weite des Horizonts und sammelte ausgebleichte Tierknochen und Schädel, die sie mit derselben kühlen und doch sinnlichen Präzision malte wie die Calla, Petunien, Lilien oder Mohnblumen. Als Georgia O'Keeffe mit fast 99 Jahren starb, war sie als berühmteste und erfolgreichste Malerin Amerikas bereits eine Legende.

Georgia O'Keeffe
Eine Orchidee, 1941
Pastellkreide auf Papier, auf Karton kaschiert
70,2 x 55,2 cm
Museum of Modern Art, New York

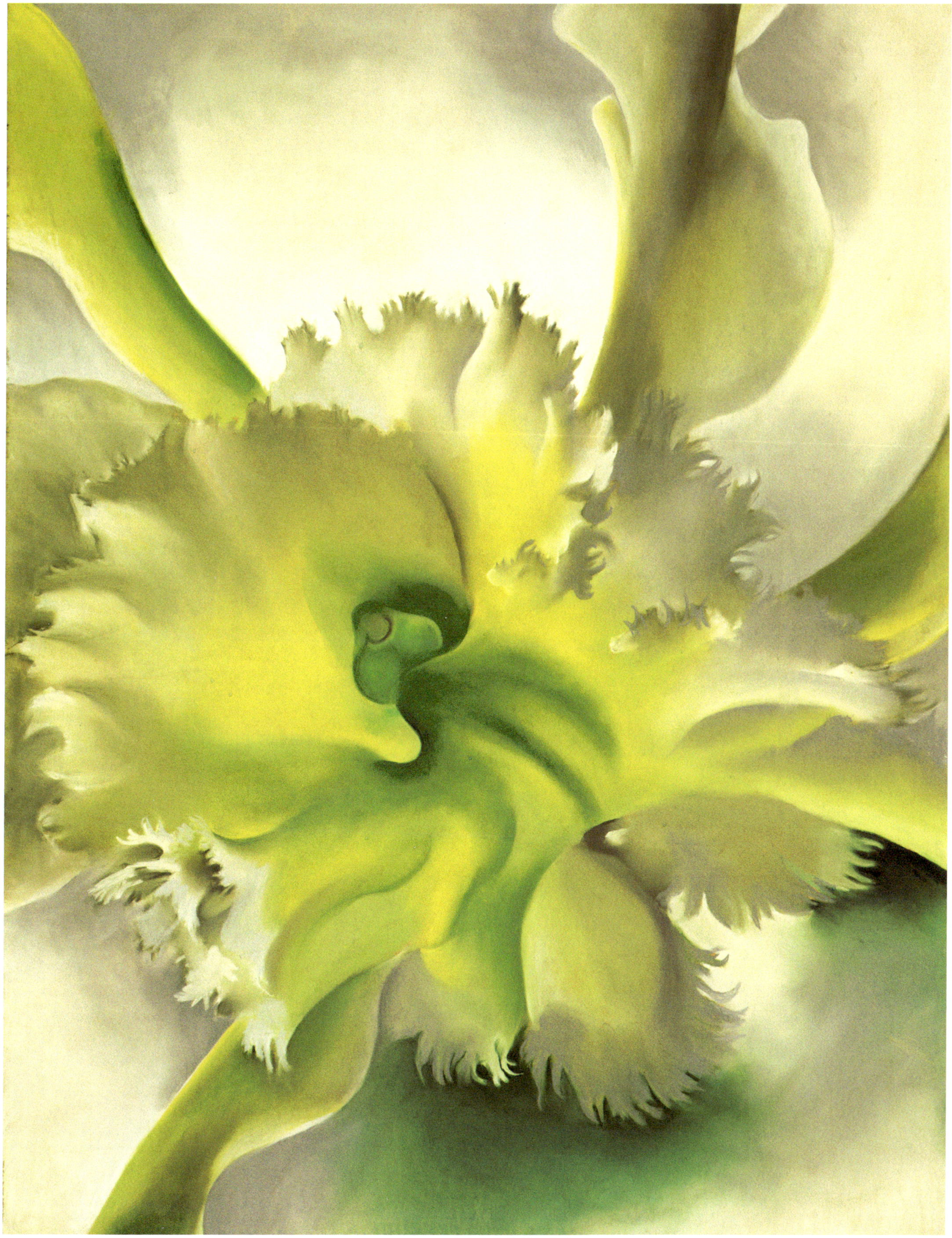

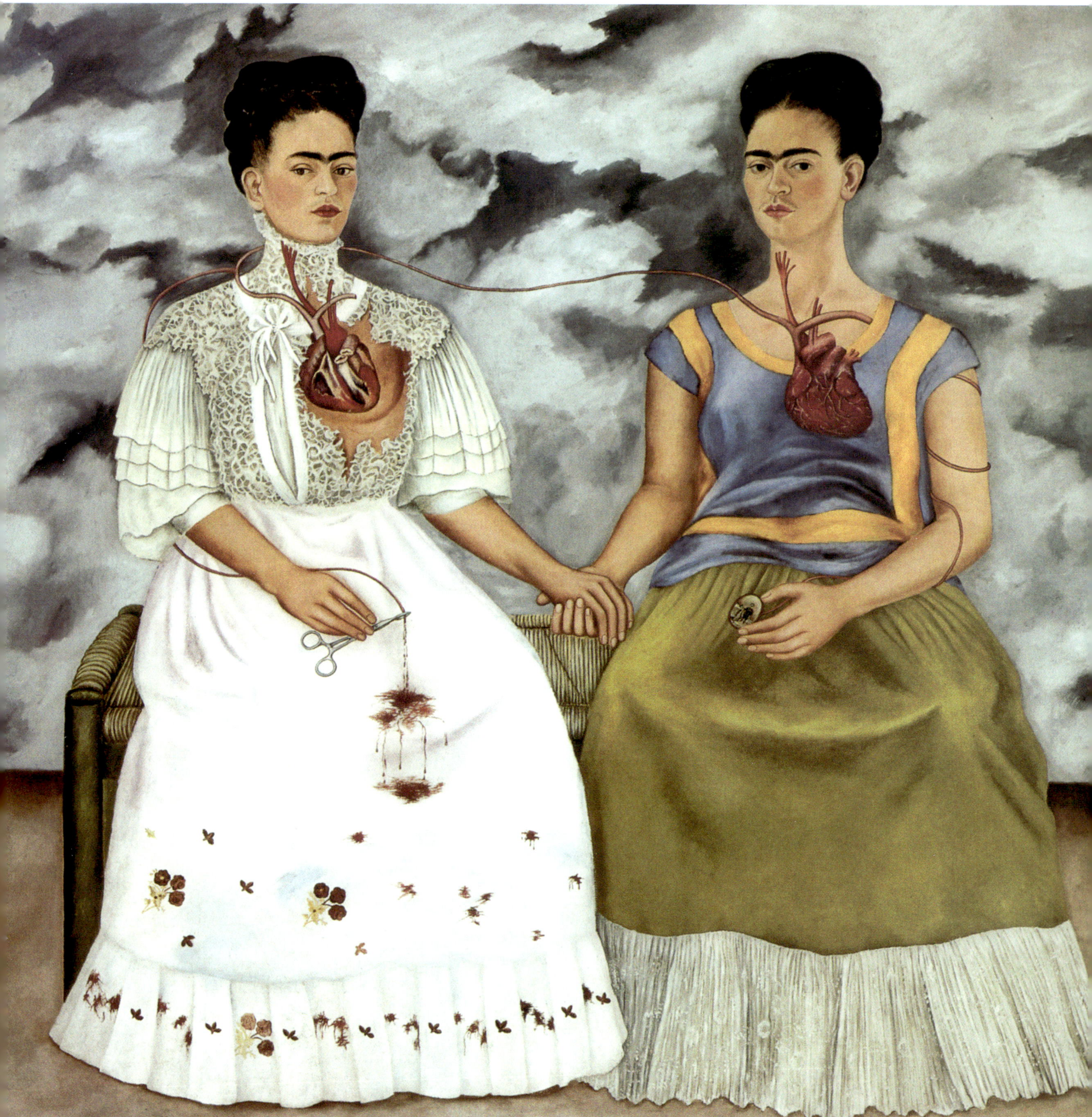
FRIDA KAHLO 1939

Frida Kahlo

Im Schlafzimmer und im Atelier von Frida Kahlo gehen die Besucher ein und aus, betrachten das Himmelbett, auf dem ihr bemaltes Gipskorsett liegt, den Rollstuhl vor der Staffelei, ihre Tagebücher und mexikanischen Trachtenkleider, die handgearbeiteten Tonschüsseln in der Küche und den mit Pflanzen geschmückten Innenhof des ›Blauen Hauses‹. Seit 1958 ist die ›Casa Azul‹ in Coyoacán, einem Vorort von Mexiko-City, wo die mexikanische Künstlerin 1907 geboren wurde und 1954 starb, ein Museum. Wenige Maler glaubt man so gut zu kennen wie Frida Kahlo, deren Leben bereits mehrfach verfilmt wurde: ihre Lieblingsspeisen und Trinkgewohnheiten, die quälenden Details ihrer Krankengeschichte und ihre Sympathie für den Kommunismus, die diversen Liebesaffären sowie Höhen und Tiefen ihrer Ehe mit dem berühmten, fast 20 Jahre älteren Wandmaler Diego Rivera.

Ursprünglich plante Frida, die Tochter eines erfolgreichen deutsch-jüdischen Fotografen und einer mexikanischen Mutter, Medizin zu studieren. Als sie jedoch im Alter von 18 Jahren bei einem Busunfall lebensgefährlich verletzt wurde, musste sie monatelang im Bett liegen und begann zu malen. Eine professionelle Ausbildung erhielt Kahlo allerdings nie. Von Anfang an setzte sie sich in ihren Bildern intensiv mit dem Unfall, ihrem Körper und ihrem Spiegelbild auseinander. Mehr als die Hälfte ihrer rund 130 Gemälde sind Selbstbildnisse: Die Künstlerin malte sich in wechselnder Kleidung, umgeben von persönlichen Gegenständen, Dschungelpflanzen oder symbolträchtigen Tieren, den Körper von Nägeln durchbohrt oder in Männerkleidern mit abgeschnittenem Haar – aber stets in derselben stolzen Haltung, mit unbeweglicher Miene, fast maskenhaft schön.

Das Bild *Die zwei Fridas* entstand 1939 kurz nach der Scheidung von Rivera, die allerdings nur von kurzer Dauer war: 1940 heirateten beide ein zweites Mal. Als lebensgroßes Doppel-Selbstbildnis ist das Gemälde in der Kunstgeschichte beispiellos. Links sitzt die ›europäische‹ Frida in einem hochgeschlossenen, weißen Spitzenkleid. Ihre Lebensader ist abgeschnitten, durch die chirurgische Klemme tropft Blut auf den Rock und mischt sich mit den daraufgestickten Blumen. Ihr Alter Ego ist die dunkelhäutigere, in mexikanische Tehuana-Tracht gekleidete Frida, wie Rivera sie liebte. Sein Kinderbildnis ist direkt mit ihrem Herzblut verbunden. Es ist ein schlicht und realistisch gemaltes Bild – wären da nicht die scheinbar einem anatomischen Lehrbuch entnommenen Herzen und Adern.

In diesem unvermittelten Zusammentreffen von äußerer Wirklichkeit und innerer Vorstellungswelt ähnelt Frida Kahlos Malerei dem Surrealismus. Als André Breton, der Wortführer der Pariser Surrealisten, sie in den späten 30er Jahren ›entdeckte‹ und in Paris bekannt machte, ging sie jedoch bald auf Distanz. Ihre Malerei speiste sich aus anderen Quellen als die intellektuelle, psychoanalytisch inspirierte Kunst der Surrealisten. Kahlo fand ihre Vorbilder vor allem in der volkstümlichen Kunst Mexikos, die sie verehrte und sammelte, insbesondere den naiven Votivbildern. Dort tritt das Irreale und Wunderbare direkt neben dem Alltäglichen auf; aus wundertätigen Reliquien fließen Blutströme, flammende Herzen liegen offen. Im Gegensatz zu den religiösen ›Retablos‹ bleibt Frida Kahlos Bildwelt jedoch fast obsessiv auf sich selbst bezogen. Als große Leidende, stolze Schönheit, leidenschaftlich Liebende und faszinierende Malerin wird sie heute geradezu hymnisch verehrt und ist – vor allem seit der Frauenbewegung der 80er Jahre – zu einer populären Identifikationsfigur avanciert.

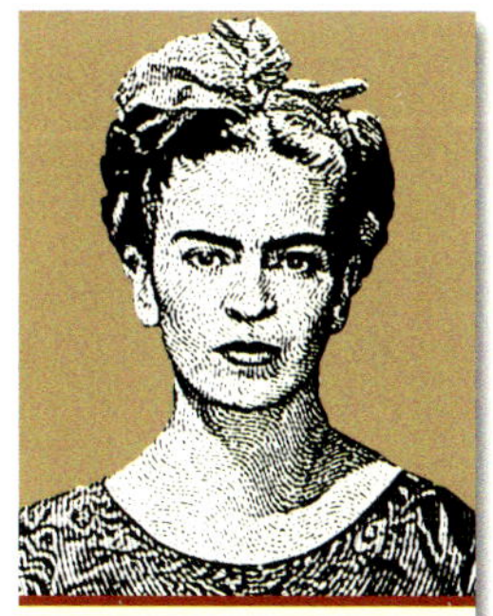

Frida Kahlo
*6. Juli 1907 Coyoacán, Mexico City
†13 Juli 1954 Coyoacán

- *beeinflusst durch die mexikanische Volkskunst*
- 1938 *erste Einzelausstellung in New York*
- 1946 *Mexikanischer Nationalpreis der Künste und Wissenschaften*
- *zweimal mit dem Maler Diego Rivera verheiratet*
- *berühmteste Künstlerin Lateinamerikas*

Frida Kahlo
Die zwei Fridas, 1939
Öl auf Leinwand, 173,5 x 173 cm
Museo de Arte Moderno, Mexiko-Stadt

Meret Oppenheim

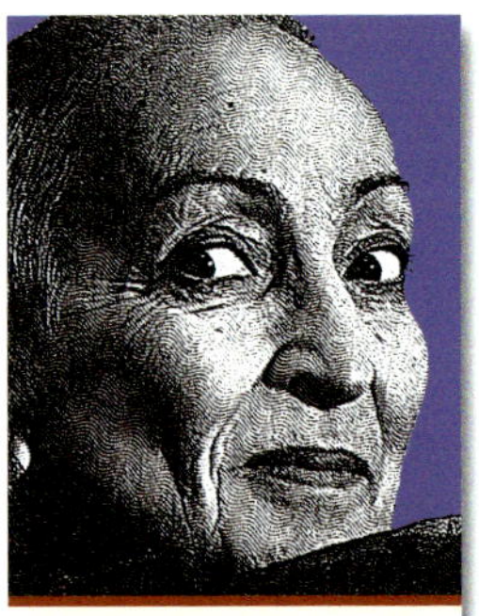

Meret Oppenheim
*6. Oktober 1913 Berlin
†15. November 1985 Basel

- *besuchte* 1929–1930 *und* 1937 *die Kunstgewerbeschule Basel*
- *erste Einzelausstellung* 1936 *in Basel*
- 1967 *Retrospektive des Moderna Museet Stockholm*
- *erhielt den Kunstpreis der Stadt Basel* 1974 *und den Kunstpreis der Stadt Berlin* 1982
- *veröffentlichte Gedichte, Traumaufzeichnungen und ein Drehbuch*

Selten wurde ein Künstler so stark mit einem einzigen Werk identifiziert wie Meret Oppenheim mit der berühmten Pelztasse. Das surrealistische Objekt entstand 1936 in Paris, wurde noch im selben Jahr vom Museum of Modern Art in New York angekauft und machte die 23-jährige international bekannt. Keine ihrer späteren Arbeiten hat auch nur annähernd gleiche Beachtung gefunden, obwohl ihr vielfältiges Werk neben Skulpturen und Objektkunst auch Zeichnungen und Gemälde, Möbelentwürfe und Gedichte umfasst.

Die Idee zu der Pelztasse soll nach Aussage der Künstlerin ganz zufällig entstanden sein. In den 30er Jahren entwarf Meret Oppenheim für die Modedesignerin Elsa Schiaparelli ausgefallene Accessoires und kreierte unter anderem einen mit Pelz bezogenen Armreif. Bei einem Treffen mit Pablo Picasso und seiner Partnerin Dora Maar im Café de Flore entstand der Einfall, auch andere Alltagsgegenstände mit Pelz zu besetzen. Als der Wortführer der Surrealisten, André Breton, sie wenig später um einen Beitrag für eine Ausstellung bat, setzte Meret Oppenheim die spontane Idee um. Sie erstand im Pariser Kaufhaus Monoprix Tasse, Teller und Teelöffel und beklebte sie mit chinesischem Gazellenfell.

Beim Betrachter löst die Pelztasse mit ihrer ungewöhnlichen Kombination von Materialien widerstreitende Gedanken und Gefühle aus: Das weiche Fell reizt dazu, es mit den Fingerspitzen zu berühren, doch die Vorstellung, die Tasse an die Lippen zu führen, weckt unwillkürlich unangenehme Empfindungen. Den Titel *Déjeuner en fourrure, Frühstück im Pelz,* erhielt das Objekt erst zwei Jahre später durch André Breton. »Somit war ein Teil seiner skandalträchtigen Wirkung nicht von mir erfunden«, bemerkte die Künstlerin später. Der Name verweist auf das so genannte Gabelfrühstück eleganter Damen im Pelz, betont aber auch die unterschwellig erotische Komponente der Arbeit, indem er auf Édouard Manets berühmtes Gemälde *Frühstück im Freien* anspielt, das eine nackte Frau beim Picknick mit zwei bekleideten Männern zeigt, sowie auf den erotischen Roman *Venus im Pelz* (1869) von Leopold Sacher-Masoch.

Meret Oppenheim war mit 18 Jahren aus der Schweiz nach Paris gekommen, um Künstlerin zu werden. Nach einem kurzen Zwischenspiel an einer privaten Akademie lernte sie die Surrealisten um Breton kennen. Man Ray machte Aktfotos von ihr, eine Affäre mit Max Ernst folgte – die junge, schöne Frau avancierte rasch zu einer Muse des Künstlerkreises und nahm mit ihren Arbeiten an deren Ausstellungen teil. Vor dem drohenden Ausbruch des Zweiten Weltkriegs, als die Surrealistengruppe sich aufzulösen begann, kehrte Oppenheim in die Schweiz zurück. In dem konservativeren kulturellen Klima fanden ihre avantgardistischen Objekte keine Resonanz; die Künstlerin blieb eine Außenseiterin und geriet in eine lange depressive Phase. Erst in den 50er Jahren hatte Meret Oppenheim die persönliche und künstlerische Krise überwunden. Zum endgültigen Bruch mit den Surrealisten kam es 1959, als Breton sie bat, für eine Ausstellungseröffnung ihr Frühlingsfest zu wiederholen, das sie zuvor im privaten Rahmen inszeniert hatte: ein Festmahl auf dem Körper einer nackten Frau. In der Pariser Version wurde daraus jedoch eine voyeuristische Inszenierung für Männer, in der Oppenheim ihre ursprünglichen Absichten – ein Fest für Männer und Frauen – ins Gegenteil verkehrt sah.

Von ihrem legendären Pelzfrühstück verabschiedete sich die Künstlerin in den frühen 70er Jahren auf ironische Weise: mit einer zweidimensionalen Kitschversion im Andenkenstil, die heute ebenfalls im Museum of Modern Art zu sehen ist.

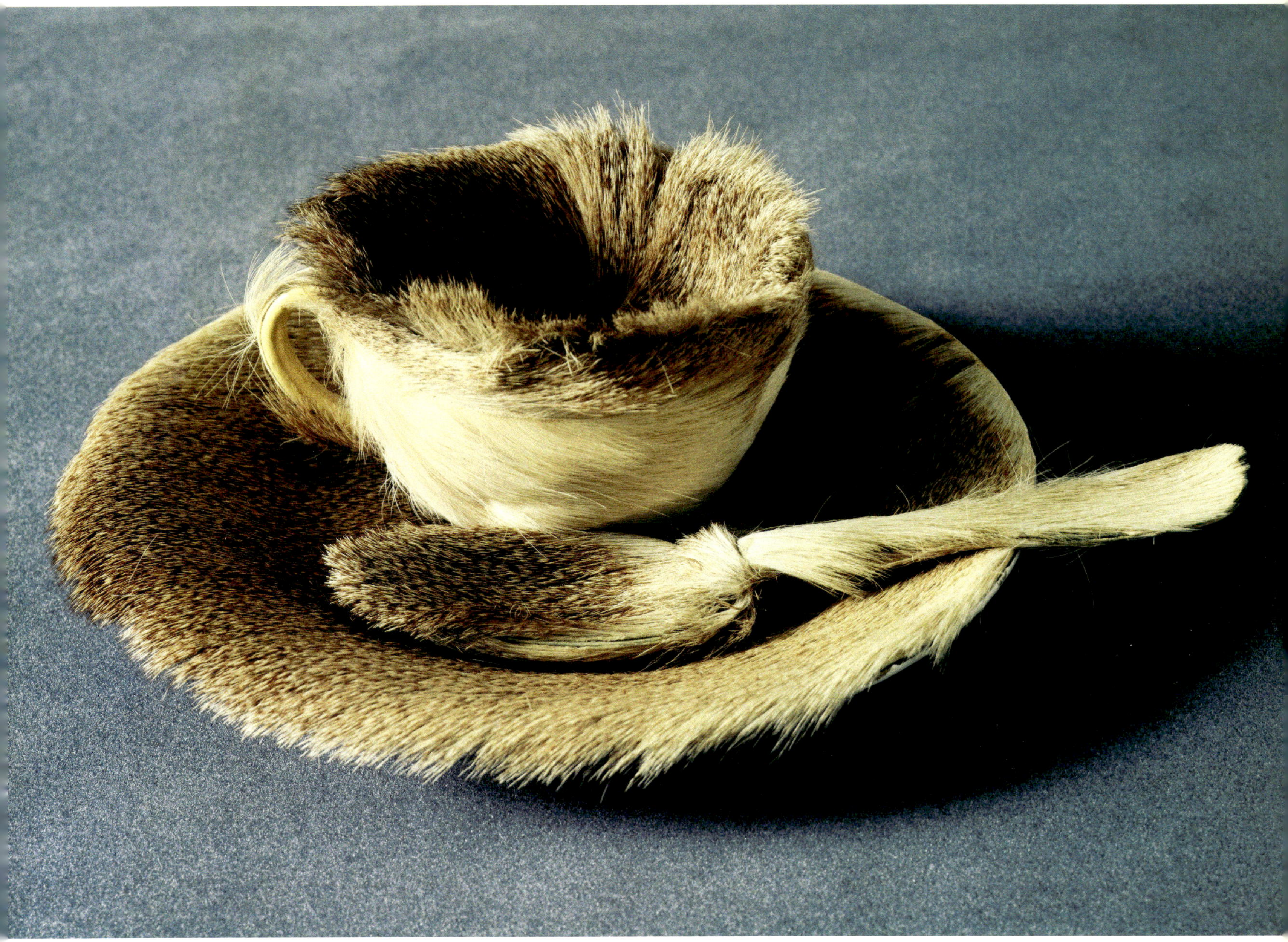

Meret Oppenheim
Pelztasse (Le Déjeuner en fourrure), 1936
Tasse, Untertasse und Löffel, mit Fell überzogen
Museum of Modern Art, New York

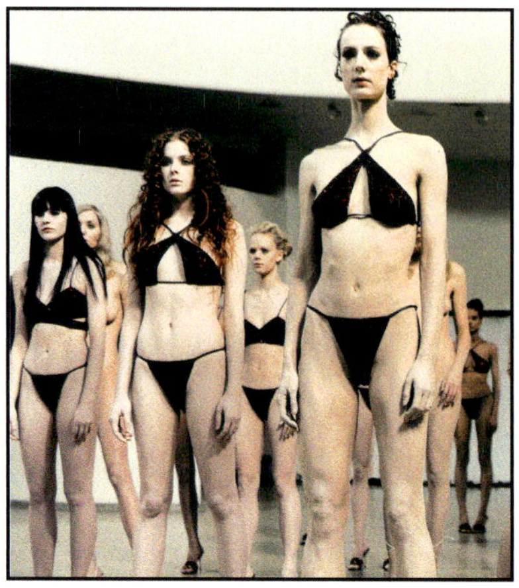

Carl Hofer Edward Hopper Josef Albers Mark Rothko Willem de Kooning Barnett Newman Victor Vasarély Francis Bacon Jackson Pollock Ad Reinharc

Das 20. Jahrhundert

nach 1945

Barbara Hepworth

Helen Frankenthaler

Eva Hesse

Niki de Saint Phalle

Hanne Darboven

Louise Bourgeois

Rebecca Horn

Cindy Sherman

Jenny Holzer

Shirin Neshat

Vanessa Beecroft

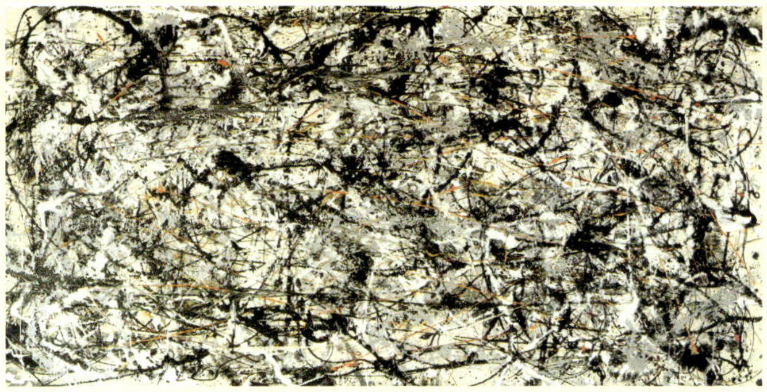

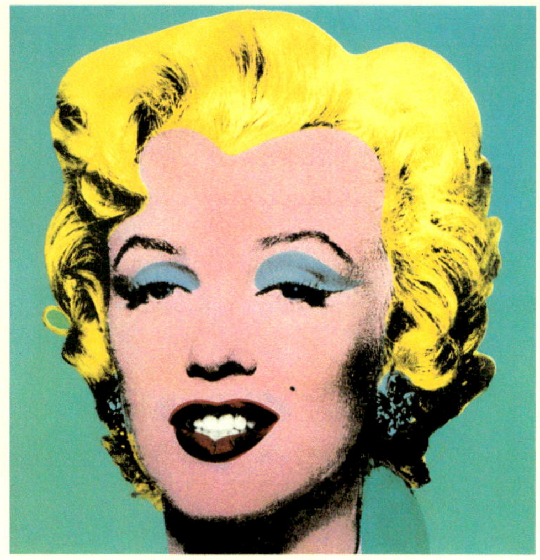

In der Zeit nach dem Zweiten Weltkrieg bestimmte die Abstraktion das Kunstgeschehen in Westeuropa und den USA. Während in den Ländern des Ostblocks ein staatlich verordneter, sozialistischer Realismus herrschte, galten gegenstandslose Gestaltungsformen in der westlichen Welt als zeitgemäßer Ausdruck von Individualismus und Freiheit. Es gab vielfältige Spielarten des Abstrakten, die mit Bezeichnungen wie gestische, nonfigurative, absolute oder konkrete Kunst belegt wurden. Die Künstler nach 1945 knüpften an Errungenschaften der Vorkriegszeit an: die abstrakte Malerei Kandinskys und seine Schrift über das Geistige in der Kunst, den Konstruktivismus Piet Mondrians, die systematischen Form- und Farbstudien am Bauhaus oder die psychischen Automatismen des Surrealismus.

Eine Keimzelle der abstrakten Kunst war in Europa die ›École de Paris‹ mit Künstlern wie Alfred Manessier, Hans Hartung, Pierre Soulages oder Serge Poliakoff, die aus den Kreisen russischer, deutscher und niederländischer Emigranten in der französischen Hauptstadt hervorging.

Zum Zentrum der neuen Kunstbewegungen avancierte in der Zeit nach 1945 jedoch New York. Die großformatigen, machtvoll und dynamisch wirkenden Bilder von Jackson Pollock und Willem de Kooning beeinflussten ganze Generationen von Malern. Pollock revolutionierte die Malerei mit seinem ›Action Painting‹, bei dem er die Farbe aus Blechbüchsen auf am Boden liegende Leinwände tropfte und so freie Arabesken von mitreißender Kraft schuf. Dieser ›abstrakte Expressionismus‹ entstand ganz aus der Improvisation, aus der Körperbewegung heraus. Anders als bei Pollock finden sich in Willem de Koonings ausdrucksstarken, spontan gemalten Arbeiten zum Teil organische und gegenständliche Elemente. Nach klareren Bildstrukturen strebten die Maler der darauf folgenden Generation des ›Colour Field Painting‹ (Farbfeldmalerei), deren Bilder durch Streifen oder Farbbahnen gekennzeichnet sind. Eine ›meditative‹ Qualität gewann die abstrakte Malerei in den großflächigen Gemälden Barnett Newmans, die aus rein monochromen Farbflächen aufgebaut sind. Auch Mark Rothko machte das Phänomen Farbe zum alleinigen Bildgegenstand und evozierte mit seinen schwebenden, an den Rändern diffus verlaufenden Farbfeldern einen Eindruck von Unendlichkeit und Transzendenz. Mit den ›Black Paintings‹ von Ad Reinhardt schien die Malerei gegen Ende der 50er Jahre einen Endpunkt erreicht zu haben.

oben links
Mark Rothko
Yellow, Orange, Red on Orange, 1954
Öl auf Leinwand
292 x 231 cm
Sammlung Kate Rothko Prizel, New York

oben Mitte
Jackson Pollock
Kathedrale, 1947
Email- und Aluminiumfarbe auf Leinwand
181,6 x 88,9 cm
Dallas Museum of Art, Texas

oben rechts
Andy Warhol
Marilyn, 1964
Polymer und Siebdruckfarbe auf Leinwand, 101 x 101,6 cm
Sammlung Thomas Amman, Zürich

In den 60er Jahren trat jedoch die amerikanische Pop Art ihren Siegeszug an, die die Konsumkultur der Gegenwart ironisch und kritisch reflektierte. Künstler wie Andy Warhol und Roy Lichtenstein griffen die trivialen Bildwelten von Reklame und Produktdesign, Massenmedien und Comics auf und setzten sie in plakative, bunte Siebdrucke, Gemälde und Plastiken um. Bei dem Amerikaner Robert Rauschenberg, einem Vorläufer der Pop Art, und den ›Nouveaux Réalistes‹ wie Jean Tinguely oder dem Schweizer Daniel Spoerri fand die Realität auf ganz unmittelbare Weise Eingang ins Bild: Sie fertigen Assemblagen aus Alltagsgegenständen und Schrott.

Als Gegenbewegungen zur Pop Art bildeten sich in den 60er Jahren Op Art, Minimal Art und Konzeptkunst heraus. Die abstrakten Bilder von Op-Art-Künstlern wie Victor Vasarély oder Bridget Riley basierten auf optischen Täuschungen und irritierenden visuellen Effekten. Dagegen reduzierte die zeitgenössische Minimal Art von Sol LeWitt, Carl Andre oder Donald Judd das künstlerische Formenrepertoire auf wenige, geometrische Elemente und klare räumliche Strukturen wie Quadrat- oder Gitterformen. In der internationalen Konzeptkunst seit Ende der 60er Jahre stand die Idee, der gedankliche Entwurf, im Zentrum; die Ausführung galt als nebensächlich und beliebig wiederholbar. So zeigen die Gemälde des Japaners On Kawara nichts als Datumsangaben, Joseph Kosuth lässt Zitate auf Mauern schreiben und der Franzose Daniel Buren verfremdet Räume und Plätze mit gestreiftem Markisenstoff.

In Zusammenhang mit den politischen Protestbewegungen der 68er-Generation, den Anti-Vietnamkrieg-Demonstrationen in Amerika, den Studentenprotesten in Europa und der feministischen Bewegung politisierte sich auch die Kunstszene. Joseph Beuys proklamierte den erweiterten Kunstbegriff mit seinem Slogan »Jeder Mensch ist ein Künstler« und verkündete programmatisch die Einheit von Kunst und Leben. Durch seine Performances und raumfüllenden Skulpturenensembles, vor allem aber mit seinen Überlegungen zum gesellschaftsverändernden Potenzial der Kunst übte er großen Einfluss auf andere Künstler aus. Die internationale Fluxus- und Happeningbewegung knüpfte mit Witz und Provokationen an die Anti-Kunst-Tradition der Dadaisten an.

Nach dieser Phase künstlerischer Grenzüberschreitungen erlebte die lange Zeit als überholt geltende Malerei einen ungeahnten Aufschwung. Die ›Neuen Wilden‹ aus Deutschland, z. B. Georg Baselitz, eroberten mit expressionistisch wirkenden Großformaten den Kunstmarkt, ohne sich auf Dauer gegen die Multimediakunst durchsetzen zu können. International gewann die Videokunst an Bedeutung, auch die Fotografie etablierte sich als eigenständiges Medium, Computer- und Internetkunst machten von sich reden. Rauminstallationen und serielle Arbeiten lösten das Einzelkunstwerk ab.

Seit den 90er Jahren ist das Kunstgeschehen endgültig von Stilpluralismus und Eklektizismus geprägt. Im Zeitalter der Postmoderne war jede künstlerische Haltung möglich, die Grenzen der Kunst wurden unendlich oft erweitert und überschritten, alle Provokationen gelebt, alle großen Vorbilder der Kunstgeschichte zitiert. Im ausgehenden 20. Jahrhundert lassen sich kaum noch übergreifende Tendenzen im Labyrinth der vielfältigen künstlerischen Einzelpositionen ausmachen. Sowohl Kunstmarkt als auch Kunstproduktion sind global vernetzt und die Rolle des Kurators und Kritikers gewinnt zunehmend an Bedeutung, um dem Publikum Maßstäbe und Deutungsmodelle zu vermitteln. Als neuester Trend zeichnet sich nach der Jahrtausendwende zum 21. Jahrhundert erneut ein Revival der Malerei ab.

Multimediakünstlerinnen

In der Aufbruchsphase seit den 60er Jahren machten sich Künstlerinnen neue Kunstformen wie Performance, Video und Rauminstallation zu Eigen, die nicht wie Malerei oder Skulptur traditionell vorgeprägt waren. Die feministische Bewegung stärkte das Selbstbewusstsein der Frauen, schärfte den Blick für gesellschaftliche Machtmechanismen und bereitete auch den Weg für eine enttabuisierte Wahrnehmung des Körpers. Künstlerinnen wie die Österreicherin Valie Export oder die Joseph-Beuys-Meisterschülerin Ulrike Rosenbach schufen experimentelle Filme, Videoinstallationen oder inszenierten provokante Aktionen im öffentlichen Raum, bei denen sie sich mit geschlechtsspezifischen Stereotypen auseinandersetzten. Die ›Body Art‹ der 70er Jahre machte den Körper selbst zum künstlerischen Medium: Protagonisten wie die in Jugoslawien geborene Marina Abramović oder die Französin Gina Pane unterzogen sich schmerzhaften psychischen und physischen Grenzerfahrungen.

In den 80er und 90er Jahren entwickelte sich die Videokunst von ihren experimentellen Anfängen zu einem vielseitigen, technisch perfektionierten Medium – zum Beispiel bei der Belgierin Marie-Jo Lafontaine oder der Finnin Eija Liisa Ahtila. Auch die Fotokunst erlebte einen Boom, der bis heute anhält. Die in Düsseldorf lebende Katharina Sieverding verwendet häufig Selbstporträtaufnahmen, die sie verfremdet und zu wandfüllenden Arbeiten von düster-glühender Farbigkeit kombiniert. Völlig anders arbeitet die Fotografin Candida Höfer, die 2003 den Deutschen Pavillon der Biennale di Venezia bespielt: Ihre großformatigen, klar strukturierten Aufnahmen zeigen menschenleere Innenräume öffentlicher Gebäude, wie Bibliotheken oder Museen, ohne den Einsatz künstlicher Lichtquellen, vollkommen sachlich und neutral. Die Amerikanerin Nan Goldin dagegen ist als Chronistin des Alltags von Drogensüchtigen, Transvestiten und Prostituierten bekannt geworden.

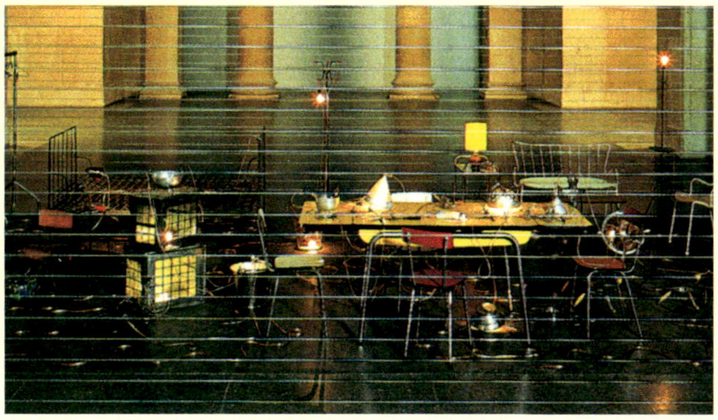

Mona Hatoum, ***Homebound,*** **2000**
Installation, Tate Britain, London

Traditionelle weibliche Techniken wie die Textilkunst besitzen ebenfalls eine aktuelle subversive Qualität. So fertigte Rosemarie Trockel maschinell ausgeführte Strickbilder, auf denen Firmenlogos oder politische Symbole in gleichförmigem Musterrapport erscheinen. Die aus Ägypten stammende Ghada Amer stickt filigrane Umrisse von pornographische Szenen auf große Leinwände, die auf den ersten Blick wie abstrakte Strukturen wirken. Andere Künstlerinnen verwandeln harmlose Alltagsobjekte in Installationen, die beim Betrachter höchst ambivalente Empfindungen auslösen. So kreiert die Französin Annette Messager alptraumhafte Szenerien aus alten Kuscheltieren, und die gebürtige Palästinenserin Mona Hatoum setzte in ihrer Arbeit *Homebound* ein Ensemble aus schäbigen Einrichtungsgegenständen und Haushaltsutensilien unter Strom und machte so das Vertraute zur Gefahrenquelle.

An der Wende zum 21. Jahrhundert gehören computermanipulierte und digital generierte Bildwelten zum Repertoire der jungen Künstlerinnengeneration. Zum Star der Kunstszene wurde die Schweizerin Pipilotti Rist mit ihren poppig-bunten Videos wie *Ever is Over All* von 1997, in dem sie mit einer Plastikblume die Scheiben parkender Autos einschlägt. Niemals zuvor haben Frauen im Kunstgeschehen eine so bedeutende Rolle gespielt wie heute; auch künftig werden sie alle Medien zu nutzen wissen, um der Kunst neue Perspektiven zu erschließen.

Kulturkalender für das 20. Jahrhundert nach 1945

1948
Der Staat Israel wird ausgerufen.

1959
Castros Sieg in Kuba verschärft den Ost-West-Konflikt.

1961
Der Bau der Berliner Mauer manifestiert die Teilung Deutschlands.

1968
Höhepunkt der Studentenunruhen, die in den westlichen Ländern als Protest gegen den Vietnamkrieg begonnen hatten. Der Prager Frühling in der CSSR wird von Truppen des Warschauer Paktes niedergeschlagen.

1969
Erste Mondlandung der US-Rakete ›Apollo 11‹.

1971
Die internationale Umweltschutzorganisation Greenpeace wird in Vancouver (Kanada) gegründet.

1978
Der polnische Kardinal Karol Wojtyla wird als Johannes Paul II. zum Papst gewählt.

1989
Fall der Berliner Mauer: Der Zusammenbruch der sozialistischen Länder beginnt.

1992
Das World Wide Web wird am CERN in Genf entwickelt.

1996
Das Schaf Dolly ist das erste geklonte Säugetier.

1998/99
Die postkommunistischen Unabhängigkeitsbestrebungen auf dem Balkan münden in den Kosovo-Krieg.

Barbara Hepworth

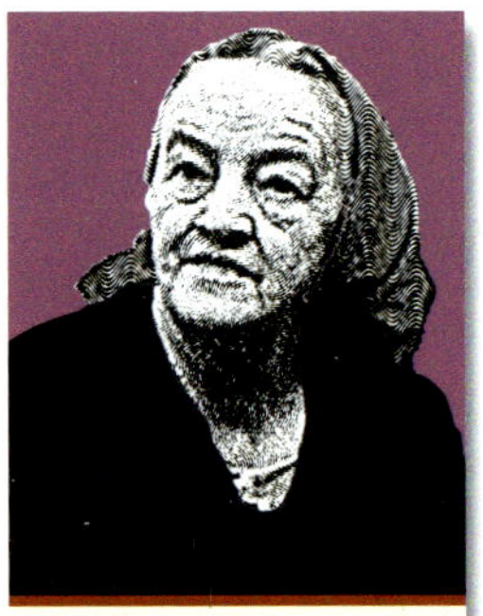

Barbara Hepworth
*10. Januar 1903 Wakefield, Yorkshire
†20. Mai 1975 St. Ives, Cornwall

- *Kontakt zu Brancusi, Braque, Picasso, Mondrian, Arp*
- 1933 *einziges weibliches Mitglied der Gruppe Abstraction-Création*
- 1955 *und* 1959 *auf der Documenta in Kassel vertreten*
- 1965 *in den Rang einer ›Dame‹ des ›Order of the British Empire‹ erhoben*
- *zählt zu den großen abstrakten Bildhauern des* 20. *Jahrhunderts*

Drei Künstler vertraten Großbritannien 1950 auf der 25. Biennale von Venedig: John Constable, der große Landschaftsmaler des 19. Jahrhunderts, Matthew Smith, ein heute wenig bekannter Maler der Moderne – und Barbara Hepworth, die 47-jährige Bildhauerin. Doch die Freude über diese Anerkennung ihres Werkes war nicht ungetrübt: Zwei Jahre zuvor hatte Henry Moore auf der Biennale mit seinen blockhaften, halbabstrakten Skulpturen den großen Preis der Jury gewonnen. Das Werk der nur wenige Jahre jüngeren Barbara Hepworth erschien nun gegenüber Moore gewissermaßen auf den zweiten Rang verwiesen.

Beide Künstler stammten aus Yorkshire und lernten sich 1920 als Studenten auf der Kunstschule in Leeds kennen. Auch später standen sie in engem Kontakt, besonders in der Dekade vor dem Zweiten Weltkrieg, als beide im Londoner Stadtteil Hampstead lebten, wo Hepworth auch ihren zweiten Mann, den Maler Ben Nicholsen, kennen lernte. Im Austausch mit Künstlerfreunden wie den Konstruktivisten Piet Mondrian und Naum Gabo näherten sich Hepworth und Moore in ihren Arbeiten der Abstraktion. Für Moore blieb der menschliche Körper ein wichtiger Bezugspunkt, Hepworth dagegen wandte sich in den 30er Jahren einer weitgehend gegenstandslosen, aber organisch anmutenden Formensprache zu. Die Wahl des Materials – Walnuss- oder Teakholz, Marmor oder Alabaster, Bronze und Stahl – spielte für sie dabei eine wichtige Rolle. Sie liebte es, die Formen mit Hammer und Meißel direkt aus dem Stein- oder Holzblock herauszuarbeiten. Die Technik der Steinbearbeitung hatte sie gemeinsam mit ihrem ersten Mann, dem Bildhauer John Skeaping, während eines Studienaufenthalts in Italien erlernt; in England gehörte dies nicht zur Ausbildung.

Der Ausbruch des Zweiten Weltkriegs bedeutete für die Künstlerin eine entscheidende Wende. Aus London zog sie sich mit ihrem Mann, dem Sohn Paul und den 1934 geborenen Drillingen nach Cornwall zurück. In dem Fischerdorf St. Ives verbrachte sie die zweite Hälfte ihres Lebens, inmitten der felsigen Landschaft, deren prähistorische Menhire sie zu neuen Skulpturen inspirierten.

Am 11. Juni 1964 wurde vor dem Hauptsitz der Vereinten Nationen in New York die monumentalste ihrer Arbeiten enthüllt. Die über sechs Meter hohe *Single Form* war ein Denkmal für den wenige Jahre zuvor verunglückten Generalsekretär der UN, Dag Hammarskjöld. Kurz vor seinem Tod hatte er mit der befreundeten Hepworth bereits über eine Skulptur für das Gebäude gesprochen. Für ihren Entwurf griff sie auf eine Serie ähnlicher Arbeiten aus den 30er Jahren zurück. Die monolithische, asymmetrisch aufragende Plastik mit der kreisförmigen Öffnung lässt verschiedene Assoziationen zu: Man mag an ein menschliches Profil, einen Flügel, eine Hand oder ein Schild denken. Im Grunde ist es eine abstrakte Auseinandersetzung mit dem, was Barbara Hepworth als zentrales Anliegen des Friedensnobelpreisträgers ansah: das Streben nach Ordnung angesichts des Chaos. In vielen ihrer Arbeiten spielt die Spannung zwischen einer geschlossenen Gestalt und deren Öffnung, zwischen Außen und Innen, zwischen organischer Form und geometrischer Klarheit eine wichtige Rolle. Bisweilen akzentuierte sie das Innere einer Skulptur durch Farbe oder eine raue Oberfläche, verspannte es mit Drähten oder Saiten, ähnlich wie Naum Gabo.

1975 kam sie im Alter von 72 Jahren bei einem Brand in ihrem Haus in St. Ives ums Leben. Das ›Trewyn Studio‹ ist heute ein Museum: Im Atelier stehen noch die halb bearbeiteten Steinblöcke, im Garten ihre vollendeten Werke mit all ihrer formalen Klarheit und spannungsvollen Geschlossenheit. Die Tate St. Ives ehrt die Künstlerin anlässlich ihres 100. Geburtstags im Jahr 2003 mit einer umfassenden Retrospektive.

Barbara Hepworth
Single Form, 1963
Bronze, Höhe 6,40 m
United Nations Plaza, New York

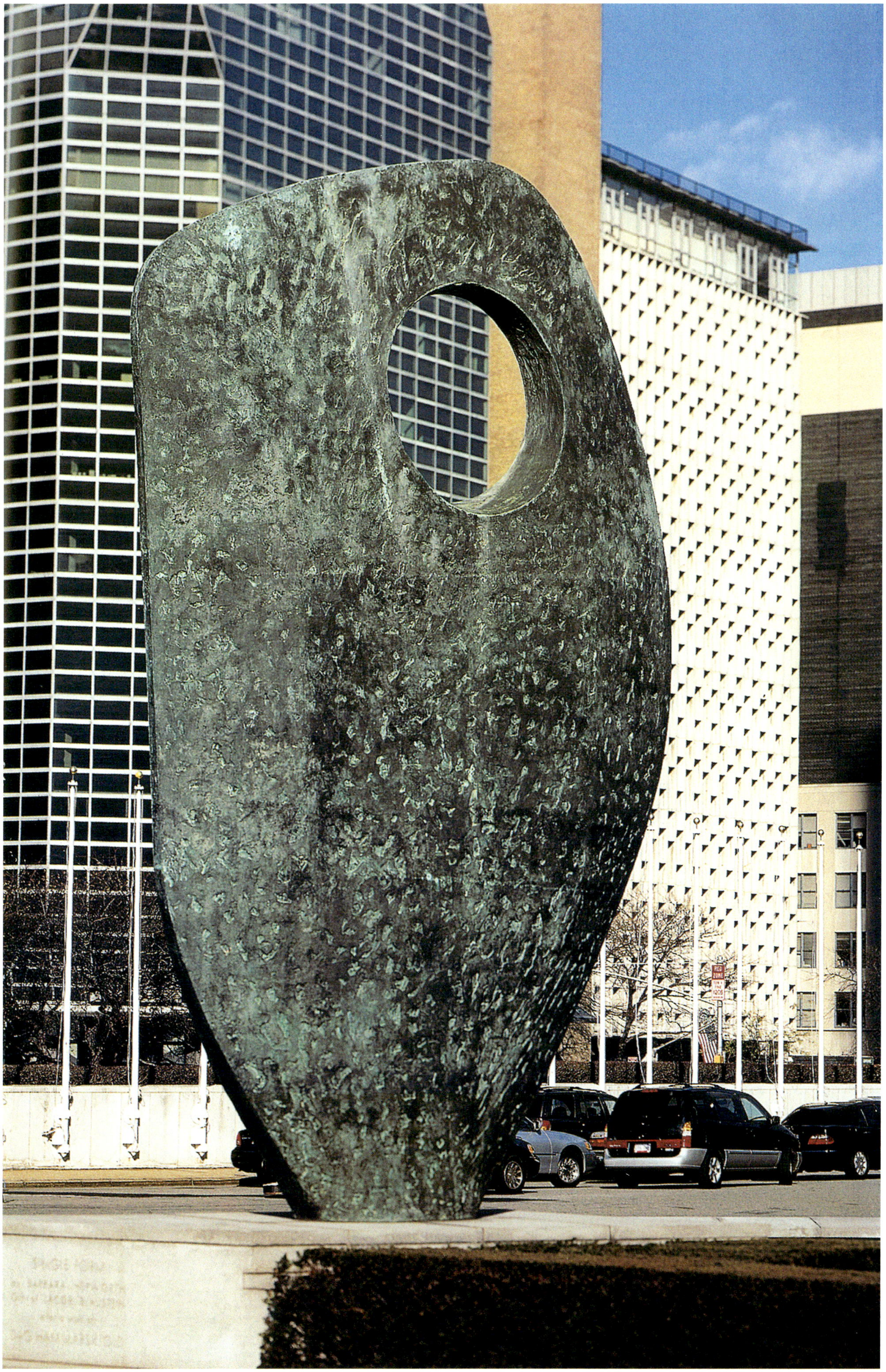

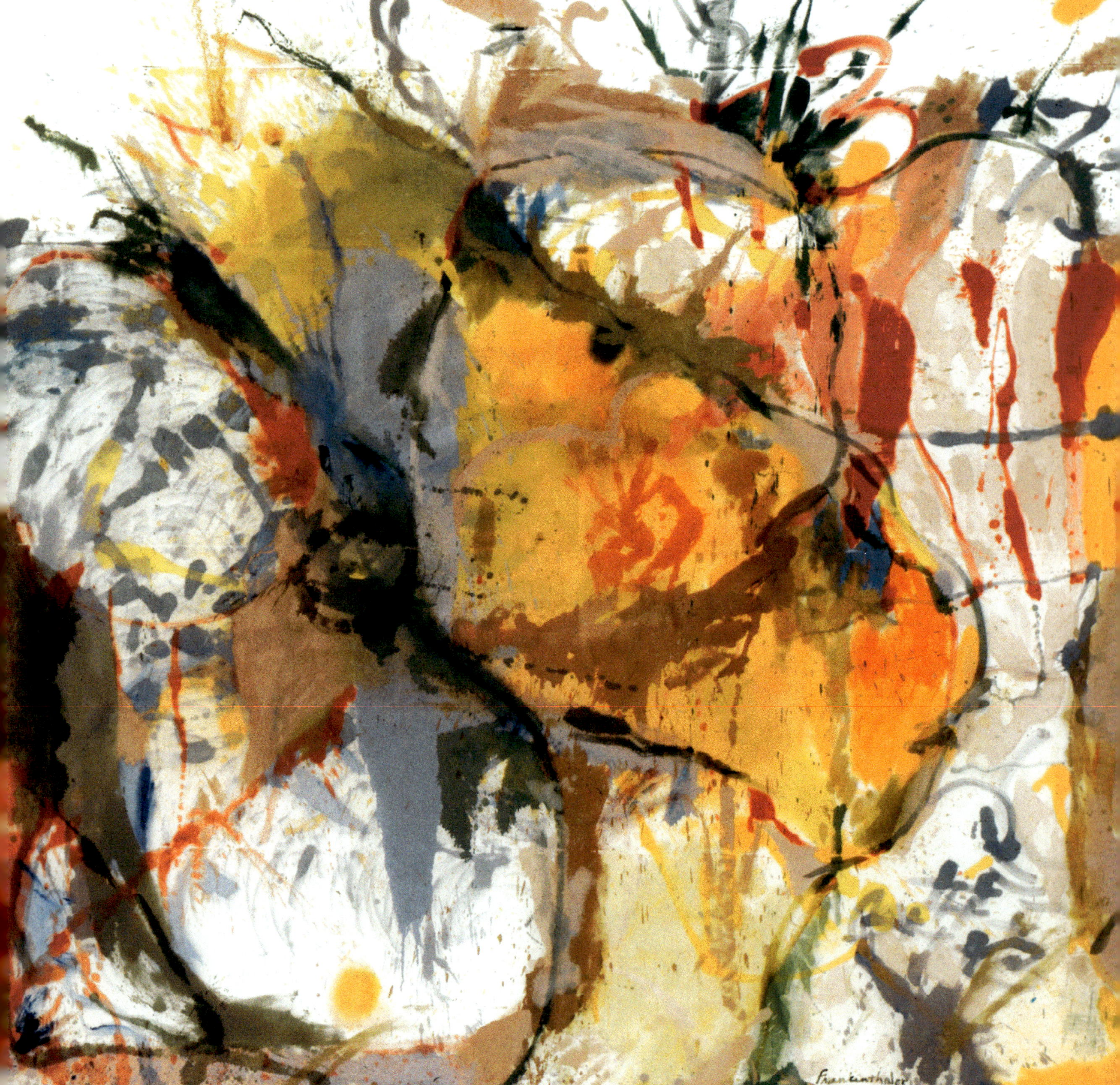
Frankenthaler 58

Helen Frankenthaler

Über sechseinhalb Quadratmeter ist dieses Bild groß – ein überwältigendes Format. In der nebenstehenden Abbildung könnte man es für ein überschaubares Aquarell halten; aber man muss sich die Größe des Gemäldes vorstellen, um seine Wirkung zu begreifen. Helen Frankenthaler bevorzugt große Formate. Für dieses Bild hatte die Künstlerin 1958 eine riesige, ungrundierte Leinwand auf dem Boden ihres New Yorker Ateliers ausgerollt. Sie verwendete keine Pinsel wie bei der traditionellen Leinwandmalerei. Stattdessen verdünnte sie die Farbe mit Terpentin, bis sie so flüssig wie Wasser wurde, und goss sie dann aus Kaffeekannen in großen Schwüngen über den Stoff. Dunkles Grün und kräftiges Rot sickerten in das Gewebe ein und hinterließen lineare Spuren, leuchtendes Gelbocker zerfloss zu wolkigen Flächen. Blaugrau und braune, erdige Töne kamen hinzu. Die Leinwandfasern saugten die Farbe auf und verbanden sich mit dem Pigment zu einer Einheit: Bildträger und Farbmaterie wurden eins. Der Blick des Betrachters nimmt die lebendige Bewegung der Farbspuren auf, folgt der Dynamik des Malprozesses.

Helen Frankenthalers Bilder handeln vom Akt des Malens selbst. Es sind abstrakte Bilder, freie malerische Improvisationen. Aber der Betrachter kann darin auch Anklänge an Gegenständliches entdecken, mehrdeutige Formen, vage Erinnerungen an Natur- und Landschaftsformen oder sogar Ziffern. Der Titel des Bildes gibt einen Hinweis darauf, was die Malerin zu diesem Bild inspirierte: ›*Before the Caves*‹ – ›*Vor den Höhlen*‹. Einige Jahre zuvor hatte sie in Spanien die prähistorischen Höhlenmalereien von Altamira mit ihren erdfarbenen Tierdarstellungen gesehen, die sie stark beeindruckten. Auf eine sehr freie, assoziative Weise bezieht sich ihr Gemälde darauf. Die dabei entstandene Verbindung von gegenständlichen Andeutungen und reiner Abstraktion ist charakteristisch für die Arbeiten Helen Frankenthalers.

Die Künstlerin stammt aus einer wohlhabenden New Yorker Familie. Mit Anfang 20 schloss sie ihr Kunststudium an der dortigen Columbia-Universität ab und bezog ein eigenes Atelier im Künstlerviertel Chelsea. New York hatte sich in den Jahren nach dem Zweiten Weltkrieg zum führenden Kunstzentrum entwickelt. Eine ganze Generation junger Künstler stand im Bann des Aufsehen erregenden ›Action Painting‹ von Jackson Pollock, der seine Ölfarbe aus durchlöcherten Blecheimern auf riesige Leinwände tropfte. Helen Frankenthaler nahm an den künstlerischen Debatten und Experimenten der frühen 50er Jahre lebhaften Anteil. Sie besuchte Pollock und seine Frau Lee Krasner im Atelier, verkehrte mit Willem und Elaine de Kooning und stand in engem Kontakt mit dem Kunstkritiker Clement Greenberg, der als Fürsprecher des Abstrakten Expressionsmus eine wichtige Rolle spielte. Innerhalb kurzer Zeit entwickelte Frankenthaler jedoch ihren eigenen, unverwechselbaren Malstil, auch in Auseinandersetzung mit den frühen abstrakten Bildern Wassily Kandinskys. Entscheidend war dabei die von ihr entwickelte Technik, die ungrundierte Leinwand mit flüssiger Farbe zu tränken. Für amerikanische Künstler wie Kenneth Noland und Morris Louis war die Begegnung mit dieser neuen Maltechnik eine Revolution, die sie in ihren abstrakten Bildern unmittelbar aufgriffen und weiterentwickelten. Helen Frankenthaler zählt zu den innovativsten und einflussreichsten Künstlern ihrer Generation. Bis heute lebt und arbeitet sie in New York.

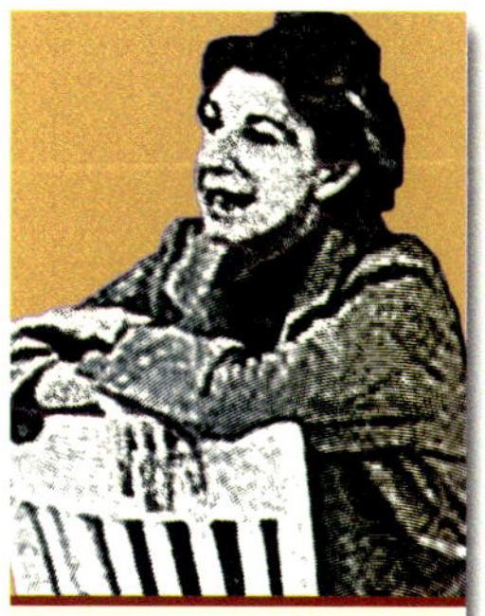

Helen Frankenthaler
*12. Dezember 1928
New York
lebt in New York

- *bedeutende Vertreterin des Abstrakten Expressionismus*
- 1958 *Heirat mit dem Maler Robert Motherwell* (1971 *geschieden*)
- *ab* 1959 *Lehraufträge in New York, Yale, Princeton und Harvard*
- 1966 *vertrat sie als eine von vier Künstlern die USA auf der Biennale in Venedig*
- 1990 *Mitglied der American Academy of Arts and Letters*

Helen Frankenthaler
Before the Caves, 1958
Öl auf Leinwand, 260 x 265 cm
University of California, Berkeley Art Museum, Berkeley

Eva Hesse

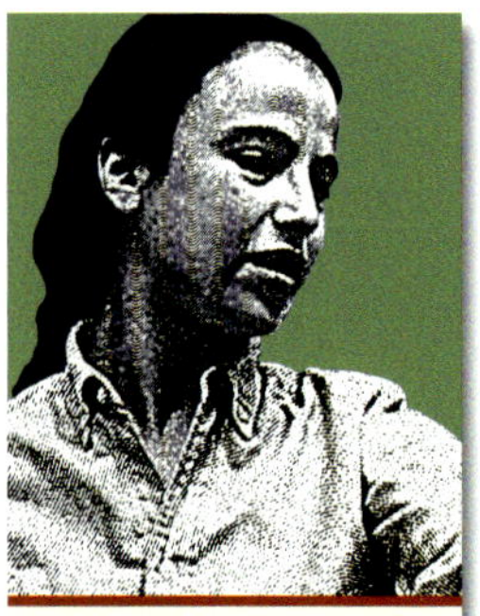

Eva Hesse
*11. Januar 1936
Hamburg
†29. Mai 1970 New York

- *emigrierte mit der Familie* 1938 *in die* USA
- 1963 *erste Einzelausstellung in New York*
- 1968 *Lehrauftrag an der School of Visual Arts, New York*
- 1972 *Retrospektive im Guggenheim Museum New York*

»Meine Haltung ist offen, total unkonservativ. Totale Freiheit und die Bereitschaft zur Arbeit. Ich bin wirklich bereit, auf Messers Schneide zu gehen, und wenn ich da noch nicht angekommen bin, so will ich genau dort hin … Dies hier ist erst der Anfang … «, sagte Eva Hesse 1970 in einem Interview. Noch im selben Jahr starb sie mit 34 Jahren an Krebs. Der Mythos Eva Hesses als einer tragischen, jung verstorbenen Künstlerin hat die Wahrnehmung ihres Werks entscheidend mitgeprägt. Dazu trug auch die rasche Veröffentlichung ihrer Tagebücher bei. 1939, im Alter von drei Jahren, musste sie mit ihrer jüdischen Familie vor den Nationalsozialisten aus Hamburg fliehen und wuchs in New York auf, wo sie die Trennung der Eltern und den Selbstmord ihrer Mutter miterlebte. Ständige Ängste, Zweifel und Krisen prägten ihre psychische Verfassung. Ungeachtet dessen schuf Eva Hesse ein Werk von innovativer Kraft und Unabhängigkeit, das anderen Künstlern bis heute wichtige Impulse gibt.

Angefangen hatte sie als Malerin, aber da die Resultate für sie unbefriedigend blieben, begann sie intensiv zu zeichnen. Der künstlerische Durchbruch gelang ihr erst mit ihren plastischen Arbeiten – dem eigentlichen Medium ihres reifen Werkes. Er erfolgte 1964, als sie mit ihrem Mann, dem Bildhauer Tom Doyle, auf Einladung eines rheinischen Textilfabrikanten ein Jahr lang in Deutschland lebte. Früher als andere amerikanische Künstler setzte sie sich mit der zeitgenössischen europäischen Kunst auseinander, den Arbeiten von Joseph Beuys, den aufgeschlitzten Leinwänden Lucio Fontanas, den Nagelbildern Günther Ueckers. Zurück in New York, wurde sie ab 1965 mit ihren raumgreifenden Objekten rasch bekannt. Sie griff die strengen Ordnungsprinzipien der zeitgenössischen Minimal Art, z. B. von Carl Andre oder Sol LeWitt, auf und verband sie mit unregelmäßigen Strukturen und Materialien, die nicht dem traditionellen Repertoire der Kunst entsprachen: Schnüre, Draht, Latex, Glasfaser, Gießharz oder Gummischläuche – alltägliche, ›hässliche‹ und unspektakuläre Werkstoffe von unbestimmter Farbe und oft elastisch-weicher Konsistenz. Damit eröffnete sie der Plastik im 20. Jahrhundert völlig neue Perspektiven.

Eines ihrer bekanntesten Werke, *Accession* III, entstand 1967/68. Hesse selbst empfand diese Arbeit später als zu schön, zu geradlinig und perfekt. Es handelt sich um einen Kubus aus milchigem Fiberglas mit einer Kantenlänge von 80 cm, dessen Wände mit einem regelmäßigen Lochraster versehen sind; ein Objekt von eindeutiger Form und strenger, mathematisch exakter Struktur, das an industriell gefertigte Bauelemente denken lässt. Das Irritierende jedoch ist das Innere des oben offenen Würfels. Hier kann von einer geometrischen Ordnung keine Rede sein: Tausende von kurzen Schlauchstücken ragen aus den Löchern der porösen Außenwände in den halb verschatteten Innenraum, sie biegen und neigen sich aufgrund ihrer elastischen Beschaffenheit und verbinden sich zu einer organisch wirkenden Gesamtstruktur, die an Fell oder winzige Tentakel erinnert. Wie viele Arbeiten Eva Hesses besitzt dieses Werk einen ausgesprochen ambivalenten Charakter – verbindet Hartes und Weiches, Starres und Bewegliches, geometrische und organische Formen, Kontrolle und Loslassen. Das Quadrat ist ein zentrales Motiv in ihrem Schaffen. Es steht für ihr grundlegendes Streben nach Ordnung und Regelmaß – dem sie aber das lebendige Prinzip von Offenheit, Unberechenbarkeit und freier Form entgegensetzte.

Eva Hesse
Accession III, 1967/68
Fiberglas, 80 x 80 x 80 cm
Museum Ludwig, Köln

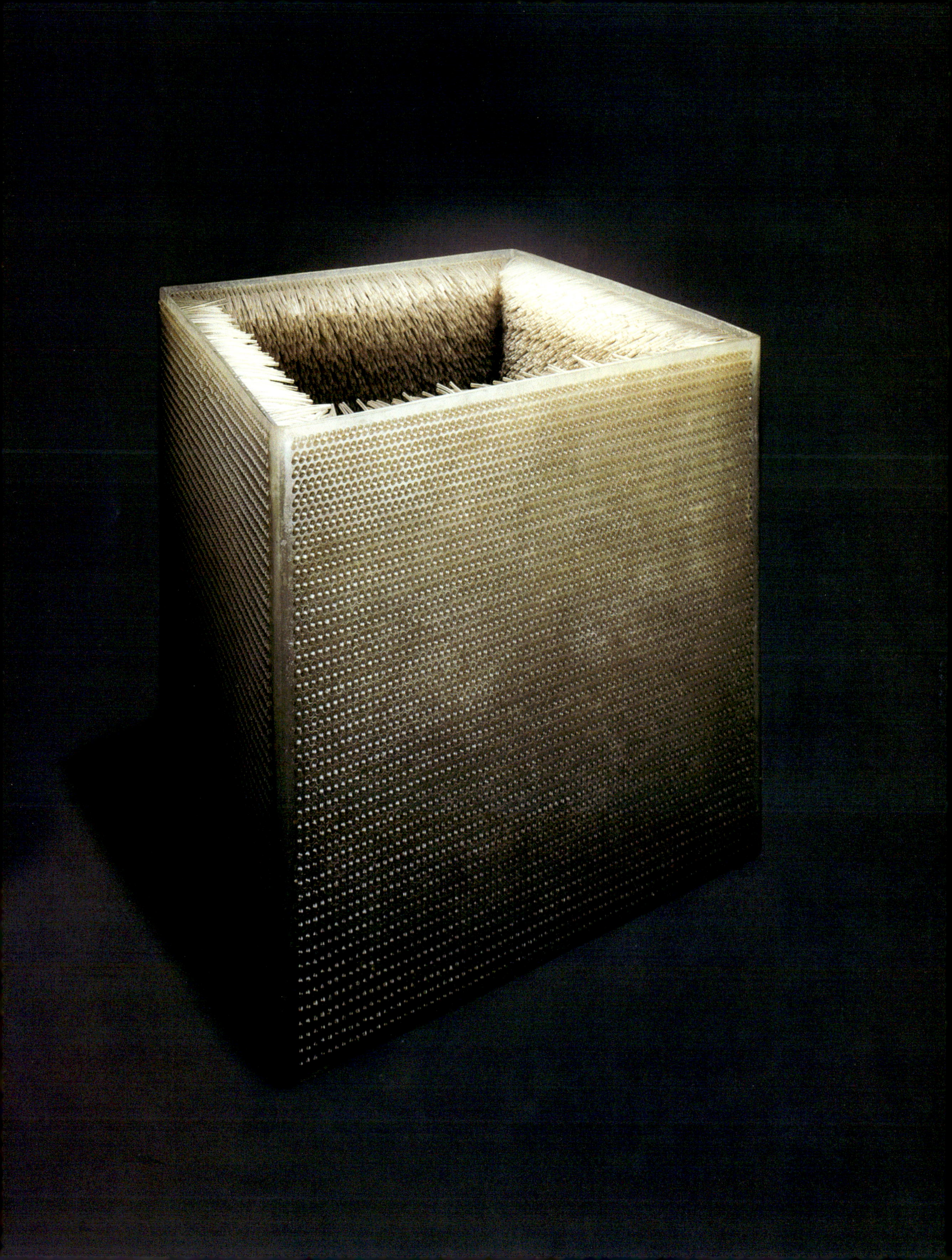

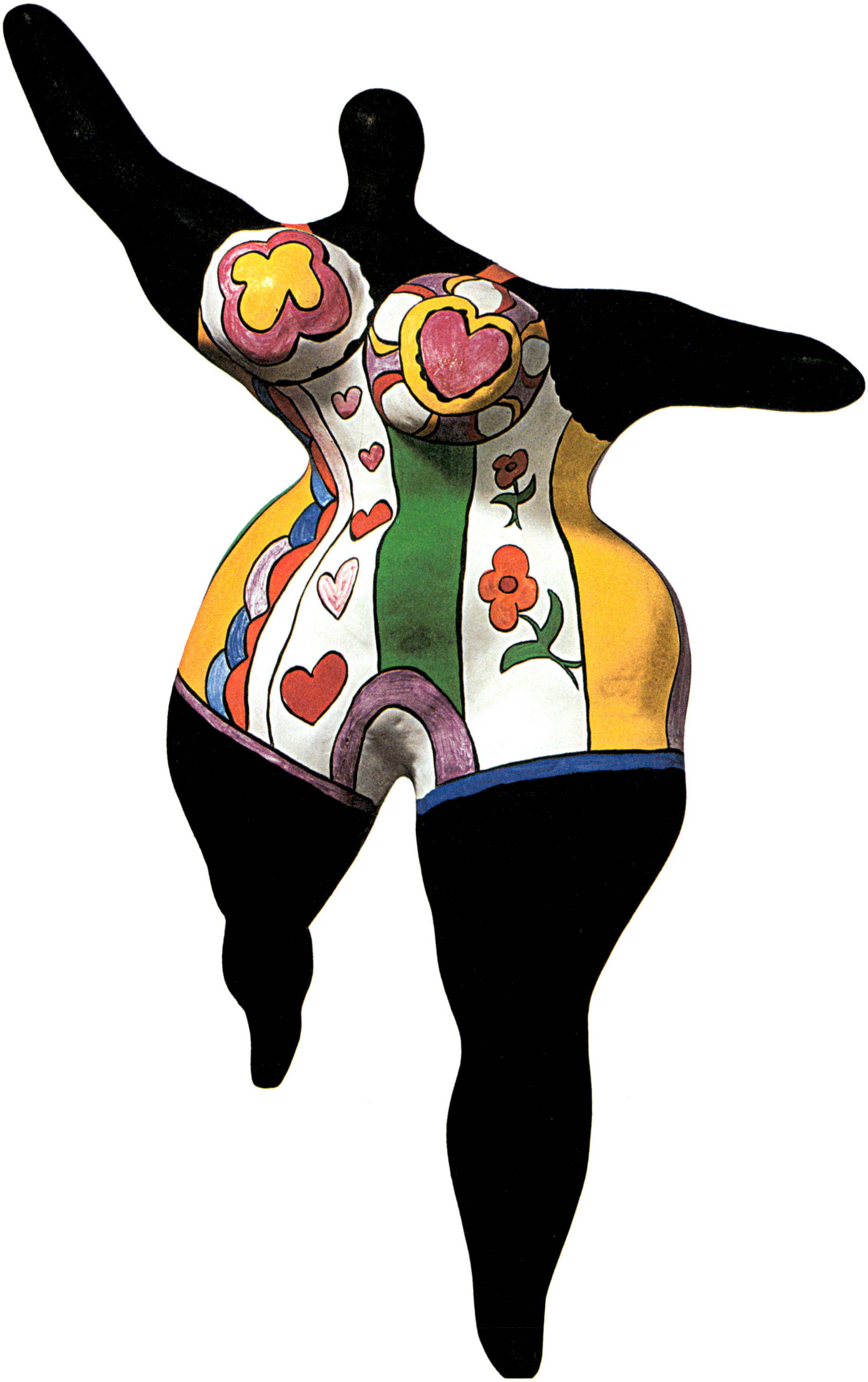

Niki de Saint Phalle

Paris, 12. Februar 1961: In einer schäbigen Sackgasse im Montparnasse-Viertel hat sich eine Reihe von Künstlern versammelt, unter ihnen Jean Tinguely und Daniel Spoerri sowie die Galeristin Jeannine de Goldschmidt und der Kritiker Pierre Restany. Die 31-jährige Niki de Saint Phalle tritt vor, hebt den Revolver und schießt auf ein an der Hauswand angebrachtes Relief. Die weiße Oberfläche platzt auf, aus eingegipsten Farbbeuteln ergießen sich Ströme in Rot, Blau und Grün.

Diese erste von über einem Dutzend Schießaktionen bedeutete für Niki de Saint Phalle den künstlerischen Durchbruch. Der Kritiker Restany lud sie ein, sich der von ihm gegründeten Gruppe der ›Nouveaux Réalistes‹ anzuschließen, die in ihren Arbeiten Alltagsgegenstände, Schrott und diverse Materialien verwendeten und der Kunst so einen neuen Wirklichkeitsbezug geben wollten – in Abgrenzung zu dem vorherrschenden abstrakten Expressionismus. Niki de Saint Phalle kam mit Künstlern wie Arman, Christo, Yves Klein, Robert Rauschenberg und Jasper Johns in Kontakt.

Für die Künstlerin selbst waren die Schießbilder eine Art persönlicher Befreiungsschlag, mit dem sie sich auf lustvoll-kreative Weise von ihren aufgestauten Aggressionen befreien konnte, die sich vor allem gegen ihren Vater und auch gegen die patriarchalische Gesellschaftsordnung richteten. Die Tochter eines französischen Adligen und einer amerikanischen Mutter war in Frankreich und den USA streng katholisch und konservativ erzogen worden. Nach dem Abitur arbeitete sie als Fotomodell für Modemagazine wie *Harper's Bazar* und *Vogue*, heiratete mit 19 Jahren den späteren Schriftsteller Harry Matthews und war bald Mutter zweier Kinder. Sie begann, Ölbilder zu malen, ohne je eine künstlerische Ausbildung erhalten zu haben. Aber erst nach einem Nervenzusammenbruch entschied sie sich 1953 endgültig für die Kunst. 1960 verließ sie ihren Ehemann und die Kinder und bezog ein Atelier mit dem Objektkünstler Jean Tinguely, der ihr künstlerischer Partner und zweiter Ehemann wurde.

1963 begann sie, sich mit weiblichen Rollenbildern wie Mutter, Hure, Hexe und Braut auseinanderzusetzen, und schuf groteske Frauenskulpturen aus Drahtgitter, Pappmaché, Plastikpüppchen, Textilien und Gips. Inspiriert von der schwangeren Frau des befreundeten Malers Larry Rivers entstanden 1964 ihre ersten ›Nanas‹: üppige, tänzerisch bewegte und phantasievoll in kräftigen Farben bemalte weibliche Plastiken, die zu ihrem Markenzeichen und im Zuge der Frauenbewegung zu Ikonen eines neuen weiblichen Selbstbewusstseins wurden. Sie strahlen Optimismus, Lebensfreude und kraftvolle Sinnlichkeit aus, erinnern in ihrer Formensprache an die Pop Art und knüpfen an archaische Weiblichkeitsvorstellungen an. Später bezog sich die Künstlerin in ihrem Schaffen zunehmend auf esoterische Lehren wie die altjüdische Kabbala, die mexikanische Mythologie sowie auf christliche Vorstellungen von Paradies und Hölle. Sie verstand ihre Plastiken als Archetypen, wie sie der Psychoanalytiker C.G. Jung beschrieben hatte: als Verkörperungen eines kollektiven Unbewussten.

Mit ihren unverwechselbaren Arbeiten gehört Niki de Saint Phalle zu den populärsten Künstlerinnen des 20. Jahrhunderts. Ihre Schöpfungen entführen den Betrachter aus der hoch technisierten Gegenwart in eine moderne Märchenwelt: In Jerusalem dient ihr *Golem* als Kinderspielplatz, in Paris ziert der gemeinsam mit Tinguely geschaffene *Strawinsky-Brunnen* den Platz vor dem Centre Pompidou. Seit 1998 lockt der *Tarotgarten* das Kunstpublikum in den abgelegenen Südwesten der Toskana. Im Frühjahr 2002 starb Niki de Saint Phalle im Alter von 71 Jahren.

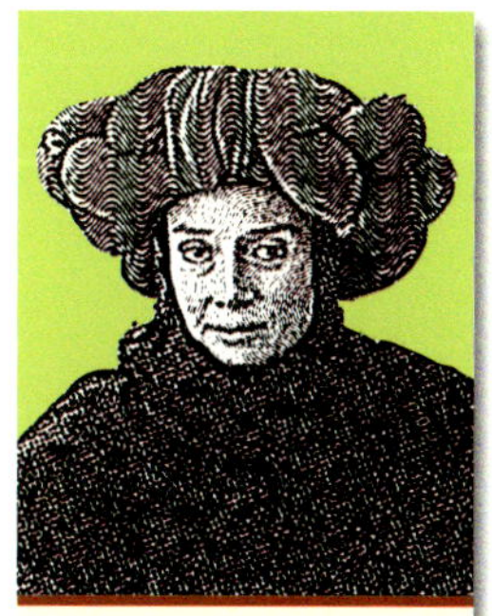

Niki de Saint Phalle
*29. Oktober 1930 Neuilly-sur-Seine
†22. Mai 2002 San Diego, USA

- *ab 1961 auf Ausstellungen in Amsterdam, Stockholm, Paris und New York vertreten*
- *französischer Staatsauftrag für die ›Expo '67‹ in Montreal*
- 1980 *Retrospektive Musée d'Art Moderne, Paris*
- 1994 *Übersiedlung nach Kalifornien*

Niki de Saint Phalle
Tanzende Negernana, 1965/66
Polyester, Höhe ca. 200 cm
Privatsammlung

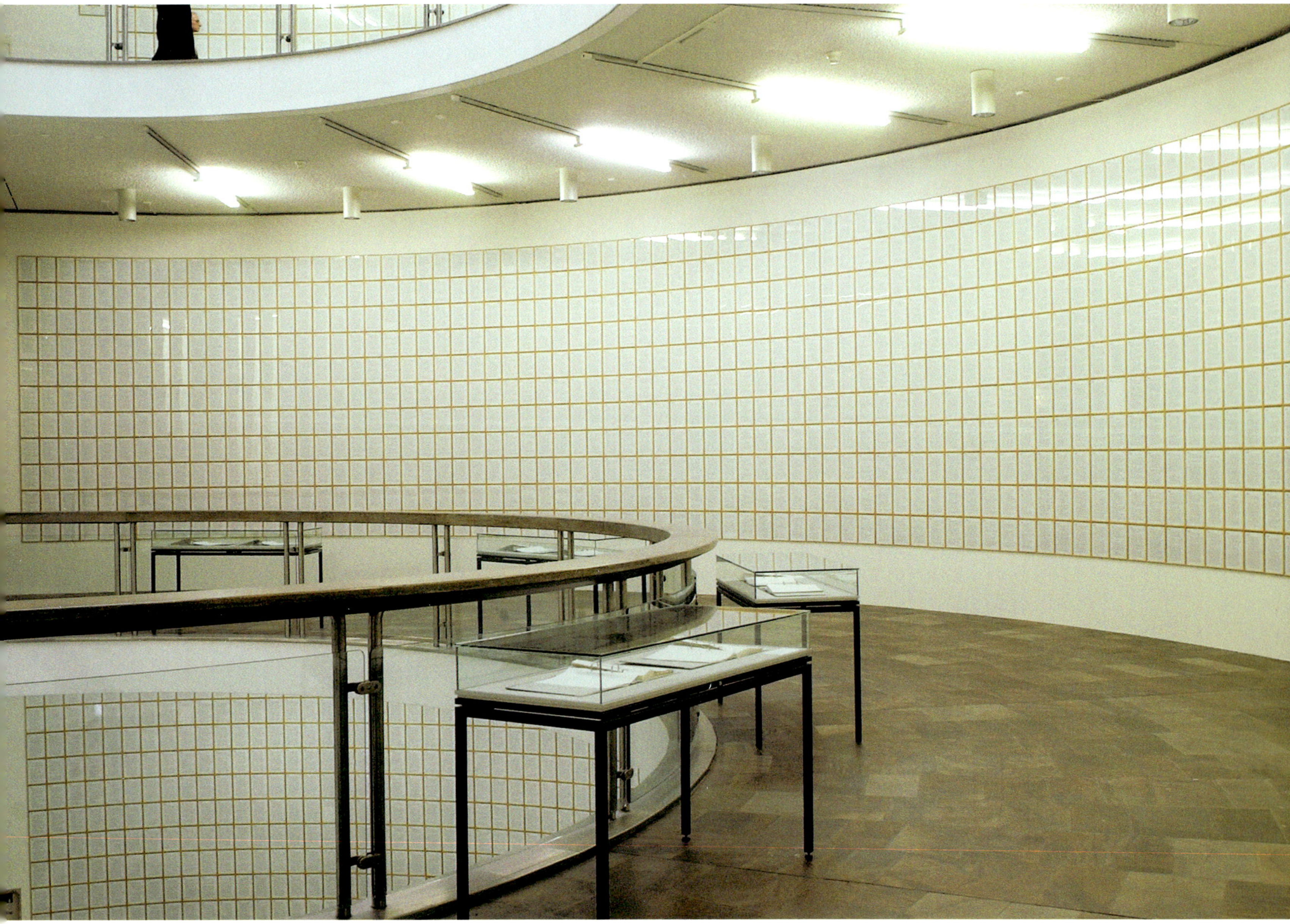

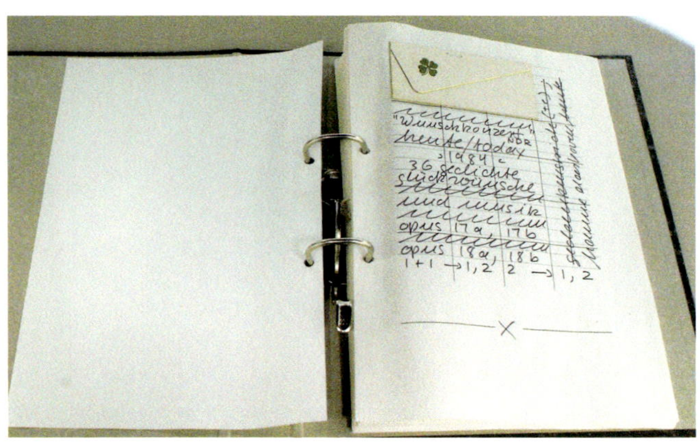

oben
Hanne Darboven
Kontrabasssolo, 1984
Installation
DOCUMENTA11, Kassel, 2002

rechts
Hanne Darboven
Wunschkonzert, 1984
Installation
DOCUMENTA11, Kassel, 2002

Hanne Darboven

In ihrem Hamburger Atelier gibt es Fundstücke aller Art: Schiffsmodelle, Tierplastiken, Landschaftsgemälde, Porträtbüsten, gerahmte Grafiken, ein fliegender Engel und ein Skelett – ein wahrer Fundus an Bildern und Objekten umgibt die Künstlerin Hanne Darboven. Ihre eigenen Arbeiten sind jedoch karg und spröde, geradezu asketisch. Ihr Metier ist das Schreiben. Allerdings verfasst sie keine literarischen Texte, sondern abstrakte Notate, Zahlenkolonnen und mathematische Berechnungen aus Kalenderdaten. Sie selbst formuliert es so: »Ich schreibe, aber beschreibe nichts.« Jede ihrer Arbeiten umfasst Hunderte oder Tausende von dicht gefüllten Blättern, die sie zu Wand füllenden Installationen gruppiert oder in umfangreichen Büchern veröffentlicht.

Seit Ende der 60er Jahre ist auf diese Weise ein kaum noch überschaubares Œuvre entstanden, das in Amsterdam und New York, in Paris und Chicago in zahlreichen Einzelausstellungen zu sehen war. Auf der Kasseler Documenta, dem wichtigsten Forum für Gegenwartskunst, war Hanne Darboven seit 1972 vier Mal vertreten. Zuletzt, im Jahr 2002, stellte der New Yorker Kurator Okwui Envezor ihr Schaffen ins Zentrum der Documenta-Präsentation. Über drei Etagen erstreckte sich das rund 4500 Blätter umfassende *Kontrabasssolo* mit seinen maschinengeschriebenen Ziffernreihen, geordnet nach einem strengen, aber für den Betrachter nicht auf den ersten Blick einsichtigen System. Daneben wurde in Vitrinen die Arbeit *Wunschkonzert* gezeigt, die historische Glückwunschkarten mit Zahlenfolgen und rhythmisch-systematischen Strichkolonnen kombiniert. Beide Werke nehmen schon im Titel Bezug auf die Musik, die in Darbovens Schaffen eine wichtige Rolle spielt. Die Künstlerin übersetzte die Ziffern auch in musikalische Notationen, so dass sich beispielsweise das *Kontrabasssolo* als »mathematische Musik«, wie Darboven es nennt, konzertant zu Gehör bringen lässt. In der schriftlichen Ausführung wirkt diese Arbeit schon allein durch ihren Umfang überwältigend und fasziniert durch die Klarheit der Konzeption ebenso wie durch die extrem disziplinierte Ausführung.

Hanne Darboven entstammt einer deutschen Unternehmerfamilie, die durch Kakao- und Kaffeehandel zu Wohlstand gekommen war. 1941 geboren, war sie kurze Zeit als Pianistin tätig, schrieb sich aber 1963 an der Hamburger Kunsthochschule ein, wo sie bei dem brasilianischen Op-Art-Maler Almir Mavignier studierte. 1966 ging sie für zwei Jahre nach New York und kam dort mit Künstlern der Minimal Art wie Carl Andre und Sol LeWitt in Berührung. Sie begann, geometrische Zeichnungen auf Millimeterpapier anzufertigen, und ging bald dazu über, die Linienkonstellationen in Zahlenfolgen umzusetzen, um sich schließlich ganz auf mathematische Reihungen zu konzentrieren. Mit den aufeinander folgenden Werkgruppen *Ein Monat*, *Ein Jahr*, *Ein Jahrhundert* hatte sie das zentrale Thema ihres Schaffens gefunden: die Auseinandersetzung mit der verfließenden Zeit. Mit diesem Ansatz steht sie im Kontext der internationalen Konzeptkunst, die seit Ende der 60er Jahre eine Gegenbewegung zur Pop Art bildete. Statt die gegenständliche Wirklichkeit abzubilden, ging es um die Umsetzung von theoretischen Konzepten und Ideen, wobei die Künstler häufig Schrift, Zeichen- oder Zahlensysteme einsetzten.

Hanne Darboven bezog in ihren späteren Werkkomplexen wie *Bismarckzeit* oder *Kulturgeschichte* auch politische und historische Dokumente wie Postkarten, Fotos, Textzitate oder Alltagsobjekte mit ein. Ihre Arbeit verweigert sich jeglicher Spontaneität des Ausdrucks und verzichtet darauf, den Betrachter emotional anzusprechen. Ihre kühle, rationale Kunst verlangt dem Publikum ein hohes Maß an Konzentration ab und versteht sich auch als Protest gegen die Bilder- und Informationsflut der Massenmedien.

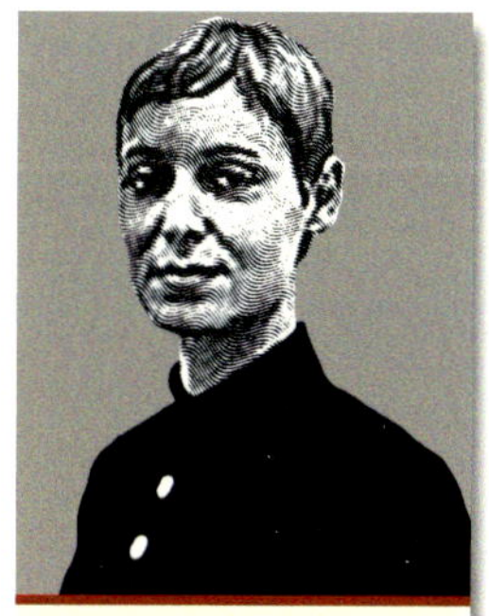

Hanne Darboven
*29. April 1941 München
lebt in Hamburg

- 1967 *erste Einzelausstellung in der Galerie Konrad Fischer, Düsseldorf*
- *internationale Bekanntheit seit der Konzeptkunst-Ausstellung ›When Attitudes Become Form‹ 1969 in Bern*
- *das Werk »12 Monate, Europaarbeit« wird seit 1999 im Berliner Reichstag ausgestellt*
- *1986 Edwin Scharff Preis der Freien und Hansestadt Hamburg*

Louise Bourgeois

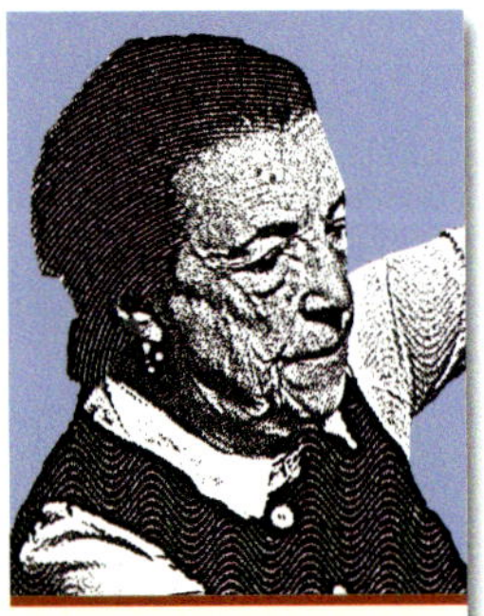

Louise Bourgeois
*25. Dezember 1911 Paris
lebt in New York

- *studierte u. a. an der École de Beaux-Arts, Paris und bei Julius Bissier und Fernand Léger*
- *ihr Werk weist Bezüge zu Rodin, Brancusi und zum Surrealismus auf*
- *künstlerischer Durchbruch im Alter von 70 Jahren mit einer großen Retrospektive im Museum of Modern Art, New York*
- 1999 *›Goldener Löwe‹ auf der Biennale, Venedig*

Ein Raum nur aus Türen, eine Zelle – zu klein, um sie zu betreten: eine Bühne der Imagination. Die Stahltüren mit ihren Klappen, Luken und Riegeln erinnern an ein Gefängnis und wecken klaustrophobische Gefühle. Einige sind geschlossen, andere nur angelehnt, manche stehen offen und geben den Blick in das blau getünchte Innere des Oktogons frei. Hier ruht ein massiver Marmorblock, von dessen rauer Oberfläche sich ein Paar fein gearbeiteter Hände abhebt. Sie sind überaus naturalistisch gestaltet, mit Adern und Knochen, die sich unter der Oberfläche abzeichnen. Diese Fragmente eines Körpers scheinen ein Eigenleben zu führen und erinnern an Traumszenen oder surreale Bildfindungen. Die Geste bleibt mehrdeutig und entspricht nicht dem traditionellen kunsthistorischen Repertoire: Krampfen sich die Finger ineinander oder liebkosen sie sich? Ein schwenkbarer runder Spiegel ist wie ein großes Auge auf die Szene gerichtet und lässt an eine Operation denken. Der eng begrenzte Raum dieser *Cell* von Louise Bourgeois scheint hochgradig aufgeladen mit persönlichen Erinnerungen und Assoziationsmöglichkeiten. Geht es um Liebe und Tod, um Gefangensein und Flucht, um Erfahrungen körperlicher Fremdheit und Nähe?

In ihrer Vieldeutigkeit ist diese Arbeit typisch für das Schaffen der Künstlerin und insbesondere für die umfangreiche Werkgruppe der *Cells*, die sie mit 75 Jahren begann. Bourgeois selbst erläutert ihre Arbeiten oft mit dem Verweis auf ihre Kindheit, aus der sie ihre Inspirationen schöpft: »Die Ereignisse in meinem Elternhaus sind bis heute die Quelle für meinen Skulpturen. Mein ganzes Werk handelt von diesen elementaren Konflikten.«

Geboren wurde sie 1911 in Paris, und schon früh erlebte sie die Kunst als etwas ›Nützliches‹, denn ihre Eltern handelten mit Antiquitäten und historischen Tapisserien, die sie auch restaurierten. Als prägenden Konflikt ihrer Kindheit erfuhr Louise Bourgeois die zehn Jahre andauernde Affäre ihres Vaters mit der Privatlehrerin der Familie – die Auseinandersetzung mit dem Vater spielt im späteren Werk der Künstlerin eine wichtige Rolle.

Da sie die exakte Geometrie faszinierte, begann sie jedoch 1932 in Paris zunächst ein Mathematikstudium und wechselte erst mit 25 Jahren zur Kunst. Gemeinsam mit ihrem Mann, dem amerikanischen Kunsthistoriker Robert Goldwater, ging sie 1938 nach New York, wo sie bis heute lebt und arbeitet. Hier stellte sie in den 40er Jahren ihre frühen, stelenartigen Skulpturen aus. Später begann sie in Marmor zu arbeiten und gehörte in den 60er Jahren neben Eva Hesse zu den ersten Künstlern, die amorphe Materialien wie Latex oder Gummi verwendeten. Ihre Skulpturen haben oft eine erotisch-androgyne Anmutung; daneben entstand ein umfangreiches zeichnerisches Œuvre. Ihre *Insomnia Drawings*, die sie in schlaflosen Nächten schuf, wurden 2002 auf der Kasseler Documenta gezeigt.

Obwohl die Künstlerin in ihrer Arbeit vorwiegend persönliche Konflikte thematisiert, geht die Bedeutung ihres Schaffens nicht im Biographischen auf. Aus ihren Erfahrungen und Gefühlen destilliert sie poetische Bildwelten, die den Betrachter unmittelbar emotional ansprechen. »Tatsächlich müssen Sie nichts über mein Leben wissen, um meine Kunst zu verstehen. Entweder beginnen die Werke mit Ihnen zu kommunizieren oder nicht. Die Emotionen, um die es geht, sind universell«, sagte die 91-jährige Künstlerin in einem Interview mit Katrin Wittneven anlässlich ihrer Retrospektive in Berlin 2003.

Louise Bourgeois
Cell (Hands and Mirror), 1995
Installation, 160 x 122 x 114 cm
Cheim & Read Gallery, New York

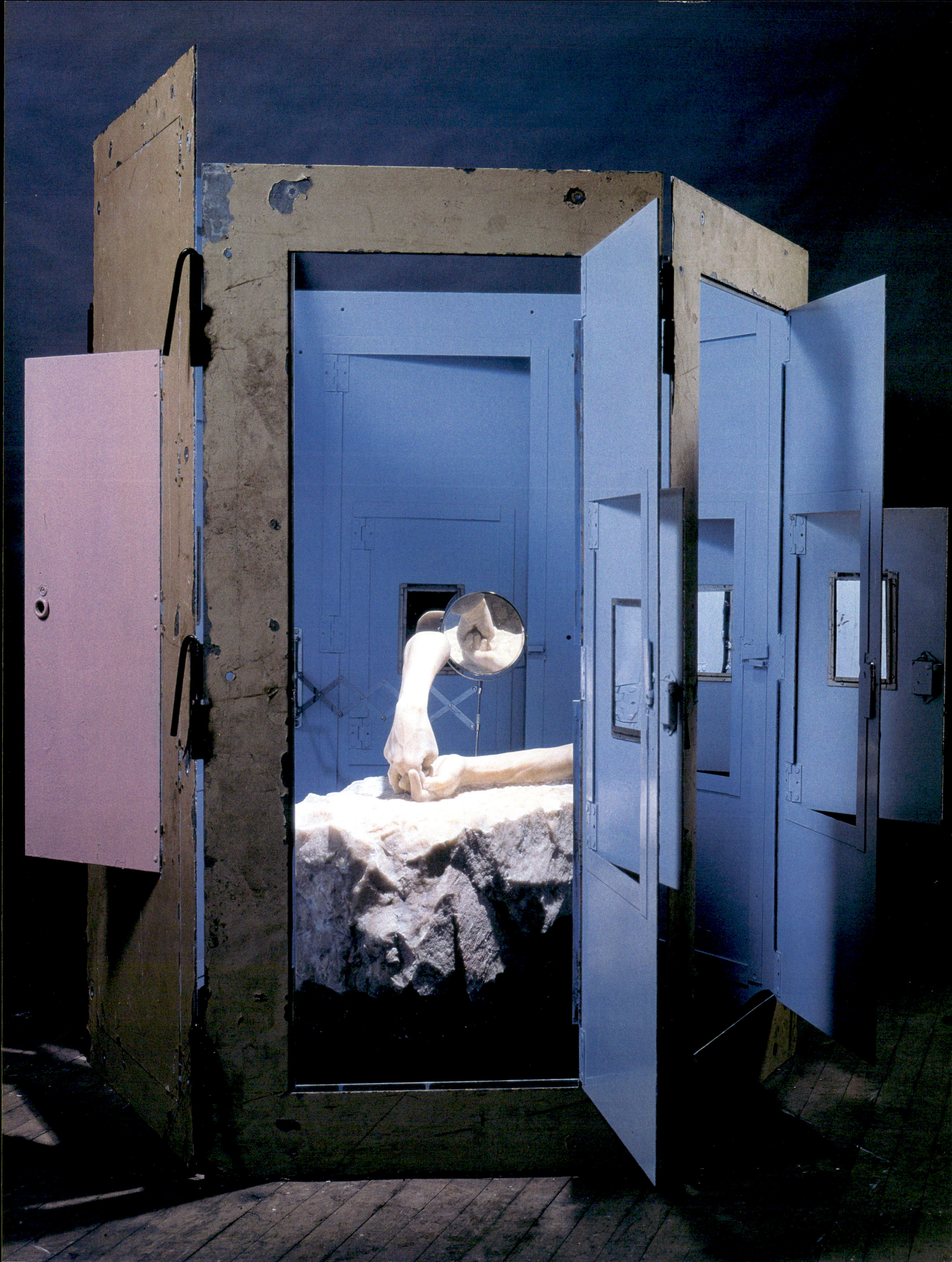

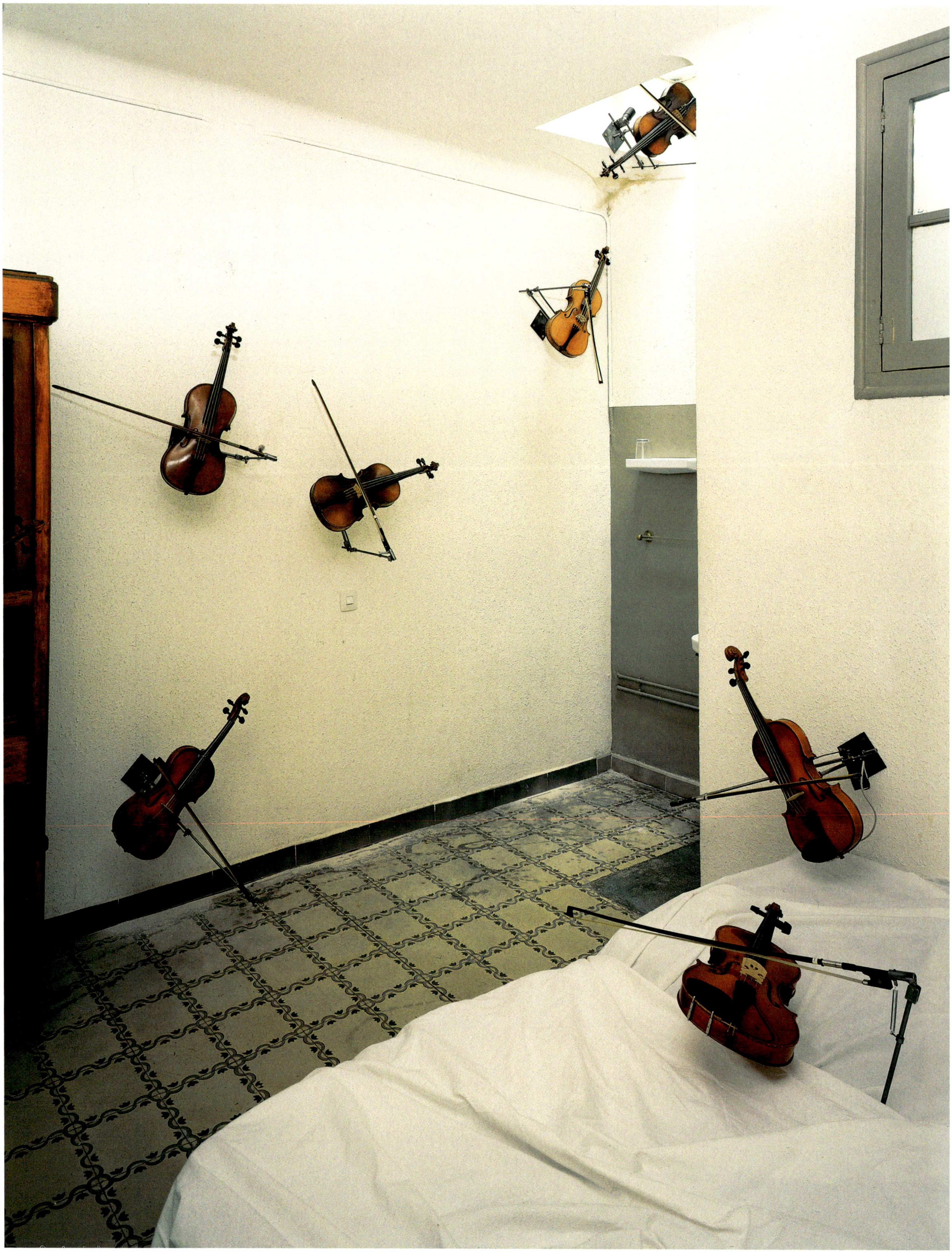

Rebecca Horn

Mit ihren Installationen hat sie die düstere Ruine eines Gefängnisturms in Münster ebenso bespielt wie die Chapelle Saint-Louis de la Salpêtrière in Paris, eine Renaissancevilla in der Toskana, das Theater einer psychiatrischen Anstalt in Wien und eine alte Grundschule in Kassel. Die 1944 in Michelstadt geborene Rebecca Horn nimmt in ihren Arbeiten Bezug auf die Atmosphäre des jeweiligen Raums, seien es nun geschichtsträchtige Gebäude, neutrale Galerieräume oder ein Museum wie die Londoner National Gallery. »Meine Skulpturen sollen die geheime Musik des Raumes zum Klingen bringen«, sagte Rebecca Horn zu ihrer Retrospektive, die in der Rotunde des New Yorker Guggenheim Museums stattfand.

In Barcelona entstand 1992 ihre Installation *El rio de la luna* (*Der Fluss des Mondes*): In einer alten Hutfabrik ließ die Künstlerin Quecksilber durch lange, gewundene Bleirohre fließen und in ›Herzkammern‹ aus Metall pumpen. Darin befanden sich die Schlüssel für sieben Zimmer eines alten Stundenhotels, in welchem der zweite Teil der Arbeit zu sehen war. Rebecca Horn hatte die Räume durch sparsame Eingriffe verändert und in sieben Stationen eines ›Essays‹ über die Liebe verwandelt; teils poetisch, teils dramatisch inszeniert sie Zärtlichkeit, Romantik und Leichtigkeit, aber auch Aggression und Isolation. Im *Raum der Liebenden* etwa fiedelten – angetrieben von winzigen Motoren – Geigen, die sich wie mechanische Schmetterlinge an Wänden und auf den Möbeln niedergelassen hatten. Im *Raum der Luft* bewegten sich Flügel aus roten Federn, im *Raum des Kreises* ritzte eine meterlange Metallnadel die Wände. Im *Raum des Wassers* tropfte Flüssigkeit aus einem unter der Decke hängenden Bett in gläserne Trichter. Und im *Raum der gegenseitigen Zerstörung* waren in zerwühlten Betten zwei bewegliche Pistolen installiert, die aufeinander zielten – bereit zum tödlichen Duell, zum ›Kuss des Todes‹.

Als Studentin hatte Rebecca Horn einige Zeit in dem billigen Hotel Peninsula gewohnt. Ihre Jahrzehnte später entstandene Installation ist charakteristisch für ihr Schaffen, das häufig aus persönlichen Erfahrungen schöpft, aber auch von Marcel Duchamp und Joseph Beuys, der Literatur Jean-Paul Sartres und Franz Kafkas oder von Filmemachern wie Pier Paolo Pasolini oder Federico Fellini inspiriert ist.

Schon die frühen *Performances*, mit denen sie 1972 als eine der jüngsten Künstlerinnen auf der Documenta 5 in Kassel vertreten war, basierten auf autobiografischen Erlebnissen: Die Studentin der Hamburger Kunsthochschule hatte sich mit 21 Jahren bei der Arbeit mit Polyester und Fiberglas eine schwere Lungenvergiftung zugezogen und musste längere Zeit im Sanatorium verbringen. Nach dieser Phase der Isolation begann sie, Körper- und Raumerfahrungen in Performances zu erkunden, für die sie besondere Objekte wie überlange Handschuhe, Federmasken oder Körperfächer konstruierte. Sie dokumentierte diese Aktionen mit der Filmkamera und drehte seit 1978 auch Spielfilme wie *Der Eintänzer* (1978), *La Ferdinanda* (1981) oder *Busters Bedroom* (1990), in denen sie erstmals mechanische Skulpturen wie die *Pfauenmaschine* oder den Tango tanzenden Tisch einsetzte. Mit Hilfe von elektrischen Motoren verleiht die Künstlerin Gegenständen ein Eigenleben und lässt sie Handlungen ausführen, die dem Betrachter eine intensive Spannung zwischen Verletzlichkeit und Aggression vermitteln: Es sind unendlich sich wiederholende Rituale der Liebe, des Begehrens, des Hasses oder der Isolation.

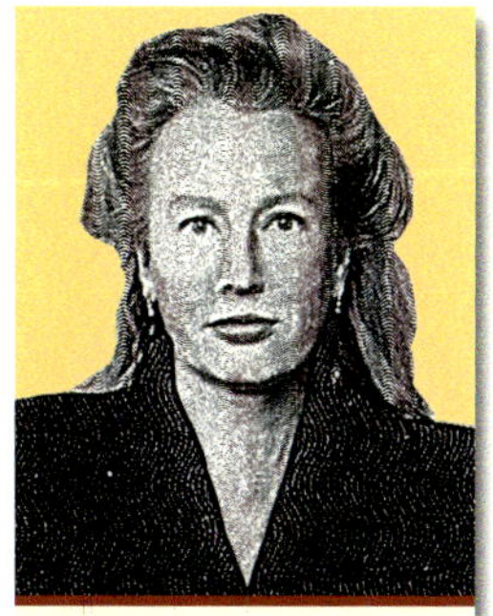

Rebecca Horn
*1944 Michelstadt, Odenwald

- *erhält* 1971 *ein* DAAD-*Stipendium für die* St. Martin's *School of* Art *in* London
- 1986 *Documenta-Preis* Kassel, 1992 *Medienkunstpreis* Karlsruhe
- *seit* 1989 *Professorin an der Hochschule der Künste in* Berlin
- *verfasst neben Filmskripten auch poetische Texte*

Rebecca Horn
El rio de la luna: Raum der Liebenden, 1992
Installation
Hotel Peninsula, Barcelona

Cindy Sherman

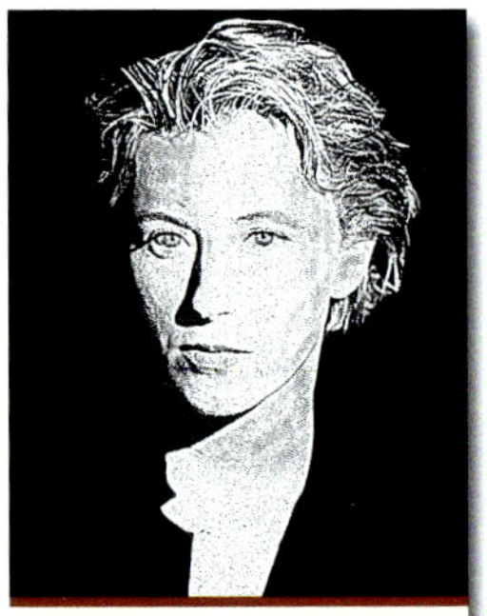

Cindy Sherman
*1954 Glen Ridge, New Jersey
lebt in New York

- *1987 Einzelausstellung im Whitney Museum of American Art, New York*
- *1982 und 1995 auf der Biennale in Venedig vertreten, 1982 zudem auf der Documenta in Kassel*
- *zählt mit ihren Selbstinszenierungen zu den herausragenden Fotokünstlern der Gegenwart*

Cindy Sherman ist eine Meisterin der Inszenierung. Ihre Stillleben-Fotografien wirken so ekelerregend, dass dem Betrachter augenblicklich übel zu werden droht – zugleich sind diese Aufnahmen von ineinander verlaufenden Süßigkeiten und mit Schimmel überzogenen Essensresten von geradezu altmeisterlicher Farbschönheit. Sie hat groteske und Grauen erregende Fotos mit künstlichen Körperteilen und Puppen inszeniert und 1997 den Horrorfilm *Office Killer* gedreht. Aber bekannt geworden ist Cindy Sherman durch Fotos, auf denen sie selbst zu sehen ist. Seit den 70er Jahren hat sie unzählige Male als Modell vor der Kamera gestanden, keine dieser Aufnahmen ist jedoch ein Selbstbildnis im klassischen Sinn. Sie wechselt Kulissen und Requisiten, schlüpft in Verkleidungen und staffiert ihren Körper mit falschen Nasen und Brüsten aus. Die ›Person‹ Shermans bleibt dabei unsichtbar: »Es handelt

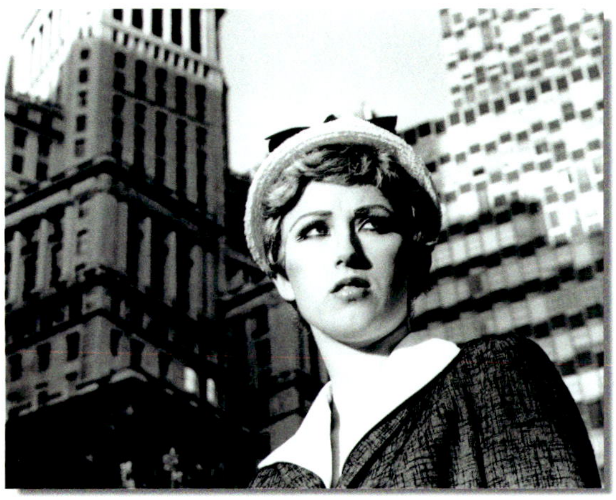

sich hier um Abbildungen von personifizierten Gefühlen mit ganz eigenem Wesen ... – und nicht mich«, bemerkte die Künstlerin einmal.

Schon als Kind liebte es Cindy Sherman, sich zu verkleiden. Sie studierte Kunst am State University College in Buffalo und gründete mit anderen Studenten wie Robert Longo und Nancy Dwyer die Hallwalls-Galerie. 1978 ging sie nach New York, wo sie einige Zeit darauf ihrem späteren Mann, dem französischen Videokünstler Michel Auder, begegnete.

Ihre erste Fotoserie *Untitled Film Stills*, eine sehr umfangreiche Folge von Schwarzweißaufnahmen im Format von etwa 20 x 25 Zentimetern, entstand in den Jahren zwischen 1977 und 1980. Auf allen Bildern erscheint Sherman als einzige Protagonistin: in der Küche, nachts am Straßenrand oder im zerwühlten Bett. Mal trägt sie ein adrettes Kostüm und eine blonde Perücke, mal präsentiert sie sich in einer Küchenschürze oder im Unterrock. Formale und inhaltliche Zusammenhänge zwischen den einzelnen Aufnahmen werden angedeutet, bleiben aber vage: Es sind Standfotos aus Filmen, die nie gedreht wurden. In *Film Still # 4* lehnt eine Frau in einem kargen, spärlich beleuchteten Flur mit geschlossenen Augen an einer Tür. Das Bild erinnert in seiner Ästhetik an Filme der 50er und 60er Jahre. Die Situation erscheint in ihrem Gefühlsgehalt offen, vieldeutig; jeder Versuch, sie zu einer Geschichte weiterzuspinnen, bleibt im Ansatz stecken – es fehlt an klaren anekdotisch-narrativen Hinweisen. Deutlich ist allein der künstliche, ›gestellte‹ Charakter des Bildes. Die *Film Stills* führen die Überzeugung, dass die Fotografie die Wirklichkeit abbilde, ad absurdum: Sie spiegeln nicht die Realität, sondern gängige Klischees und Stereotypen.

In den 80er Jahren beschäftigte sich Cindy Sherman besonders mit Mode und Modefotografie, deren Schönheitskonventionen sie in ihren Inszenierungen der Lächerlichkeit preisgab, und schuf ihre berühmten *History Portraits*, in denen sie bekannte Gemälde von der Renaissance bis hin zu Picasso als Fotos nachstellte. Mit ihren Maskeraden hinterfragt Sherman auch die Vorstellung vom authentischen Künstler-Ich, von einer unverwechselbaren, individuellen Persönlichkeit als ein gesellschaftliches Konstrukt.

Die Beschäftigung mit Idealbildern von Weiblichkeit und Schönheit hat Sherman den Ruf einer feministischen Künstlerin eingetragen. Dieser Einordnung hat sie sich jedoch mit ihren Horror-und Trashszenarien der 90er Jahre zunehmend entzogen.

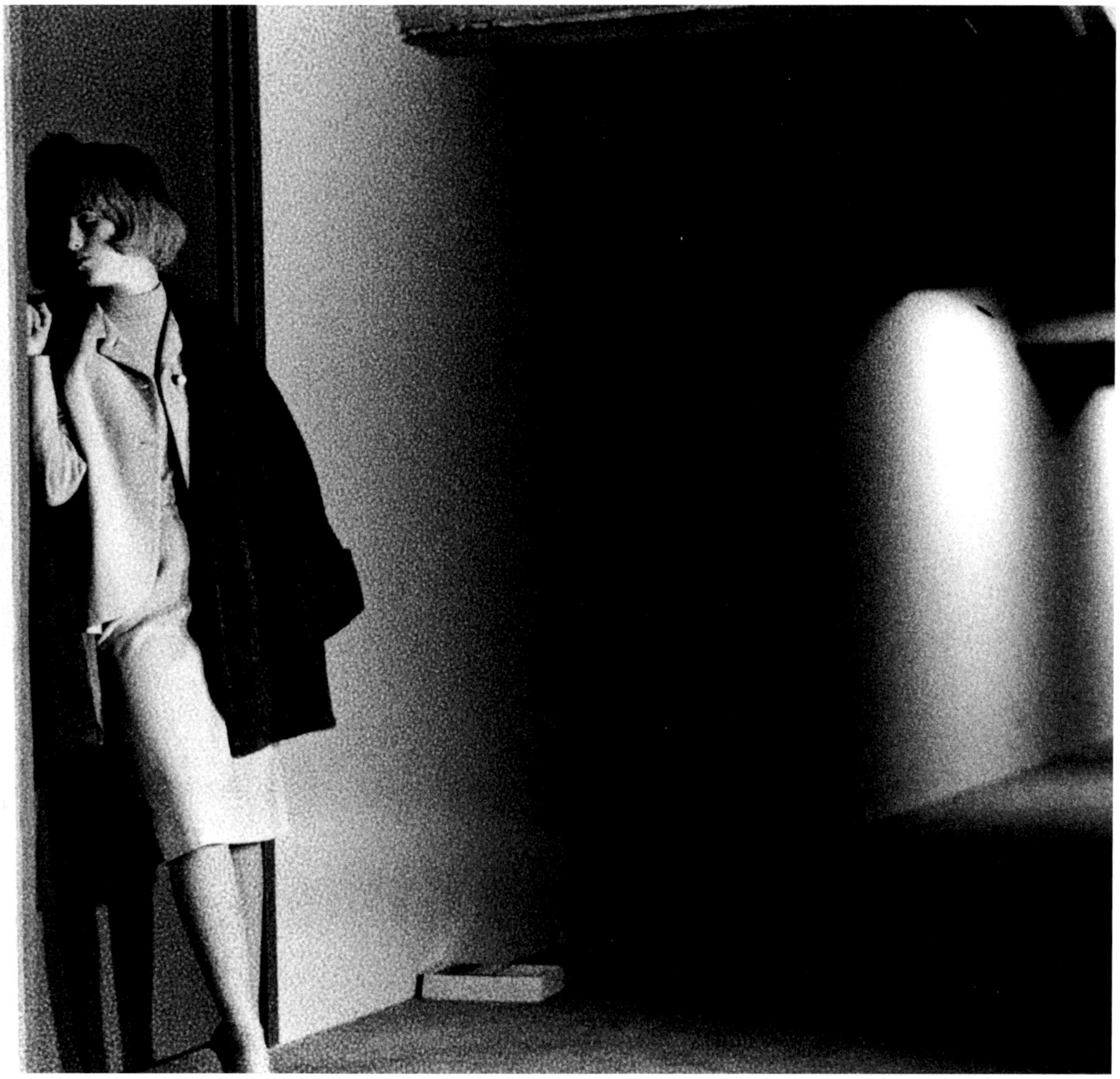

gegenüber
Cindy Sherman
Untitled Film Still # 21, 1978
Gelatinesilberdruck, 20 x 25 cm
Museum of Modern Art, New York

oben
Cindy Sherman
Untitled Film Still # 4, 1977
Gelatinesilberdruck, 20 x 25 cm
Museum of Modern Art, New York

Jenny Holzer

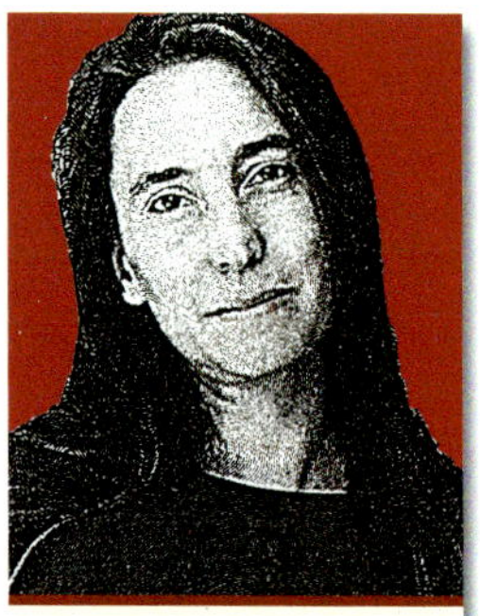

Jenny Holzer
*29. Juli 1950 Gallipolis, Ohio
lebt in New York

- 1968–1977 *Kunststudium in Ohio, Chicago und New York*
- *seit* 1985 *verwendet sie auch Granitbänke und Steintafeln für ihre Inschriften*
- 1987 *auf der Documenta 8 in Kassel vertreten*
- 1990 *›Goldener Löwe‹ für den von ihr gestalteten Amerikanischen Pavillon auf der Biennale, Venedig*

Die Amerikanerin Jenny Holzer nutzt für ihre Arbeit unterschiedlichste populäre Medien: Plakate, Schirmmützen, Kondompackungen, das Fernsehen, elektronische Anzeigetafeln und seit 1995 auch das Internet. Am bekanntesten wurden ihre computergesteuerten Laufschriftbänder, die sie seit 1982 einsetzt. Den Kern ihrer Arbeiten bildet stets das geschriebene Wort.

Jenny Holzer wurde 1950 als Tochter eines Autohändlers und einer Reitlehrerin in Ohio geboren und begann ihre Karriere als abstrakte Malerin, beeinflusst vom amerikanischen Colour-Field-Painting eines Mark Rothko oder Morris Louis. Zu einer eigenständigen Ausdrucksform fand sie 1977, indem sie die geschriebene Sprache in den Mittelpunkt ihrer künstlerischen Arbeit stellte. Ihre erste Textserie *Truisms* besteht aus knapp formulierten ›Binsenweisheiten‹ wie »Abuse of power comes as no surprise« (Machtmissbrauch kann uns nicht überraschen) oder »Freedom is a luxury not a necessity« (Freiheit ist ein Luxus, keine Notwendigkeit), die Holzer u.a. mithilfe von T-Shirts und Aufklebern verbreitete. Die über 250 kurzen Sätze spiegeln nicht die persönliche Überzeugung der Künstlerin, sondern sollen als eine Art Parodie »die großen Ideen des abendländischen Denkens in Kurzform« wiedergeben; Widersprüche sind dabei einkalkuliert. Die lakonischen Sinnsprüche sollten durch die Präsentation im öffentlichen Raum irritieren und zur Reflexion anregen.

Die *Truisms* bilden den Grundstock eines seither kontinuierlich erweiterten Fundus von Texten mit zum Teil sehr unterschiedlichem Charakter, die in großen musealen Rauminstallationen auch gemeinsam zur Aufführung gelangen. Holzers 1979–1982 entstandene *Inflammatory Essays* enthalten ›Hetzreden‹ aus je hundert Wörtern, die von politischen und religiösen Ideen inspiriert sind. Einen persönlicheren Charakter gab die Künstlerin ihren *Laments*, die weniger phrasenhaft, eher nachdenklich und poetisch wirken. Oft ist in Holzers Arbeiten von psychischer und physischer Gewalt die Rede, besonders explizit in den schockierend realistischen Texten der *War*-Serie von 1992, die als Reaktion auf den ersten Golfkrieg entstand, und in der Arbeit *Lustmord*, die von den Kriegsverbrechen an Frauen in Bosnien motiviert war. Jenny Holzer verarbeitet jedoch auch persönliche Erfahrungen: Nach der Geburt ihrer Tochter Lili entstand die Serie *Mother and Child* (1990) und auch ihre Textfolge OH (2001) spricht von den Gefühlen einer Mutter, von Körperlichkeit, Zärtlichkeit und Angst.

Zu Beginn ihrer Laufbahn agierte Jenny Holzer mit ihren Plakat- und Straßenaktionen außerhalb der klassischen Kunstinstitutionen. Seit Ende der 80er Jahre bespielt sie aber auch die großen Museen mit zunehmend opulenteren Installationen. Hier kommt weniger die subversive Kraft ihrer Arbeiten zum Tragen als vielmehr eine beeindruckende Fähigkeit zur Rauminszenierung. Für die Retrospektive im New Yorker Guggenheim Museum (1989–1990) ließ Holzer farbige Leuchtschriften spiralförmig in der Rotunde des von Frank Lloyd Wright erbauten Museums anbringen und erzielte so eine äußerst suggestive, dramatische Wirkung. Fast zwei Stunden dauerte ein Durchlauf der 330 Einzelbotschaften in wechselndem Rhythmus.

Breite Aufmerksamkeit ist den Arbeiten von Jenny Holzer stets sicher, egal ob sie 1982 die riesige Werbetafel über dem Times Square in New York bespielte oder die Neue Nationalgalerie in Berlin mit ihren elektronischen Schriftbändern erleuchtete. Im Laufe ihres Schaffens setzte Holzer die ästhetischen Möglichkeiten der Laufschriften und Lichtprojektionen immer virtuoser ein – wie visuelle Musik, die es dem Betrachter bisweilen schwer macht, den sprachlichen Inhalt zu entziffern, der flimmernd vor seinen Augen vorüberzieht.

Jenny Holzer
Untitled, 1989
Installation
Solomon R. Guggenheim Museum, New York

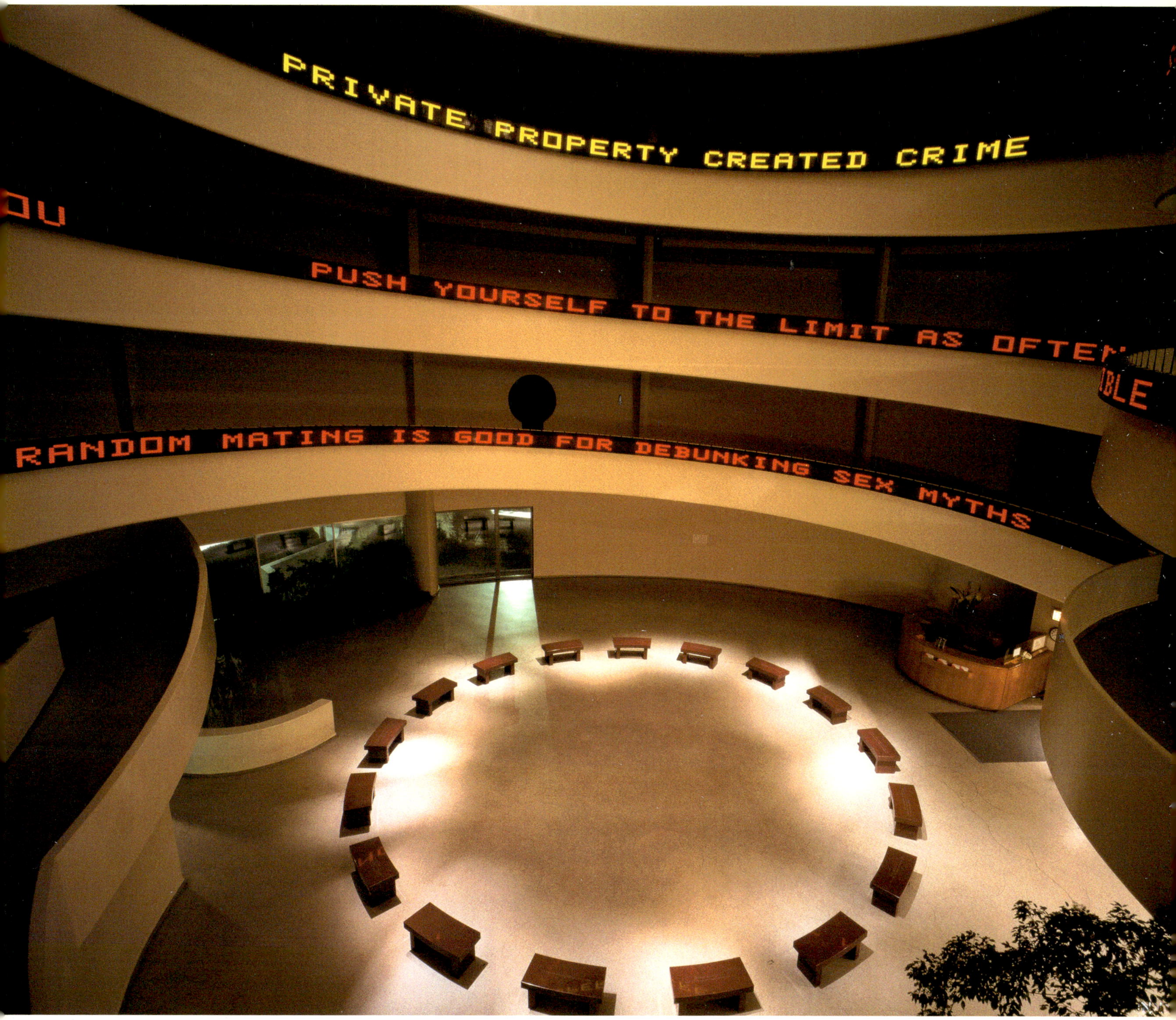
PRIVATE PROPERTY CREATED CRIME
PUSH YOURSELF TO THE LIMIT AS OFTEN
RANDOM MATING IS GOOD FOR DEBUNKING SEX MYTHS

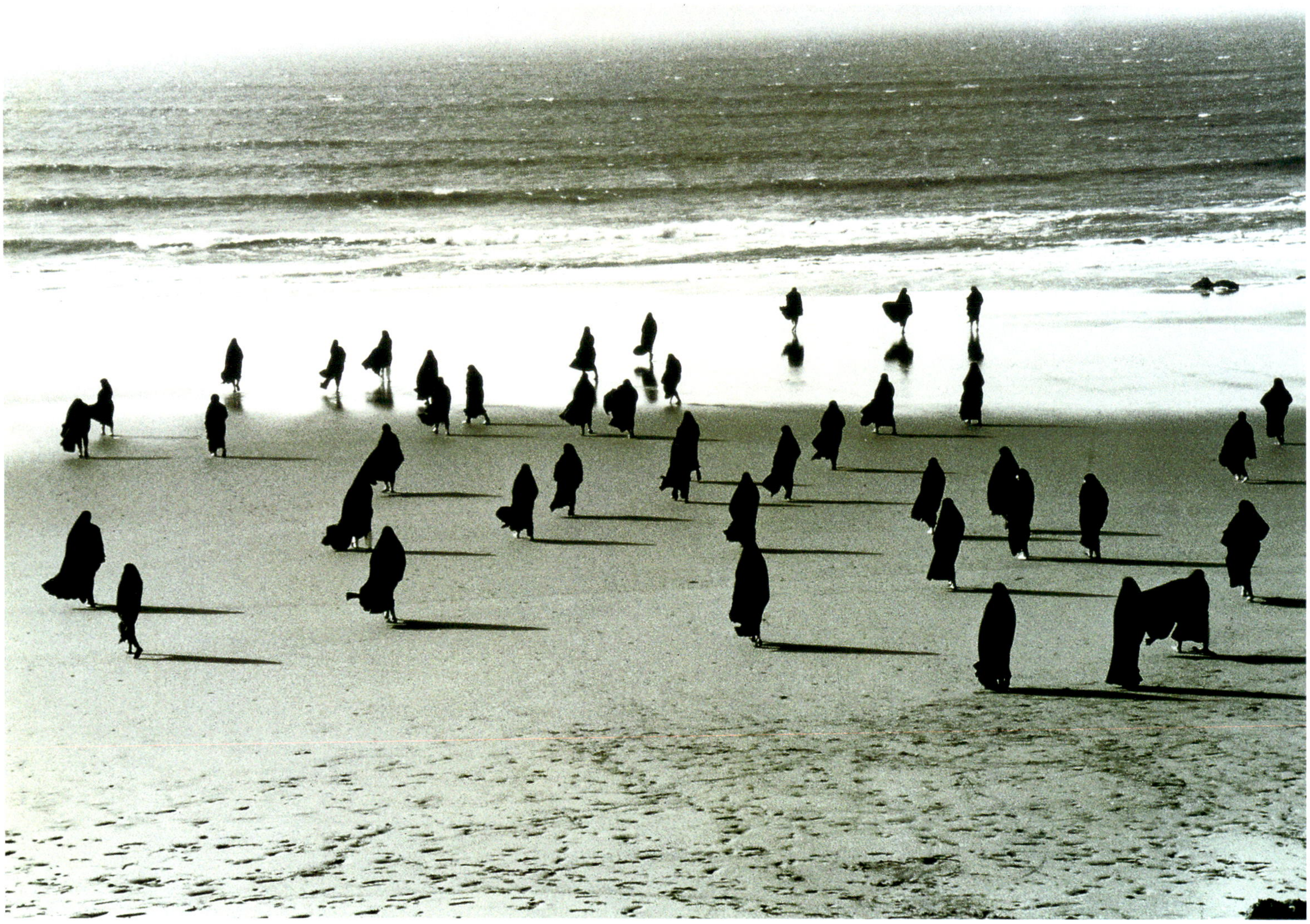

oben
Shirin Neshat
Untitled, (aus der Serie *Rapture – Women Scattered*), 1999
Gelatinesilberdruck, 108 x 171 cm
The Cleveland Museum of Art, Metropolitan
Bank Collection, Cleveland

gegenüber
Shirin Neshat
Speechless, 1996
Gelatinesilberdruck 118,7 x 86,4 cm
Barbara Gladstone Gallery, New York

Shirin Neshat

Shirin Neshat wurde 1957 in der Stadt Kaswin, nordwestlich der iranischen Hauptstadt Teheran, geboren. Ihr Vater, ein Arzt, befürwortete die Bestrebungen des persischen Schahs Reza Pahlewi, das Land zu modernisieren und westlichen Einflüssen zu öffnen. Neshats Familie konnte den fünf Kindern eine Ausbildung im Ausland ermöglichen und Shirin Neshat begann,1974 an der Universität von Berkeley Malerei zu studieren. Die fundamentalistische Revolution im Iran von 1979 verhinderte ihre Rückkehr in die Heimat: Das Land wurde zu einer islamischen Republik, einem ›Gottesstaat‹ unter Führung von Ayatollah Khomeini.

Neshat zog nach New York und arbeitete zunächst als Leiterin der Non-Profit-Galerie Storefront for Art and Architecture, die ihrem Mann, dem koreanischen Architekten und Konzeptkünstler Kyong Park, gehörte. Erst 1990, ein Jahr nach Khomeinis Tod, reiste sie wieder in den Iran. Das Ausmaß der gesellschaftlichen Veränderungen dort schockierte sie, insbesondere die streng reglementierte Situation der Frauen, die z. B. das Haus nur verhüllt verlassen durften. Neshat beschloss daraufhin, nach über zehnjähriger Pause wieder künstlerisch tätig zu werden.

Mit der Fotoserie *Women of Allah* aus den Jahren 1993–1997 wurde sie international bekannt. Die klar aufgebauten Schwarzweißaufnahmen zeigen Frauen im traditionellen, bodenlangen Gewand, dem Tschador. Hände, Gesicht, Füße, die unverhüllt bleiben, sind mit arabischen Schriftzeichen verziert. Diese wirken wie Tätowierungen, sind jedoch mit Tinte auf das Bild geschrieben. Dass es sich dabei um Texte iranischer Schriftstellerinnen in Farsi (Neupersisch), der Amtssprache des Iran, handelt, die auch von Sinnlichkeit und Sexualität handeln, bleibt dem westlichen Publikum im Allgemeinen verschlossen: Sie wirken wie geheimnisvolle, dekorative Kalligrafien aus einer fremden Welt. Auf einigen Aufnahmen halten die Frauen – häufig ist Neshat selbst das Modell – einen Gewehrlauf oder Patronenhülsen in der Hand. Mit solchen Bildern stolzer, militanter Frauen unterläuft die Künstlerin die im Westen gängigen Vorstellungen der unterdrückten, passiven Frau im Islam.

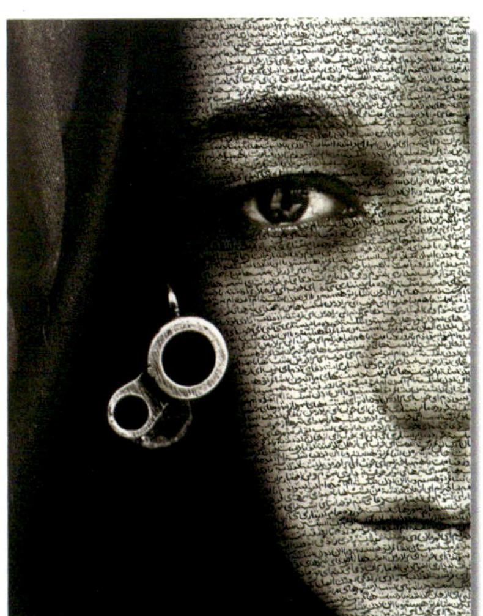

Seit 1997 arbeitet Neshat vorrangig mit dem Medium Video. Häufig setzt sie zwei einander gegenüberstehende Projektionswände ein, so auch in dem 13-minütigen Film *Rapture* (Entzücken), der den Betrachter durch seine monumental-epische Ästhetik in den Bann zieht. Die Aufnahmen sind schwarzweiß gehalten, der Erzählrhythmus ist langsam, Orte und Handlungen wirken archaisch und zeitlos. Anders als oft im amerikanischen oder europäischen Kino üblich, stehen nicht einzelne Individuen im Mittelpunkt. Stattdessen agieren Männer und Frauen in eindrucksvoll choreografierten Massenszenen, deren unüberwindliche Dualität auf den ersten Blick deutlich wird. Die Frauen ziehen in Tschadors gehüllt durch die karge Landschaft, während die ebenso uniform in weiße Hemden und dunkle Hosen gekleideten Männer eine verlassene Festung erobern und rituelle Handlungen, wie Waschungen und Gebete, verrichten. Die Grundidee erscheint klar: Die Männer beherrschen traditionell die Bastion der Kultur und Religion, Frauen sind von dieser ausgeschlossen. Während die Männer jedoch im Schutz der Tradition verharren, brechen die Frauen zur Meeresküste auf und schieben ein Boot ins Wasser, in dem einige von ihnen auf die offene See hinausrudern. Selbstmord oder Aufbruch in die Ferne? Auch in ihren anderen Werken lässt die Künstlerin die Deutung offen – trotz der auf den ersten Blick plakativ wirkenden Bildsprache.

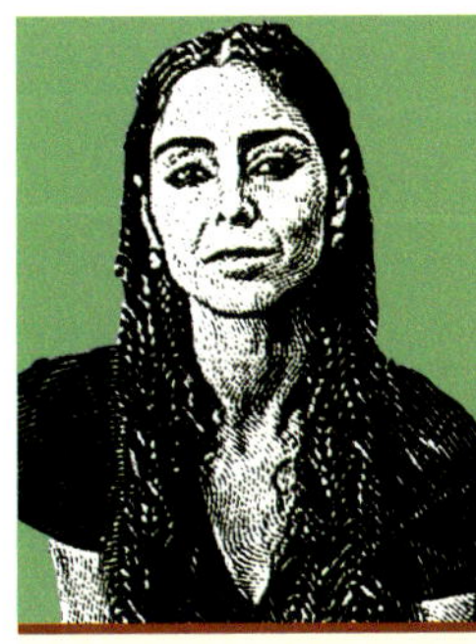

Shirin Neshat
*1957 in Kaswin, Iran
lebt in New York

- *thematisiert Rollenverhältnis von Mann und Frau in der islamischen Gesellschaft*
- *seit* 1995 *auf zahlreichen Biennalen vertreten, u. a. in Venedig, Istanbul, Sydney, New York*
- 1999 *›Goldener Löwe‹ auf der Biennale Venedig*
- 2002 *auf der Documenta* 11 *in Kassel*

Vanessa Beecroft

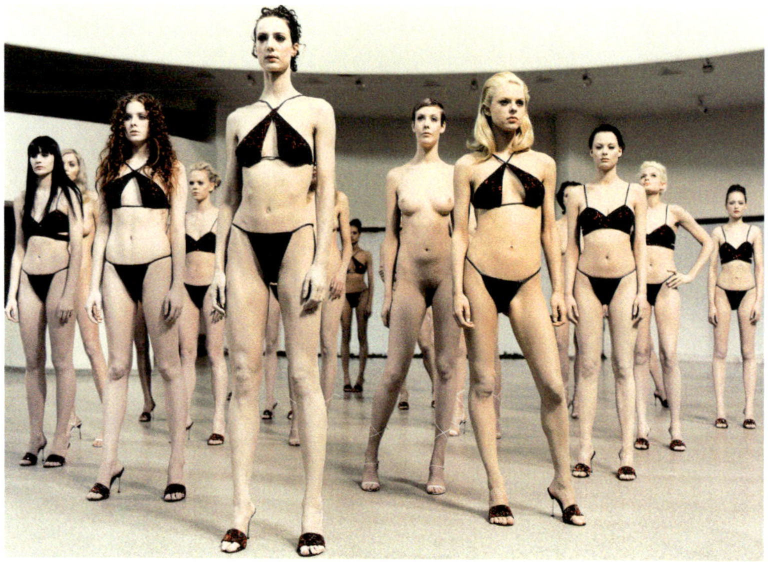

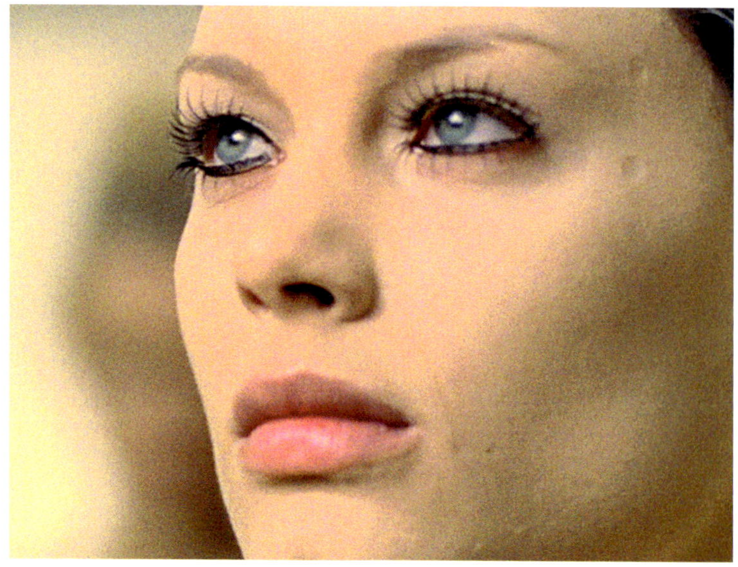

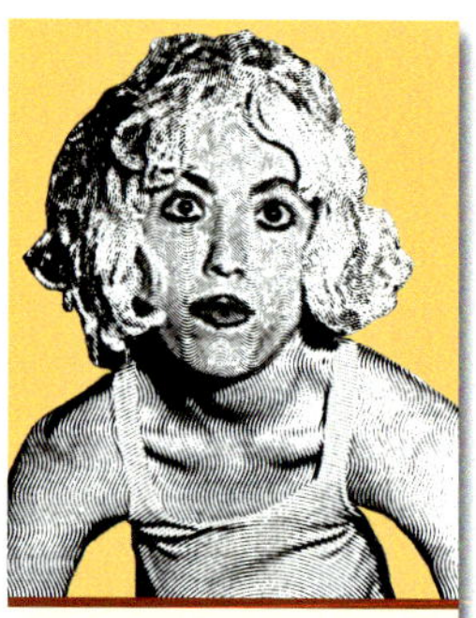

Vanessa Beecroft
*1969 Genua
lebt in New York

- *1994 Studienabschluss an der Accademia di Brera in Mailand*
- *seit 1994 Performances u.a. in New York, Bordeaux, Philadelphia, Boston, Stockholm, Leipzig und Sydney*
- *1997 und 2001 auf der Biennale in Venedig vertreten*

Die 1969 in Genua geborene Vanessa Beecroft ist ein Shooting-Star des Kunstbetriebs: Mit 24 Jahren hatte sie ihre erste Ausstellung und bereits fünf Jahre später waren ihre Arbeiten im renommierten New Yorker Guggenheim Museum zu sehen. Auf Kunstmessen und Auktionen werden Fotografien ihrer Performances hoch gehandelt; im Juni 2000 erzielte ein einziges ihrer Bilder bei Sotheby's in London über 30 000 Pfund.

Das ›Material‹, mit dem Vanessa Beecroft arbeitet, sind meist junge Frauen, die sie in ihren Peformances leicht bekleidet oder nackt auftreten lässt. »Ich sehe sie als Sujets für ein Gemälde«, sagt die Künstlerin: »Es gibt einen Entwurf von der Performance, bevor sie stattfindet, der aus Farben und Zahlen besteht ... Die Mädchen verändern diesen Entwurf während der vier oder fünf Stunden, die sie aufgestellt sind, ständig. Ich bin dann enttäuscht, aber an dieser Differenz zwischen dem, was ich erwarte, und dem, was passiert, bin ich ja gerade interessiert.«

Als Tochter eines Engländers und einer italienischen Literaturprofessorin verbrachte Beecroft die ersten vier Jahre ihres Lebens in London. Nach der Trennung ihrer Eltern lebte sie bei der Mutter in der Nähe des Gardasees in Oberitalien. Später studierte sie in Genua und Mailand klassische Malerei, Architektur und Bühnenbild. Bei ihrer ersten Ausstellung in der Mailänder Galerie Inga Pinn zeigte Beecroft Aquarell-Zeichnungen und Auszüge aus einer Art Tagebuch, die ihre Auseinandersetzung mit Ernährungsproblemen dokumentieren – während 30 eigens ausgewählte junge Frauen sich unter das Publikum der Vernissage mischten, um den Performance-Charakter zu verstärken. Mit dieser inszenierten Aktion hatte Vanessa Beecroft ihr Arbeitsfeld abgesteckt; in den darauf folgenden Performances verfeinerte und variierte sie ihr Vokabular. Sie engagierte nun langbeinige Models mit Idealmaßen, die sie in Designerdessous und hohen Schuhen auftreten ließ. Durch Perücken und Make-up verlieh sie den Protagonistinnen ein einheitliches, anonymes Aussehen und betonte den künstlichen Charakter ihres Auftritts, indem sie die Frauen anwies, während der Performance Blickkontakte oder Wortwechsel zu vermeiden und möglichst bewegungslos zu verharren.

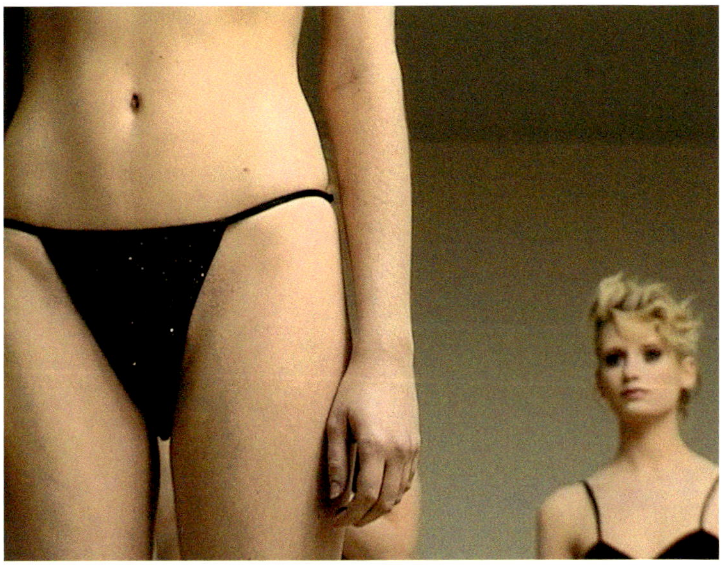

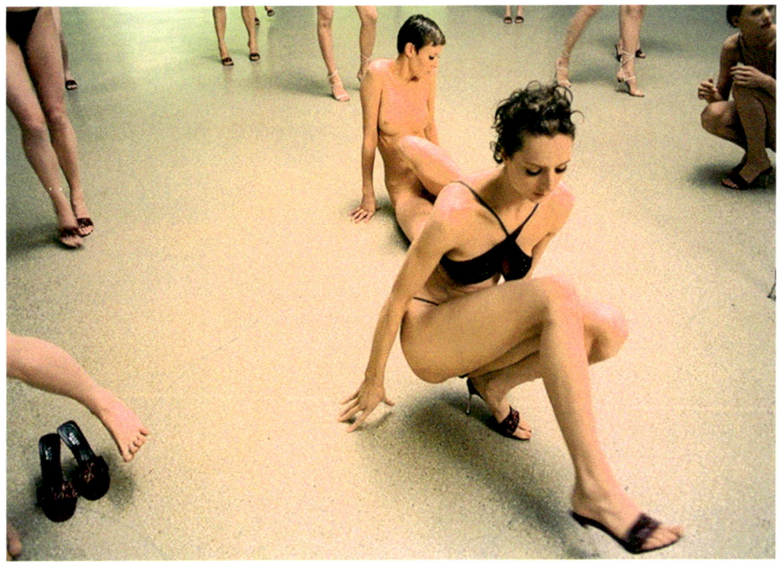

Die Entdeckung durch einflussreiche New Yorker Galeristen wie Jeffrey Deitch und später Larry Gagosian ebnete Vanessa Beecroft den Weg in die großen Museen der Gegenwartskunst. Bei ihrer Performance VB 35 im New Yorker Guggenheim Museum 1998 erschienen 15 hochgewachsene, schlanke Models in Glitzerbikinis von Gucci sowie fünf Frauen, die bis auf ihre Stilettos unbekleidet waren. Der Effekt war frappierend: Die *Show*, wie Beecroft sie nannte, erinnerte an Modenschauen oder moderne Theateraufführungen, zugleich aber wirkten die Frauen wie Schaufensterpuppen oder klassische Skulpturen, die auf ihren High-Heels wie auf Sockeln verharrten. Die Nacktheit der Modelle wirkte im Kontext des Museums irritierend, beinhaltete aber keinen Schockeffekt wie die Aktionen der Performancekünstler der 70er und 80er Jahre aus dem Umfeld von ›Fluxus‹ und ›Body Art‹. Während diese den Kunstbetrieb und die Normen der Gesellschaft attackierten, spiegeln Beecrofts Arbeiten Tendenzen der Gegenwartskultur wie das Schönheitsideal und den Körperkult der Werbung – ohne diese jedoch explizit zu kritisieren. Die Künstlerin lässt sich in ihrer Arbeit auch von Film, Literatur und Zeitgeschichte anregen.

Die Reaktionen auf Beecrofts provokative Inszenierungen sind unterschiedlich. Während manche Kritiker sie als eine radikale Vertreterin der Performance-Kunst schätzen, die die Rolle des Aktes in der Kunst neu definiert, beurteilen andere ihre Aktionen als voyeuristische Inszenierungen, in denen Klischeebilder von der Frau als Sexualobjekt bestätigt werden.

Vanessa Beecroft
Show, 1998
Fotos der Performance
Solomon R. Guggenheim Museum, New York

Glossar

Abstrakter Expressionismus, Sammelbegriff für die verschiedenen ungegenständlichen Richtungen der Malerei in den 40er, 50er und 60er Jahren des 20. Jh., bei denen Farbe, Form und Malweise die alleinigen Ausdrucks- und Bedeutungsträger sind.

Abstraktion, Vernachlässigung einer naturalistisch-abbildlichen Wiedergabe bis hin zum völligen Verzicht gegenständlicher Darstellung.

Action Painting (engl. »Aktionsmalerei«), Malweise, bei der die Farbe ohne vorherige Kompositionsskizze auf die (gelegentlich am Boden liegende) Leinwand gemalt, getropft oder geschleudert wird. Die Bildstruktur ergibt sich aus dem intuitiv gesteuerten Malprozess und aus den unterschiedlichen Verhaltensweisen der Farbe, wie z. B. zufällig entstehende Laufspuren.

Akademie (lat. academia, gr. akademia), Einrichtung, Institution oder Gesellschaft zur Förderung künstlerischer oder wissenschaftlicher Studien und Ausbildung. Die ersten bedeutenden A. entstanden in Anlehnung an die antiken Schulen während der Renaissance in Mailand und Florenz. Im Zuge des Absolutismus verbreitete sich die Idee der A. in ganz Europa. Als Vorbild dienten die 1635 gegründete Académie Française und die 1648 geschaffene Académie Royale de Peinture et de Sculpture.

Art déco, Kunstströmung der 1920-/30er Jahre, deren Name sich von der ›Exposition internationale des arts décoratifs et industriels modernes‹ (Paris, 1925) herleitet. Sie zeichnet sich durch kubisch-kantige Formen aus.

Assemblage (frz. »Zusammenfügung«), Bezeichnung für eine raumplastische Zusammenstellung meist alltäglich-trivialer Gegenstände zu reliefartigen Materialbildern oder Objekten. Erste A. entstanden Anfang des 20. Jh. und wurden im Kubismus oder Dadaismus aufgegriffen.

Automatismus, spontane Mal- und Schreibtechnik; der Versuch im künstlerischen Prozess auf rationale Kontrolle, moralische oder ästhetische Überlegungen zu verzichten. Der A. wurde vielfach von den Surrealisten und den Künstlern des Abstrakten Expressionismus angewandt.

Avantgarde (frz. »Vorhut«), Bezeichnung für künstlerische Gruppierungen oder Äußerungen, die ihrer Zeit voraus sind, über das Bestehende hinaus weisen und Tendenzen vorwegnehmen.

Barbizon, Schule von, Gruppierung französischer Künstler, die sich ab 1840 der Freilichtmalerei zuwandten und als deren Begründer gelten.

Barock (von portug. barocco, »unregelmäßig«), europäische Stilepoche, in der der Kunst zwischen ca. 1600 und ca. 1750. Ausgehend von Rom, breitete sich der B. über ganz Europa aus. Er erfuhr unterschiedlichste Ausprägungen, abhängig von nationaler und konfessioneller Zugehörigkeit. Seine Hauptcharakteristika sind äußerste Bewegtheit, Spiel mit Raum- und Lichtverhältnissen.

Bauhaus, 1919 von dem Architekten Walter Gropius gegründete Staatliche Hochschule für Bau und Gestaltung, die das Zusammenwirken der Künste untereinander und mit dem Handwerk anstrebte.

Biedermeier, deutsche Stilrichtung zwischen 1815 und 1848. Charakteristische Motive sind bürgerliche Idyllen; wichtigster Vertreter des B. ist Carl Spitzweg.

Blaue Reiter, Der, Titel eines 1910 von Wassily Kandinsky und Franz Marc herausgegebenen Almanachs mit kunsttheoretischen Texten; später auch Name der sich um die beiden Künstler gruppierenden Künstlervereinigung, die sich unter dem Einfluss von Kubismus und Orphismus gegen akademische Malerei und Impressionismus wandte und in einer abstrahierenden Bildsprache das ›Geistige in der Kunst‹ auszudrücken versuchte.

Brücke, Die, expressionistische Künstlergemeinschaft (1905–1913). Charakteristisch für die Maler der B. ist eine farbintensive, flächige, umrissbetonte und holzschnitthaft grobe Malweise.

Caravaggisten, Bezeichnung für Künstler, die in der Nachfolge von Caravaggio dessen Helldunkelmalerei, die schlaglichtartige Beleuchtung und die realistische Behandlung klassischer Themen übernahmen.

Colour-Field Painting (engl. »Farbfeldmalerei«), Richtung des Abstrakten Expressionismus vor allem der 1960er Jahre, bei der die Farbe als reiner Ausdrucksträger flächendeckend auf die Leinwand aufgetragen wird. Wichtige Vertreter sind Barnett Newman und Mark Rothko.

Dadaismus, während des Ersten Weltkriegs entstandene Kunstrichtung, die gegen die traditionellen Kunstwerte mit provokativer und als ›Anti-Kunst‹ deklarierten Ausdrucksformen wie der Fotomontage, dem Lautgedicht etc. rebellierte.

De Stijl, 1917 von Piet Mondrian und Theo van Doesburg gegründete niederländische Künstlergruppe, deren abstrakte, aus geometrischen Flächenformen in reinen Farben aufgebaute Bilder eine Variante des Konstruktivismus darstellen.

Drip Painting (von engl. dripping, »tropfend«), Maltechnik, bei der die Farbe auf die am Boden liegende Leinwand geträufelt wird; Form des ‚Action Painting'. Mit D. P. wird vor allem die Arbeitsweise Jackson Pollocks bezeichnet.

Expressionismus (von lat. expressio, »Ausdruck«), Kunstrichtung in der ersten Hälfte des 20. Jh., bei der die Betonung auf dem subjektiven Erleben liegt. Kennzeichen des E. sind eine ausdrucksstarke, nicht wirklichkeitsgetreue Farb- und Formgebung und ein flächiger Farbauftrag, der die perspektivische Dreidimensionalität bewusst vernachlässigt.

Farbfeldmalerei, siehe Colour-Field Painting.

Fauvismus, ›Fauves‹ (frz. »wilde Tiere«), französische Künstlervereinigung, die sich 1905 um Henri Matisse bildete. Gegen die impressionistische Farbzerlegung setzten sie die reine, ungebrochene Farbe und gestalteten ihre Bilder ohne Rücksicht auf die Genauigkeit der Abbildung.

Fluxus (von lat. fluxus, »das Fließen«), in den frühen 60er Jahren besonders in Westeuropa ausgeprägte Variante der Aktionskunst. Typisch sind partiturartige Handlungsvorgaben sowie das Zusammenwirken von figürlichen Aktionen und akustisch-musikalischen Ausdrucksformen, die auf eine Aktivierung der Wahrnehmung des Betrachters abzielen.

Freilichtmalerei, im Gegensatz zur Ateliermalerei Bezeichnung für in der freien Natur gemalte Bilder. Die F. wurde zum ersten Mal von der Schule von Barbizon, dann aber vor allem von den impressionistischen Malern praktiziert.

Futurismus, italienische Kunstrichtung, die von dem Schriftsteller Filippo Tommaso Marinetti angeregt und 1909 durch das *Futuristische Manifest* begründet wurde. Die Haltung der Gruppe war antiakademisch, ihre Kunst wurde von der modernen Technik und dem Rausch der Schnelligkeit bestimmt.

Genremalerei (von frz. Genre, »Art«), Gattung der Malerei, die Ausschnitte aus dem täglichen Leben darstellt. Sie galt in der akademischen Hierarchie als ›niedere Gattung‹ und ist gekennzeichnet durch hohen Realitätsbezug und Lebensnähe. Man unterscheidet zwischen bäuerlichem, bürgerlichem und höfischem Genre. Die G. erlebte ihren Höhepunkt im 17. Jh. in den Sittenbildern der holländischen Malerei.

Happening (engl. »Geschehen«), Kunstform vor allem der 60er Jahre des 20. Jh., bei der eine Aktion das eigentliche Kunstwerk ist. Die Aktion, oftmals gekennzeichnet durch große Realitätsnähe bzw. Alltäglichkeit, zielt auf Einbeziehung des Zuschauers. Sie ist improvisiert, provokant, unvorhersehbar und nicht reproduzierbar.

Historienbild, Darstellung historischer Ereignisse, mythologischer, biblisch-religiöser oder literarischer Themen, die entweder lebensnah oder ideal überhöht dargestellt werden. Das H. galt bis Ende des 19. Jh. als vornehmste Gattung in der Malerei, gefolgt von dem Porträt und den ›niederen Gattungen‹ Landschaft, Genre und Stillleben.

Historismus, Rückgriff auf frühere Kunststile, um daraus einen neuen Stil zu schaffen, z. B. Klassizismus.

Ikone, ursprünglich Tafelbild der byzantinischen und griechisch-orthodoxen Kirche, das nach festen Traditionen und strengen Mustern über Jahrhunderte hinweg einen Typus prägte. Der Begriff steht im weiteren Sinn auch für ›Hauptvertreter, klassisches Beispiel‹.

Impressionismus (von frz. impression, »Eindruck«), um 1860 in Frankreich entstandene Kunstrichtung, bei der es darum geht, den Gegenstand in seiner momentanen Abhängigkeit von der Beleuchtung zu erfassen. Er ist gekennzeichnet durch eine aufgelöste Malweise, helle Farbigkeit und oft zufällig erscheinende Bildausschnitte; bevorzugte Motive des I. waren Landschaften und Szenen städtischen Lebens.

Installation, Bezeichnung für ein größeres künstlerisches Arrangement (einzelnes Objekt oder auch über einen ganzen Raum verteilte Objekte) in der zeitgenössischen Kunst.

Jugendstil (auch ›Art nouveau‹ oder ›Sezessionsstil‹), deutsche Bezeichnung für eine Stilrichtung um 1900. Gekennzeichnet ist der J. durch eine lineare, ornamental-dekorative Formensprache.

Klassische Moderne, kunsthistorische Epochenbezeichnung, die die Anfänge der abstrakten Kunst, bei Paul Cézanne beginnend, im Nachhinein als klassisch gewordene Moderne beschreibt.

Klassizismus, Stilrichtung zwischen 1750 und 1840, die sich auf antike, vor allem griechische Vorbilder, bezieht. Die Malerei des K. ist von klaren Farben und scharfer Linienführung gekennzeichnet.

Konstruktivismus, Bewegung innerhalb der abstrakten Kunst seit Beginn des 20. Jh., die losgelöst von jeglicher Gegenständlichkeit mit geometrisch-abstrakten Formen harmonische Strukturen aufzubauen sucht.

Konzeptkunst, internationale Kunstrichtung, die sich ab Mitte der 1960er Jahre aus der Minimal Art entwickelte und unabhängig von der materiellen Umsetzungen den gedanklichen Prozess zum Kunstwerk erklärt.

Kubismus (von lat. cubus, »Würfel«), von Pablo Picasso und Georges Braque begründete Stilrichtung (ab etwa 1907), bei der Gegenstände nicht mehr nach dem optischen Eindruck wiedergegeben werden, sondern alles Gegenständliche in geometrische Formen zerlegt wird. Man unterscheidet zwischen analytischem Kubismus (bis ca. 1911) und synthetischem Kubismus (1912 bis Mitte der 20er Jahre).

Kubo-Futurismus, Kunstrichtung zu Beginn des 20. Jh. in Russland, bei der kubistische und futuristische Einflüsse miteinander verbunden werden.

Landschaftsmalerei, Gattung der Malerei. Vom Element der Hintergrundgestaltung entwickelte sich die L. Ende des 16. Jh. zu einer eigenständigen Bildgattung. Im 17. Jh. entstanden so genannte ideale Landschaften (z. B. Claude Lorrains ›verklärte Landschaften‹) und heroische Landschaften (z. B. Nicolas Poussins sinnbildlich ins Bedeutungsvolle gesteigerte Ansichten). Blütezeit der L. war der holländische Barock. Revolutioniert wurde die L. durch das Aufkommen der Freilichtmalerei im 19. Jahrhundert.

Manierismus, Stilbezeichnung für die Formentwicklung der Spätrenaissance des 16. Jh., die Formen, Figuren und Raumgefüge bewusst überbetont und überlängt darstellt. Bezeichnet im Weiteren jeden exaltierten Stil und Künstlichkeit.

Miniatur (ital. miniatura von lat. miniatus, »mit Mennige gefärbt«), kleine, meist farbige Malerei oder Federzeichnung in mittelalterlichen Handschriften und Büchern am Rand oder auf Zierleisten. Meint später auch Kleinbildmalerei, oft auf Zier- oder Gerbrauchsgegenständen.

Minimal Art, Richtung der zeitgenössischen Kunst. Die M. A. reduziert seit den 1960er Jahren Inhalt und Form des Kunstwerkes auf einfaches, knappes Formenvokabular. Wichtiges Prinzip ist die Wiederholung der meist geometrischen Grundstrukturen des Werkes; die M. A. verzichtet auf Illusion, Metaphorik und Symbolik.

Nachimpressionismus (auch Postimpressionismus oder Neo-Impressionismus), Bezeichnung für alle künstlerischen Tendenzen, die ausgehend von der impressionistischen Farbzerlegung das Augenmerk auf die Eigenwertigkeit der Farbe legten. Sie bilden das Bindeglied zwischen Impressionismus und Expressionismus.

Naturalismus, Stilrichtung der zweiten Hälfte des 19. Jh., die die naturgetreue malerische Wiedergabe des Äußeren eines Gegenstandes anstrebt. Als Stilbegriff auch allgemein verwendet.

Nazarener, zur Romantik gehörende deutsche Künstlergruppe, die sich 1809/10 zunächst in Wien, dann in Rom nach mittelalterlichem Vorbild zu einer ›Bruderschaft‹ zusammenschloss. Ihre Vorbilder fanden die N. in der Kunst Raffaels und der deutschen Malerei der Dürerzeit.

Neue Sachlichkeit, realistische Malerei zu Beginn der 1920er Jahre in Deutschland. Die N. S. setzte gegen die Gefühlswelt des Expressionismus das objektiv Sichtbare, eine klare und betont gegenständliche Darstellungsweise.

Neue Wilde (auch Neo-Expressionisten), Bezeichnung für deutsche Maler der 1980er Jahre, die sich einer expressiven, gestischen Malweise bedienten und mit den Stiltraditionen der Klassischen Moderne brachen.

Nouveau Réalisme (frz. »neuer Realismus«), Kunstrichtun, die ab 1960 die Kunst durch Integration von Konsumgütern, mittels Installationen und Environments dem alltäglichen Leben öffnen wollte.

Op Art (Abkürzung für engl. Optical Art, »optische Kunst«), zeitgenössische Kunstform, die ihre Blüte in den 1970er Jahren erlebte. Die O. A. setzt sich mit dynamischen Farb- und Bewegungswirkungen auseinander. Sie bezieht die Trägheit des menschlichen Auges mit ein, wodurch mehrfarbige Strukturen als plastische, bewegliche Elemente wahrgenommen werden.

Performance (frz. »Vorführung«), eine der Aktionskunst zuzuordnende zeitgenössische Kunstform seit Mitte der 1970er Jahre. Der Performance liegt eine feste Choreographie zugrunde. Sie ist im Gegensatz zum Happening nicht improvisiert und auf Zuschauerbeteiligung angelegt.

Plein-air-Malerei, siehe Freilichtmalerei.

Pointillismus (von frz. point, »Punkt«), spätimpressionistische Stilrichtung, die die Farbe in kleinen Pinselstrichen oder Farbtupfen ungemischt nebeneinander setzt, sodass sich die optische Mischung im Auge des Betrachters (und nicht auf der Palette des Malers) vollzieht.

Pop Art, in den 1960er Jahren in Amerika entstandene Kunstrichtung, die durch Verwendung und Montage bereits vorhandener Objekte (z. B. Zeitungsausschnitte, Reklamebroschüren, Markenartikel) neue, an der Konsumwelt orientierte Welten schuf.

Postmoderne, aus der Architektur übernommener Begriff für die künstlerische Haltung seit Beginn der 1980er Jahre; Weiterentwicklung der Moderne; im Unterschied zur Tradition der klassischen Moderne jedoch verbunden mit der Ablehnung aller Ideologien und Traditionen. Die P. ist gekennzeichnet durch Stilzitate und individualistische künstlerische Ausdrucksweisen.

Präzisionismus, Stilrichtung in der amerikanischen Malerei, die sich im Anschluss an die 1913 in New York stattfindende, internationale Kunstausstellung ›Armory Show‹ entwickelte. In Auseinandersetzung mit dem europäischen Kubismus entwickelten amerikanische Künstler wie Marsden Hartley, Joseph Stella und Georgia O'Keeffe einen scharf stilisierten Realismus, der die präzise Wiedergabe der Wirklichkeit nach rein formalen Gesichtspunkten und mit einfachen geometrischen Formen anstrebte.

Primitivismus, Tendenz in der Kunst des 20. Jh., die sich an Volkskunst, afrikanischer und ozeanischer Kunst sowie an Kinderzeichnungen zu orientiert, da diese als ursprünglich und ›unakademisch‹ und damit ›wahrhaftiger‹ galten.

Realismus, im weitesten Sinne abbildgenaue Darstellung. Zugleich Bezeichnung einer Stilrichtung der zweiten Hälfte des 20. Jahrhunderts.

Regionalismus (von engl. regionalism), eine Bewegung in der amerikanischen Malerei, die in den 1930er Jahren entstand und mit bestimmten Staaten des mittleren Westens verbunden war. Sie lehnte den Internationalismus der abstrakten Malerei ab und konzentrierte sich auf Themen der amerikanischen Geschichte, Alltagsszenen und stellte z. B. das Landleben in den Mittelpunkt. Zu den Vertretern des R. gehörten u. a. Thomas H. Benton und G. Wood.

Renaissance (frz. »Wiedergeburt«), wichtige kunsthistorische Epoche, die um 1420 in Italien entstand und die Philosophie der klassischen Antike zum Vorbild hatte.

Rokoko (von franz. rocaille, »muschelförmiges Ornament«), europäische Stilrichtung zwischen 1730 und 1770/80. Das R. ist im Wesentlichen ein Dekorationsstil, der die Leichtigkeit, das Verspielte und das Kleinteilige bevorzugte und durch eine Aufhellung der Farbpalette die Neigung zu zarten Pastelltönen unterstrich.

Romantik, Kunstrichtung zu Beginn des 19. Jh., die sich v. a. unter dem Einfluss der Französischen Revolution von den Idealen der Aufklärung und denen des Klassizismus abwandte. Stattdessen wurden das Subjekt und seine Empfindungen in den Mittelpunkt gestellt. Charakteristisch sind vor allem stimmungsvolle Landschaftsbilder, die Hinwendung zum Mystischen sowie Rückgriffe auf die mittelalterliche Sagen- und Geschichtswelt .

Salonmalerei, meist abwertend gebrauchte Bezeichnung für einen sich an akademischen Traditionen orientierenden Stil gegen Ende des 19. Jh., der auf den bürgerlichen Kunstgeschmack abzielte.

Sezession, Abspaltung einer Künstlergruppe von einer bestehenden Vereinigung mit dem Ziel einer neuen Gruppenbildung. Die erste S. wurde 1892 in München gegründet, weitere Gründungen folgten wenige Jahre später in Wien und Berlin.

Stillleben, Gattung der Malerei, die leblose Dinge wie Früchte, tote Tiere, Blumen oder alltägliche Gegenstände darstellt. S. haben häufig symbolhaften Charakter. Ihre Blüte erlebte die in der akademischen Hierarchie als ›niedere Gattung‹ eingestufte S.-Malerei in der niederländischen Malerei des 17. Jahrhunderts.

Suprematismus, von Kasimir Malewitsch in den ersten beiden Dekaden des 20. Jh. entwickelte Stilrichtung, bei der Empfindungen allein mittels der Wirkung geometrischer, abstrakter Formen hervorgerufen werden sollten.

Surrealismus, Kunstrichtung, die ab 1924 durch ein von André Breton verfasstes Manifest definiert wurde. Unter dem Eindruck assoziativer Gedankengänge, psychoanalytischer Erkundung des Unbewussten und Traumhaften sollte das Irrationale, nicht Kontrollierbare zum Ausdruck gebracht werden.

Symbolismus, Kunstströmung in der zweiten Hälfte des 19. Jh., deren Anliegen es (in Abgrenzung zu den realistischen Tendenzen) war, nicht die sichtbare Wirklichkeit, sondern die Gedanken, die Welt der Fantasie, der Vision und des Traums zum Inhalt ihrer Bilder zu machen.

Tafelmalerei, in Abgrenzung zu Wandmalerei Bezeichnung für die Malerei auf einem mobilen Bildträger. Bis zum 15. Jh. diente als Malgrund meist eine Holztafel (daher der Name), die in der Folgezeit zunehmend durch auf Keilrahmen gespannte Leinwände ersetzt wurde.

Vanitas (lat. »Eitelkeit, Leere, Vergänglichkeit«), auf dem Alten Testament, »Vanitas vanitatum« (›Alles ist eitel!‹) fußende Klage über die Vergänglichkeit und die daraus folgende Nichtigkeit alles Irdischen. Besonders während des Barock ist der V.-Gedanke in Verbindung mit der Mahnung ›memento mori‹ (›Bedenke, dass du sterblich bist!‹), häufig Gegenstand bildlicher Darstellungen. Typische V.-Symbole sind u. a. der Totenschädel, die Sanduhr und die abbrennende Kerze.

Register

Bildnachweis

© für die abgebildeten Werke bei den Künstlern, ihren Erben oder Rechtsnachfolgern:

© Alan Bowness, Hepworth Estate
© Vanessa Beecroft
© The Estate of Eva Hesse. Galerie Hauser & Wirth, Zürich
© Instituto Nacional de Bellas Artes, Mexico City und Banco de México, Mexico City: Frida Kahlo
© Helen Frankenthaler
© 1996, 1999 Shirin Neshat
© Pollock-Krasner Foundation/VG Bild-Kunst, Bonn 2003: Jackson Pollock
© Kate Rothko-Pritzel & Christopher Rothko/VG Bild-Kunst, Bonn 2003: Mark Rothko
© Cindy Sherman
© Succession Picasso/VG Bild-Kunst, Bonn 2003
© VG Bildkunst, Bonn 2003: Louise Bourgeois, Natalia Gontscharowa, Hannah Höch, Jenny Holzer, Rebecca Horn, Gwen John, Wassily Kandinsky, Käthe Kollwitz, Tamara de Lempicka, Gabriele Münter, Georgia O'Keeffe, Meret Oppenheim, Niki de Saint Phalle, Suzanne Valadon
© 2003 The Andy Warhol Foundation for the Visual Arts/ Artists Rights Society (ARS), New York: Andy Warhol

---

© Archiv für Kunst und Geschichte, Berlin: 6, 12, 22, 34, 39, 42, 76, 78
© Archivio Fotografico Soprintendenza Speciale per il Polo Museale Romano, Rom: 17
© Artothek, Weilheim: 32
© Bildarchiv Preußischer Kulturbesitz, Berlin 2003, Foto: Jörg P. Anders: 47
© The Bridgeman Art Library, London: 49, 51, 62, 63
© Burstein Collection/CORBIS: 67
© Courtesy Cheim & Read, New York: 113
© Photo CNAC/MNAM Dist. RMN, Paris: 71, 84
© Courtesy Deitch Projects, New York, Fotos: Mario Sorrenti, Vanessa Beecroft, Annika Larsson: 98, 122, 123
© Courtesy Galerie Ascan Crone, Andreas Osarek, Berlin, Fotos: Dieter Schwerdtle, Kassel: 110
© Courtesy Barbara Gladstone, New York, Fotos: Larry Barns: 120, 121
© Rebecca Horn, Berlin: 114
© 2003 The Museum of Modern Art/SCALA, Florenz: 93, 97
© The National Gallery, London: 11, 60/61
© Board of Trustees, National Gallery of Art, Washington, Gift of Mr. and Mrs. Robert Woods Bliss: 18, 26
© The National Museum of Women in the Arts, Washington, Gift of Wallace and Wilhelmina Holladay: 29
© Rheinisches Bildarchiv Köln: 83
© Photo RMN, Paris, Foto: Daniel Arnaudet: 57
© Photo SCALA, Florenz: 41
© Privatbesitz Schloss Bruchhausen: 59
© Courtesy of Cindy Sherman and Metropictures, New York: 116, 117
© The Solomon R. Guggenheim Foundation, New York, Foto: David Heald: 119
© Staatliche Kunsthalle Karlsruhe: 25, 58
© Staatliche Kunstsammlungen Dresden: 15
© Courtesy White Cube/Jay Jopling, London: 101
© Courtesy Pace Wildenstein, New York, Foto: Ellen Page Wilson: 103

Frontispiz: Elisabeth Vigée-Lebrun, *Selbstbildnis*, Öl auf Leinwand. 99 x 81 cm. The National Trust, Ickworth, Suffolk

Impressum

Bibliografische Information Der Deutschen Bibliothek
Die Deutsche Bibliothek verzeichnet diese Publikation in der Deutschen Nationalbibliografie; detaillierte bibliografische Daten sind im Internet über http://dnb.ddb.de abrufbar.

Prestel Verlag
Königinstraße 9
D-80539 München
Tel. 0049 89 38 17 09-0
Fax 0049 89 38 17 09-35
www.prestel.de

Redaktion und Lektorat: Silke Körber / Delius Producing Berlin
Assistenz: Hanno Deppner, Stephanie Esser
Register: Claudia Tscheuschner
Bildredaktion: Katleen Krause

Layout und Satz: Delius Producing Berlin
Lithographie: Bildpunkt, Berlin
Druck: Sellier Druck, Freising
Bindung: Conzella, Pfarrkirchen

Gedruckt auf chlorfrei gebleichtem Papier
Printed in Germany

ISBN 3-7913-2966-9 (deutsche Ausgabe)
ISBN 3-7913-2967-7 (englische Ausgabe)